완벽한 보건의료제도를 찾아서

완벽한 보건의료제도를 찾아서

마크 브릿넬 지음 | 류정 옮김

청년의사

IN SEARCH OF THE PERFECT HEALTH SYSTEM

이 책에 쏟아진 찬사

"보건의료정책 중 어떤 것이 효과가 있고 어떤 것이 효과가 없는지 알고 싶다면 이 책을 보라!"

— 바우터 보스Wouter Bos, 암스테르담자유대학VU University 부속병원 병원장, 네덜란드 부수상과 재무부 장관 역임

"마크는 개발도상국이든 선진국이든 모두 서로에게 어떤 부분은 배워야 하고 어떤 부분은 가르쳐줄 수 있다는 것을 분명히 보여준다."

— 프라탑 레디Prathap C Reddy 박사, 인도 아폴로병원그룹 설립자이자 회장

"이 책은 전 세계 보건의료제도 우수 사례를 파악하기에 탁월한 책이다. 의사들뿐만 아니라 의대생들 모두 반드시 읽어야 한다!"

— 링 리Ling Li 교수, 중국 보건부장관 수석자문위원, 북경대학교 중국보건발전센터 의장

루벤과 베아트릭스 브릿넬을 위해서

세계는 한 권의 책이다.

여행을 하지 않는 사람은 평생 한 페이지만 읽는 것일 뿐이다.

– 세인트 오거스틴 –

일러두기

1. 역주(*)는 각주 처리했습니다.

2. 책의 제목은 《 》로 표시하고, 신문 · 잡지 · 방송 · 영화 등의 제목은 〈 〉로 표시했습니다.

3. 정확한 의미 전달을 위해 필요한 경우 한문이나 영어를 병기했습니다.

4. 문맥상 저자가 강조한 부분은 ' ', 인용한 부분은 " "로 표시했습니다.

5. 흔히 쓰이는 보건의료 분야의 용어들 일부에 대해서는 띄어쓰기 원칙을 엄격하게 적용하지 않았습니다.

나이절 크리스프Nigel Crisp 경의 추천사

이 책은 간결하면서도 통찰력 있는 비평의 정수를 보여준다. 아시아와 미국의 보건의료제도의 특징이 무엇인지 궁금하다면, 브라질과 멕시코가 경제성장과 더불어 어떠한 제도를 구축하고 있는지 궁금하다면, 또는 유럽대륙 내 국가들의 보건의료제도가 영국 및 스칸디나비아 제도와 어떻게 다른지 궁금하다면, 이 책에서 간단한 현황과 더불어 저자의 생동감 있는 논평을 접할 수 있을 것이다. 외국으로 여행을 다닐 때처럼 이 책을 통해서도 새로운 가능성에 눈을 뜨게 될 것이다.

마크 브릿넬은 이 책을 통해 보건의료계 내부에 존재하는 간극을 메꾸는 중요한 일을 했다. 공공보건의료 부문과 민간보건의료 부문에서, 지불자 및 의료공급자로 쌓은 그의 독특한 경력과, 지역 및 국내외 기관들을 성공적으로 이끌었던 경험 덕분에 그의 평가와 의견에 무게와 권위가 실린다. 독자들의 배경은 각자 다양하겠지만, 저자가 보건의료의 본질과 그 복잡성을 명확하게 풀어내는 것을 보면서 모두 흥미를 느끼게 될 것이다. 저자는 보건의료가 사회적·문화적 구조물이라고 설명한다. 한 국가의 보건의료제도는 그 국가의 과학, 교육, 자원의 산물이면서 동시에 역사, 정치, 문화의 산물이라는 것이다. 따라서 보건의료제도를 바꾸거나 개혁하는 것은 사업적·경영적 도전이면서 한편으로는 사회적·문화적 움직임이다. 어느 한 국가의 보건의료제도를 그대로 가져올 수는 없지만 서로 배울 수는 있다.

나도 가장 빈곤한 국가에서 우리가 배울 수 있는 것들에 대해 글을 쓴 적이 있다. 이 책에서는 인도의 "주가아드jugaad" 혁신으로 묘사된 부분이다. 그러나 무엇보다도 서양인의 눈에 가장 호기심을 자극하는 부분은 홍콩, 일본, 대한민국, 싱가포르 등 동양 국가들에 대해 설명한 부분이다. 이 국가들의 보건의료 모델은 놀라운 성과를 이룩했다. 예를 들어 한국은 단 12년 만에 보편적 보건의료를 실시했고 기대수명 또한 유럽 수준으로 뛰어올랐다. 그러나 이 국가들은 고령화와 부유함으로 인한 건강 문제에 직면하게 되었다. 우리는 그들의 경험에서 그리고 그들이 이 새로운 도전을 극복하고자 힘을 모으는 모습에서 교훈을 얻을 수 있다. 또한 우리는 이 책에서 암울하면서도 현실적으로 그려낸 러시아의 안타까운 상황을 통해서도 교훈을 얻을 수 있다.

마크 브릿넬은 보건의료 전문가로서의 뜨거운 심장과 열정, 그리고 세계적인 기관들을 성공적으로 이끈 사람으로서의 냉철한 이성을 겸비하였다. 그는 이 책에 인간에 대한 애정을 불어넣었으며 경험에서 우러나온 통찰력을 제시한다. 그러므로 우리 모두는 보건의료계가 당면한 문제를 해결하기 위해 힘을 합칠 것을 촉구하는 그의 목소리에, 그리고 새롭고 더 나은 서비스를 개발하기 위해 정보기술, 통신 등의 기타 산업에서 어떻게 협업했는지 제시하는 그의 의견에 귀를 기울어야 한다. 그의 주장은 시기적으로 매우 적절하고 우리 모두에게 중요한 도전이다. 지속 가능한 보건의료를 위해서는 우리 모두 그의 도전을 받아들여야 한다.

CONTENTS

♀

서문

모든 위대한 여행자들이 그렇듯이,

나도 내가 기억하는 것보다 더 많이 보았고, 내가 본 것보다 더 많이 기억한다.

벤자민 디즈레일리Benjamin Disraeli, 영국 수상, 1868년

지난 6년간 나는 60개국에서 200건 가까운 프로젝트에 동참하는 특권을 누렸다. 그동안 지구를 70바퀴 돌 정도로 돌아다녔고 공공기관과 민간기관 및 다양한 정치 성향을 가진 수백 개의 정부기관과 협업했다. 지금까지 살아오면서 나는 문자 그대로 수천 명의 임상의들, 기관 운영자들, 환자들과 함께 일했다. 세계 곳곳에서 환자 및 시민에게 우수한 의료서비스를 공급하고자 하는 많은 사람들을 만나고 영감을 얻은 것은 나에게 큰 영광이다.

3년 전에 친구이자 동료인 나이절 크리스프 경영국의회 초당적 세계보건그룹(All Party Parliamentary Group on Global Health) 의장과 로버트 네일러Robert Naylor, 유니버시티 칼리지 런던(University College London) 총장가 나에게 그동안 협업했던 국가에 대해 (비밀유지의무가 있

으로 클라이언트는 제외하고) 느낀 점을 에세이 형식으로 써보라고 제안했다. 이 짧은 책이 그 결과물이며 그들의 격려에 감사를 표한다. 나는 비행기에서, 기차에서, 차 안에서 낮이든 밤이든 말도 안 되는 시간에(국가 간 시차의 유일한 장점이다.) 내 생각들을 조금씩 기록했고 그것들을 모아 일련의 논평으로 구성했다.

우리는 모두 바쁘게 할 일들이 있으므로, 각 장은 커피 한 잔을 마실 수 있을 만큼의 시간 내에 읽을 수 있는 분량이다. 이 책은 학술적인 논문이 아니라 보건의료 정책에 관심 있는 의사들과, 더 나은 보건의료를 지원하기 원하는 정책 결정자들을 위해 썼다. 또한 환자단체와 정치인 그리고 세계 보건의료를 공부하는 학생들도 이 책에서 얻는 것이 있기를 바란다.

이 책에서 선정한 25개 국가는 전 세계 부의 80%를 차지하고, 전 세계 인구의 60%를 포함하며, 전 세계 토지의 50%를 점유하고 있다. 이 국가들을 선정한 이유는 한편으로는 충격적이고 한편으로는 익숙해서이다. 이 책에서 다룬 주제들은 국제적인 중요성과 더불어 여러 국가 및 대륙의 보건의료제도에 보편적으로 적용되는 내용들로 선정하였다.

KPMG의 글로벌 헬스케어 부문 대표로서 나는 각 국가를 방문할 때마다 5개 분야에 대한 상세한 브리핑을 준비한다. 바로 해당 국가의 정치·사회·경제적 측면, 보건의료 정책과 실시 현황, 문제가 되는 제도나 기관 관련 전략 및 주요 특징, 그리고 가능한 해결 방안이다. 이 작업은 떨리는 일이기도 하고 시차 때문에 괴롭기도 하지만 이 작업을 통해서만 배울 수 있는 것들이 있다. 최대한 사실대로 공평하게 쓰려고 했지만 세계는 계속 돌고 보건의료제도도 계속 변하므로 어쩔 수 없이 바뀐 부분이 있을 것이다. 그렇다고 해도 대부분 국가들의 보건의료제도는 그 근간이 견고하여 그렇게 쉽게 변하진 않는다. 어느 국가의 보건 수준이나 보건의료서비스, 재원이나 전략 관련 정책이 하루아침에 바뀌는 것은 대단히 드문 일이다.

내가 방문했던 국가들과 클라이언트, KPMG 회원사의 파트너들과 직원들, 그리고 이 책의 초고를 검토하고 의견을 준 12명의 국제리뷰패널International Review Panel과 이를 뒷받침하는 데 노고를 아끼지 않고 조사를 진행해준 탄비 아로라Tanvi Arora와 델리에 있는 그의 팀에게 감사드린다. 이 책의 초안을 잡고 편집하는 데 도움을 준 존티 롤랜드Jonty Roland와 리처드 비체Richard Vize에게도 고맙다는 말을 전하고 싶다. 그리고 마지막으로 팰그레이브 맥밀런Palgrave Macmillan 출판사가 아니었다면 나는 이 책을 집필하지 못했을 것이다.

앞에서 세인트 오거스틴이 말했듯이 "세상은 한 권의 책이며, 여행을 하지 않는 사람은 평생 한 페이지만 읽는 것이다." 여기까지 잘 왔다면 더욱 힘을 내어 앞으로 계속 나아가길 바란다.

2015년 7월 런던에서

마크 브릿넬

제1장

완벽한 보건의료제도

나는 병원과 지역 의료기관 그리고 국내외 각종 보건의료 조직을 선도하는 데 평생을 바쳤다. 우수한 보건의료체계를 추구하는 것이 내 목표다. 영국 국가보건서비스National Health Service, NHS에서 20년간 근무하면서 나는 보건의료서비스를 공급하는 위치에도 있었고 관련 재정 지원을 담당하기도 했다. 2009년에 NHS 운영위원회를 사임한 뒤에는 KPMG의 글로벌 헬스케어 부문 대표로 활동하고 있다. 설립된 지 100년이 넘은 KPMG는 현재 156개국에 회원사를 보유한 세계적인 자문그룹이다.

여러 지역을 다니다 보면 나는 어느 국가가 최고의 보건의료제도와 의료서비스를 갖추었느냐는 질문을 자주 받는다. 물론 완전한 보건의료제도란 존재하지 않으며 어느 한 국가에서 그런 제도를 찾을 수도 없지만, 세계 곳곳에 훌륭한 보건의료제도 운영 사례가 많이 있으므로 시사점을 얻을 수는 있다. 이 장에서는 내가 살펴본 주요 사례를 설명하겠다. 조사 결과를 뒷받침할 과학적인 방법론을 고안한 것은 아니지만 상당히 독특한 나의 경력 덕분에 좋은 것, 나쁜 것, 이상한 것을 구별할 수는 있을 것이라고 믿는다.

국가 간 보건의료 분야의 성과를 비교하여 순위를 매기려는 시도는 매우 드물다. 핵심 지표를 설정하는 것 자체가 너무 어려운 데다가 수집된 정보도 일관되지 않고 측정하기 힘들거나 아예 일부가 누락되기 일쑤기 때문이다. 2000년 세계보건기구World Health Organization, WHO가 첫 번째이자 유일한 국가별 순위표를 제작한 것이 지금까지 이루어진 최대 규모의 작업이다. 당시 프랑스가 1위를 차지하고 이탈리아, 산마리노, 안도라, 말타가 그 뒤를 이었다.[1] WHO의 보고서는 상당한 방법론을 동원하였음에도 불구하고 격렬한 반론과 심한 논란을 불러일으켰고, 결국 WHO는 두 번 다시 이러한 순위표를 작성하지 않았다. 한편 〈블룸버그Bloomberg〉는 가치, 효율, 효과 이렇게 세 개의 지표만 이용하여 매년 국가 간 보건의료제도를 평가하고 순위를 발표한다.[2] 이 순위표에는 싱가포르가 1위로 이름을 올렸고 이어서 홍콩, 이탈리아, 일본, 한국 순이었다. 비록 세 개의 지표만 비교한 제한적인 결과이긴 하지만 아시아 국가들이 단기간에 이루어낸 놀라운 성과가 눈에 띈다.

미국의 비영리재단인 커먼웰스펀드Commonwealth Fund는 비공개로 더 광범위하고 풍부한 지표를 이용하여 11개 회원국을 평가하고 순위를 매긴다. 2014년에는 영국이 1위를 차지했고, 스위스, 스웨덴, 호주가 그 뒤를 이었으며, 독일과 네덜란드가 나란히 5위를 차지했다.[3] 마지막으로 영국의 경제 정보 평가기관인 이코노미스트인텔리전스 유닛Economist Intelligence Unit, EIU도 166개 국가 간 성과와 비용지출 규모를 비교하여 발표한다.[4] EIU도 모든 주요 보건 지표를 고려하지는 않았지만 검토해볼 가치가 충분하다. 해당 보고서에는 일본을 1위, 그리고 싱가포르, 스위스, 아이슬란드, 호주 순으로 순위를 매겼다.

완전한 보건의료는 존재하지 않지만,
만약 그런 제도가 있다면 다음과 같은 모습일 것이다

- 영국이 추구하는 가치, 보편적 의료보장
- 이스라엘의 1차의료
- 브라질의 지역사회 기반 의료서비스
- 호주의 정신보건과 웰빙
- 북유럽국가의 건강증진
- 일부 아프리카 지역의 환자와 지역사회의 역량 강화
- 미국의 연구개발
- 인도의 혁신, 기업가적 수완, 속도
- 싱가포르의 정보통신기술
- 프랑스의 선택권 보장
- 스위스의 재정 지원
- 일본의 노인의료

아이러니하게도 이 순위표 대부분이 안고 있는 중대한 결함은 정작 보건의료서비스의 대상자인 환자와 시민을 고려하지 않았다는 데 있다. 이 중요한 항목을 간과하는 바람에 국가 간에 보편적인 환자만족도나 환자경험을 비교할 수 있는 자료가 전무하다. 앞으로는 국가 간에 더 활발하게 협력하여 변화가 일어나길 기대한다.

몇몇 순위표를 보면 싱가포르, 스위스, 일본 등의 국가가 공통적으로 상위에 자리하기긴 하지만 확실히 순위표마다 범주도 가지각색이고 방법론도 상이하다. 이에 반해 완전한 보건의료제도에 대한 나의 탐구는 보다 주관적이며 여러 우수 사례를 제시하는 방식으로 전 세계 의료진의 상상력을 자극하고 노력을 격려하는 데 도움이 되고자 한다.

영국 NHS가 추구하는 가치, 모두를 위한 보건의료

2012년 영국에서 개최된 눈부신 올림픽 개막식에서 NHS가 큰 주목을 받았다. 영국이 가장 사랑하는 국가기관으로 선정된 NHS 소속 의사와 간호사 수백 명이 영광스럽게 입장하여 수십 억의 인구가 지켜보는 세계적인 무대에 오른 것이다. 영국의 여론조사 업체인 입소스모리Ipsos MORI는 '영국 국민이어서 자랑스럽다'고 느끼게 해주는 기관 1위에 NHS를 선정했다.[5] 전체 조사 대상자의 45%가 영국군, 올림픽대표팀, 영국 왕실, BBC 방송국을 제치고 NHS를 최고로 꼽았다. 더 나아가 NHS가 '영국이 위대한 이유이며 우리는 어떻게 해서든 이 기관을 지켜야 한다'는 말에 동의하는지 묻는 질문에는 72%

가 그렇다고 대답했다. 또한 영국 국민의 자부심을 심어준 사건으로
NHS 설립 기념일을 꼽은 사람이(54%) 여왕 대관식(43%), 비틀즈 결
성(15%), 축구협회 설립(8%), TV 드라마 시리즈 〈닥터 후〉 방영 시
작(7%)을 선택한 사람보다 많았다.[6]

   NHS는 제2차 세계대전 이후 1948년 설립된 세계 최초의 사회보
건의료체계다. 2008년에 최초로 제정된 NHS 헌장은 'NHS가 국민
의 것'이라며 다음과 같이 선언한다. "NHS는 국민의 건강과 안녕을
증진하여 정신적·육체적 건강 유지와 질병의 회복에 힘쓰고 회복이
불가능한 경우에는 생을 마칠 때까지 최대한 건강하게 지낼 수 있도
록 돕는 데 그 존재 이유가 있다. NHS는 의학의 한계치까지 노력하
며 최고 수준의 지식과 기술을 도입하여 생명을 구하고 건강증진을
도모한다. NHS는 인간의 기본적인 필요가 채워져야 할 때, 무엇보
다도 보살핌과 공감이 필요할 때, 국민과 함께할 것이다."[7]
   당시 NHS 경영위원회의 일원이었던 나는 헌장 제정 작업에 동참
할 수 있어서 무척 자랑스러웠다. 영국인들이 NHS를 소중하게 여기
는 이유도 돈이 있고 없고를 떠나 평등하게 모든 사람들이 의료서비
스를 누릴 수 있기 때문일 것이다. 영국 재무장관을 지낸 나이절 로
슨Nigel Lawson은 NHS가 "영국인에게는 종교에 가깝다."고 말한 적이 있
다. 다만, 종교가 다 그렇듯이 NHS도 변화를 꺼리는 경향이 있으며,
연례 행사처럼 벌어지는 영국 특유의 의료정책비판shroud-waving*도 NHS
의 변화를 더디게 만드는 원인으로 작용한다.

---

* 정치인 등이 정부의 NHS 재정 지원을 늘려야 한다고 주장하는 관행.

이스라엘의 1차의료

어느 국제 기준에 비추어 보더라도 이스라엘의 보건의료제도는 훌륭하다. 그 비결은 상당 부분 우수한 1차의료에 있으며, 이스라엘의 1차의료는 4개의 주요 종합건강관리기구Health Maintenance Organisations, HMOs에서 확실한 지원을 받는다. 이들 HMOs가 미국에 있었다면 국제사회에 더 많이 알려졌을 것이다. 이스라엘은 기대수명이 82.1세로 세계에서 가장 높은 편이며 국내총생산GDP 대비 경상의료비 지출 비율은 7.2%로 경제협력개발기구OECD 회원국 중 가장 낮은 편에 속한다. HMOs는 직접 또는 간접적으로 질병예방서비스와 1차의료, 지역보건서비스를 공급하여 시민들이 자유롭게 이용할 수 있도록 하고 일부 병원을 운영하기도 한다. 시간 외 진료를 24시간 운영하며 야간의료센터, 응급의료센터, 가정방문서비스와 통합적으로 연계하여 운영한다.

각각의 HMOs는 연속적케어continuing care와 가정간호 조직을 갖추어 환자가 가정과 지역사회로 돌아가는 데 어려움이 없도록 지원하며, 그 덕분에 이스라엘은 OECD 회원국 중 인구 천 명당 급성기병원acute care 병상 수가 가장 적은 편이다.[8] 1차의료 단계에서 외래환자의 3분의 2 정도가 당일진료가 가능할 정도로 대기시간이 짧고 전반적인 환자만족도가 높다.[9] 원격의료telehealth와 모바일진료mobile consultation가 활발하게 이용되고 있으며, 뛰어난 최신기술을 보유한 국가인 만큼 의료정보시스템 또한 대단히 인상적이다. 모든 HMOs는 1차의료 단계의 종합적인 전자건강기록을 가지고 있으며 이를 통해 의료진, 연구소,

진단센터, 환자 간에 신속하게 정보를 교환한다. 또한 이스라엘 국민에게는 각각 고유의 환자 식별자가 부여되므로 1차예방에 초점을 맞춘 지역사회 의료서비스 질 관리Quality in Community Healthcare 프로그램 등 획기적인 의료서비스 질 관리체계 운영이 가능하다. '1차의료 중심의 의료서비스'가 구호에 그치지 않고 실제로 이루어지는 국가는 내가 가본 곳 중 이스라엘이 유일하다.

브라질의 지역사회 기반 의료서비스

브라질 월드컵 기간 동안 교육과 의료를 걱정하는 성난 시민들이 대규모 거리 시위를 벌인 것을 보더라도 브라질이 완전한 의료제도를 자랑할 입장은 아니다. 하지만 어느 정도는 통합의료제도Sistema Unico de Saude, SUS와 가정보건프로그램Programa Saude da Familia, PSF을 성공적으로 도입한 데 따른 부작용이라고 볼 여지도 있다. 1988년 헌법에 따라 설립된 SUS는 세계 최대 규모의 공공의료체계이며 철저한 지역사회 주도 의료 프로그램인 PSF를 통해 보편적 보건의료서비스를 제공하는 것을 목표로 한다. SUS는 보건의료서비스 보편화를 추구하는 후진국과 개발도상국에 훌륭한 본보기가 될 뿐만 아니라 만성질환이 증가하고 고령화가 빠른 속도로 진행되는 선진국에도 시사점을 줄 수 있다.

PSF는 거주 인구 4,000명 정도를 기준으로 전국을 세분하여 지역
사회서비스 모델을 구축했다. 각 지역 단위마다 의사, 간호사, 간호
조무사nurse auxiliary와 현지에서 채용한 지역보건요원 6명이 한 팀을 이
룬다. 한 팀이 보통 100에서 150가구를 담당하며 필요나 요청 여
부에 관계없이 매월 각 가구를 방문하여 면역접종, 만성질환 관리,
건강증진, 선별 검진 등의 서비스를 제공한다. 또한 고혈압이나 당
뇨가 있는 노인에 대한 지원도 제공한다. 현재 브라질 인구의 절반
정도를 담당하는 지역보건요원의 활약으로 영아 사망률이 급격하
게 감소하고 만성질환이나 정신질환으로 인한 병원 입원 건수도 현
저하게 줄어들었다.[10] 지역사회 보호체계가 무너지고 지역공동체가
해체되어 골머리를 앓고 있는 선진국에게 브라질은 획기적인 대안
을 제시한다.

호주의 정신보건과 웰빙Well-being

국가별 정신보건 순위표를 찾기란 불가능에 가깝다. 그 중요도에
비해 아직 많은 국가에서 충분한 지원이 이루어지지 않는 분야이기
때문이다. 정신질환은 개발도상국과 선진국에서 공통적으로 고민하
는 문제이다. 최근 세계경제포럼World Economic Forum과 하버드대학교 보건
대학원Harvard School of Public Health이 공동으로 발간한 보고서에 따르면 향후
20년간 전 세계적으로 정신질환 관련 경제적 비용이 암, 당뇨, 호흡
기질환으로 인한 비용을 다 합친 것보다 더 많이 발생할 전망이다.[11]

이 가운데 몇몇 국가는 착실하게 진전을 보이고 있다. 예를 들면 네덜란드와 영국은 보건의료 지출의 10% 이상을 정신보건에 할애한다. 그리고 호주는 환자를 '수용하는' 전통적인 병원 모델에서 벗어나 사전 예방적 지역사회 기반 체계로 나아가는 방식으로 정신보건서비스 현대화에 가장 많은 진전을 이루었다.

호주는 남들보다 앞서 혁신적인 접근을 시도하여 위기상담, 가정치료, 조기예방, 적극적 도움 제공 등 지역사회 기반 서비스를 다양하게 운영한다. 최근 OECD가 발간한 《정신보건정책 수립의 필요성Making Mental Health Count》에 따르면 호주의 정신보건 예산에서 공공 정신병원 관련 지출이 차지하는 비율이 지난 20년간 46%에서 12%로 현저히 감소했으며, 같은 기간 지역사회 정신질환 치료 관련 지출은 24%에서 39%로 증가했다.12 다른 국가들이 정신보건 관련 지출의 절대금액을 늘려가는 동안 호주는 1990년대 초반 이후 수차례 기술 투자 등 의미 있는 정부 정책과 재정 지원을 통해 성공적으로 치료 모델을 전환하였다. 1992년 국가정신보건전략National Mental Health Strategy으로 시작된 치료 모델 전환 계획은 그 후 거의 5년마다 재수립되었다.

OECD는 매년 회원국의 정신보건, 고용, 시민 참여, 교육, 공동체의식, 일과 삶의 균형 및 기타 웰빙과 건강증진 관련 다양한 사회적 결정 요인을 측정하여 더 나은 삶 지수Better Life Index를 발표한다. 2014년 OECD 더 나은 삶 지수 1위는 호주가 차지했다.13

북유럽국가의 건강증진 Health Promotion

북유럽 5개국(덴마크, 핀란드, 아이슬란드, 노르웨이, 스웨덴)은 서로 공통된 특성이나 단일 정책이 있는 것은 아니지만 보건과 웰빙 정책 수립에 국가가 주도적인 역할을 수행한다는 점에서 사회복지 모델이 서로 유사하다. 이 사회복지 모델은 흡연, 알코올섭취, 비만율, 운동량 등 건강을 해치는 행동위험요소 관리에 탁월한 성과를 보였다. 〈미국의료협회저널 Journal of the American Medical Association, JAMA〉은 최근 보고서에서 스웨덴, 아이슬란드, 노르웨이, 덴마크의 흡연 감소율이 제일 높고 1980년부터 2012년까지 매년 2~3%씩 꾸준히 감소했다고 밝혔다.[14] 북유럽국가들의 공공보건 수준은 성숙 단계에 이르렀으며, 질병예방 전략 실행을 위해 중앙정부와 지방정부 간에 긴밀한 협조가 이루어질 뿐 아니라, 공공 부문과 민간 부문 간의 협력도 점차 강화되고 있다. 또한 어느 국가보다도 조화롭게 개인의 책임과 국가 주도의 실행력을 적절히 혼합하여 효과적인 예방의료를 통해 얻는 이익을 개인과 국가가 모두 누릴 수 있다. 이것을 '국가주의적 개인주의 statist individualism'라고 부른다.

북유럽국가들의 건강증진 정책의 성공에는 중요한 요소가 또 있다. 바로 지속성이다. 북유럽 5개국이 2014년 공동으로 발표한 트론헤임선언 Trondheim Declaration은 '평등한 보건과 웰빙'에 힘쓰기로 결의하는 내용과 WHO가 추진하는 'Health 2020' 정책을 적극 지지한다는 내용을 담고 있다. 보건 관련 모든 분야를 아우르는 유럽 보건정책의 골격인 'Health 2020'은 생애과정, 사회적 보호 장치, 거시적인 경제사회 환경, 그리고 제도와 정책의 실행, 이렇게 네 가지 주제를 통해 건강 상태를 결정하는 사회적 요인들에 대해 논한다. 물론 이러한 주제는 여러 국가의 공공보건정책 성명 등에 유사하게 등장하곤 하지만 국민들의 건강증진을 위한 북유럽국가들의 협력 활동이 이미 1987년 헬싱키선언에서부터 시작되었다는 사실을 보면 북유럽국가들이 도시 간 협력, 지방정부 간 협력, 다양한 공공기관과 민간단체의 협력, 그리고 시민들의 참여에 얼마나 오랜 기간에 걸쳐 지속적으로 관심을 기울이고 있는지 알 수 있다.

사하라 이남 아프리카의 환자와 지역사회 역량 강화

사하라 이남 아프리카는 전 세계 의료인력의 3%만으로 지구상에 발생하는 질병의 25%를 감당해야 하는 지역이다.[15] 따라서 이곳을 환자와 지역사회 역량 강화가 우수한 지역으로 꼽는 것이 의아하게 생각될 수도 있다. 그러나 오히려 의료인력이 턱없이 부족한 현실 때문에 아프리카 대륙의 국가들은 환자를 의료행위의 파트너로 참여시키고 지역사회를 의료지원의 주체로 세우기 위한 혁신적인 방법을 모색할 수밖에 없었다. 장기치료가 필요한 만성질환 문제로 고심하는 선진국들에게는 이른바 '역혁신reverse innovation' 기회가 많이 있다. 아프리카는 환자의 역량 강화, 즉 환자들에게 일정 권한을 부여하고 환자들을 의료행위에 참여시키는 시도를 통해 더 좋은 건강 상태, 만족도 개선, 서비스 질 향상, 지속가능성을 이루어낸다.[16] 의료진 부족이 점점 세계적 추세가 되는 것을 감안할 때(WHO는 약 700만 명이 부족하다고 추산[17]) 환자의 참여가 활발해지면 모든 국가가 혜택을 입을 수 있다. 한 연구에 따르면 8%에서 최대 12%가량 비용을 절감할 수 있다고 한다.[18] 지속가능한 보건의료제도를 위해서는 반드시 환자의 능동적인 참여를 늘려가야 한다.

나는 아프리카에서 수많은 난관에도 불구하고 환자의 역량을 키워낸 놀라운 사례를 여러 차례 보았다. 나이지리아에서 방문했던 가정건강협회Society for Family Health는 브라이트 에퀘레마두Bright Ekweremadu 경이 이끄는 비영리단체로 HIV와 결핵 퇴치를 위해 환자와 지역주민을 교육하는 곳이다. "나이지리아 국민, 특히 빈곤 취약계층이 더 건강한 삶을 살 수 있는 능력을 갖추도록 하는 것"이 가정건강협회의 목적이다. 협회는 지역사회 행동주의, 환자 교육, 사회 홍보, 행동변화이론 등을 적절하게 활용하여 매우 인상적인 성과를 만들어낸다. 유사한 사례로 우간다의 에이즈지원기구The AIDS Support Organisation, TASO는 HIV 환자들이 직접 약품 분배, 가정 방문, 환자와 지역주민 교육 등을 관리할 수 있도록 "전문가환자expert clients"로 훈련시킨다. 케냐에서 만난 보건부 장관은 모성건강관리Respectful Maternity Care 프로그램을 통해 여성과 어머니들이 자신들의 경험을 의료진들에게 적극 전달하도록 하여, 의료행위를 개선하고 산모와 영아 사망률을 감소시키는 데 큰 성공을 거둔 사례를 들려주었다.

아프리카의 혁신이 거의 예외 없이 지역사회와 환자의 자원을 최대한 활용하려는 방식으로 이루어지는 이유는 그 활용 여부에 환자의 생사가 달려 있는 경우가 많기 때문이다.

미국의 연구개발R&D

세계에서 가장 부유한 국가인 미국의 의료제도를 아프리카와 나란히 놓고 비교하는 것이 이상하게 보일 수도 있지만, 미국의 의료 분야 연구개발 실력을 통해 전 세계인이 얻는 유익에 대해서는 별도로 인정할 필요가 있다. 오바마 대통령은 최근 "우주 개발 경쟁이 최고조에 달했을 때 이후로 경험하지 못한 새로운 차원의 연구개발 수준에 올라서야 할 때가 되었다."[19]고 말하면서 재생의학regenerative medicine과 인간 뇌 매핑human brain mapping 등 여러 의학 프로젝트와 생명과학 프로젝트를 격려했다. 미국은 여전히 세계 최대 규모의 연구개발 중심지다. 리서치아메리카Research America가 조사한 바에 의하면 2011년과 2012년 의학 연구비에 들어간 공공재정과 민간재정이 총 1,300억 달러에 달했는데, 이 액수는 유럽연합 전체에서 지출한 비용보다 많다.[20] 미국국립보건원National Institute of Health, NIH은 생의학 연구에 세계에서 가장 많이 자금을 지원한다. 기초과학, 진단학, 치료학 분야에도 미국이 세계 어느 국가보다 더 많이 기여했다. 이러한 혁신에는 상당한 비용이 소요되므로 GDP 대비 보건 관련 지출도 세계에서 가장 많은 편에 속하지만, 노벨상을 수상한 과학자가 세계 어느 국가보다도 많고 '효과가 탁월한' 약품과 의료기기를 세계에서 가장 많이 개발했다는 것은 미국의 큰 자랑거리다.

물론 기초과학과 진단학, 치료학에서 이룬 혁신은 새로운 사업과 치료 모델로 연결되어야 의미가 있다. 이 방면으로도 미국이 세계를 이끌어나간다고 단정할 수는 없지만 몇몇 뛰어난 경영혁신 사례가 있는 것만은 분명하다. 대표적으로 카이저퍼머넌트Kaiser Permanente의 여러 건강 관련 통합 시스템은 건강정보기술체계에 대한 회사의 막대한 투자만큼이나 세계적으로 인정받고 있다. 비슷한 예로 가이징거 헬스시스템Geisinger Health System은 주민들의 더 나은 건강관리와 의료에 대한 영감을 주었으며, 버지니아메이슨Virginia Mason은 토요타의 생산시스템을 의료 분야에 접목시켜 업계를 선도하고 있다. 특히 버지니아메이슨은 고객 우선, 최고 수준의 서비스, 환자안전, 최상의 직원만족도, 영리기업으로서의 성공이라는 다섯 가지 원칙에 초점을 맞추어 효율적인 의료서비스 프로세스를 구축하였다. 전 세계가 이러한 혁신을 열심히 본받는 동안 정작 미국에서는 눈에 띄는 변화가 일어나지 않았으며 굳이 찾는다면 새로운 책임의료조직Accountable Care Organisations, ACO이 잔뜩 생겨났다는 정도다.

인도의 혁신, 기업가적 재능, 속도

혁신이 신기술의 발명, 새로운 제도의 도입, 변화한 환경에 대한 적응을 일컫는 말이라면 인도는 단시간 내에 새로운 차원의 도입과 적응을 모두 이루어낸 국가라고 할 수 있다. 인도가 보편적 의료보장제도를 도입하는 데는 수많은 어려움이 있었지만 인도는 기업가적 재능을 발휘해 모든 난관을 빠르게 극복하고 새로운 의료서비스를 시작할 수 있었다.

KPMG에서 발간한 《필요: 혁신의 어머니Necessity: the Mother of Innovation》라

는 보고서에는 아라빈드안과병원Aravind Eye Care, 나라야나병원Narayana Health, 바아짤랴병원Vaatsalya, 라이프스프링병원Lifespring, 아폴로병원그룹Apollo Hospital Group이 최첨단의료leading-edge practice 사례로 소개되었다.[21] 인도 내 최대 규모 원격의료를 실시하는 아폴로병원그룹은 무릎, 관상동맥, 전립선 수술로 인한 합병증 같은 경우 일반병원만큼 또는 그보다 더 나은 결과를 얻을 수 있다고 자신한다. 여기 언급한 대부분의 병원들은 환자에게 훌륭한 서비스를 공급하는 것에서 한 걸음 더 나아가 지역사회 빈곤층에 대한 서비스도 제공하는데, 이는 최소한의 비용으로 적정 수준의 보조금을 지급하는 효과가 있다. 〈하버드비즈니스리뷰Harvard Business Review〉의 최근 사례 연구에서는 인도의 병원들이 "허브앤스포크hub and spoke 방식의 자원 배치, 혁신적인 업무분장, 단순 비용 절감이 아닌 비용효율화라는 세 가지 강력한 조직적 강점을 구축했다."고 평가했다.[22]

이들 병원은 대부분 실시간 정보시스템을 갖추어 의료성과 개선, 의료서비스 수준 관리 및 재정 관리에 효과적으로 사용하고 있다. 그리고 업무 수행 절차를 표준화하는 방식으로 업무 이관을 간편하게 만들어 적은 수의 직원이 더 많은 일을 할 수 있도록 한다. 또한 의료 연계 네트워크를 통해 환자가 적절한 곳에서 적절한 치료를 받을 수 있게 해주고 공급업체가 가격 인하를 거절할 경우 직접 필요한 도구 제작에 나서는 등 새로운 차원의 가치 기반 구매와 공급체계를 추진하고 있다.

의료 수준이나 환경은 선진국이 인도에 비해 훨씬 낮겠지만 인도의 의료 모델이 주는 교훈이 분명히 있으며, 새로운 모델을 끊임없이 테스트하고 신속하게 반영하여 실행하는 모습 또한 본받을 만하다.

싱가포르의 정보통신기술

의료 분야 정보통신기술Information and Communications Technology, ICT 시스템 구축에 정해진 규칙은 없지만 《대중의 힘을 이용한 혁신 가속화Accelerating Innovation: The Power of the Crowd》라는 제목의 KPMG 보고서에 따르면 성공적인 시스템 구축을 위한 몇 가지 원칙과 방법이 있다.[23] 훌륭한 시스템 구축을 위해서는 전략적인 계획 수립, 신중한 목표 설정, 의료 전문 인력과 환자의 주도적 참여, 핵심 요소에 집중하는 것이 필요하다. 또한 설계 단계에서부터 대중과 소통할 수 있는 창구를 마련하여 대중의 활발한 참여로 혁신이 가속화되는 효과를 얻는 동시에, 다양한 이해관계자의 목표를 협력·조율하고 ICT 시스템이 기존의 방식에 얽매이지 않도록 창조적 파괴를 독려해야 한다.

싱가포르의 ICT 시스템은 이러한 특징들을 많이 가지고 있다. 2004년부터 공공병원 간에는 환자 정보가 공유되고 있었는데 2011년 국가전자건강기록national electronic health record이 도입되면서 상황이 바뀌었다. 점차적으로 모든 병원, 지역 의료기관, 일반의general practitioner, 장기요양병원이 모두 연결되어 임상, 재정, 운영 관련 자료에 대한 분석이 모두 가능해졌다. 의료수행 성과와 비용이 통합적으로 인식되므로 의료의 가치를 객관적으로 평가할 수 있게 된 것이다. 최신기술을 보유한 싱가포르가 정부 차원에서 직접 지원한 이 프로젝트는 전체 프로세스를 여러 단계로 나누어 이전 단계에서 개선점을 찾아 다음 단계에 적용하는 방식으로 진행되었으며, 전 과정에 이해관계자들이 참여하고 직원 교육 또한 적절하게 이루어졌다.

글로벌 컨설팅 전문기업 엑센츄어Accenture에서 발간한 《원거리 의료 전달 모델Connected Health》라는 제목의 보고서에는 싱가포르의 시스템이 대단히 환자 중심의 시스템이라는 점을 언급했다.[24] 이 보고서에 따르면 미국에서는 스스로 의료기록을 찾아볼 수 있는 환자가 전체의 17%인 데 비해 싱가포르에서는 전체 환자의 40%가 자신의 의료기록을 스스로 찾아볼 수 있다고 설명했다. 또한 엑센츄어가 8개 국가들을 대상으로 환자의 기술 접근성 조사를 실시한 결과, 의료기록, 건강 관련 정보, 원격 처방전, 의료진과의 화상통화, 환자 역량 강화를 위한 원격 건강 지원 및 교육 지원 등 모든 분야에서 싱가포르가 1위를 차지했다고 밝혔다.

프랑스의 선택권 보장

프랑스 보건의료체계에서 국민의 선택권을 보장하는 것은 프랑스의 자존심이나 마찬가지다. '자유로운 의료medecine liberale'는 환자가 의료비를 지불하고, 원하는 의료진을 선택하며, 임상적 자유를 누린다는 세 가지 원칙에 기초한 개념이다. 환자는 자신이 원하는 의사나 병원을 찾아갈 수 있다. 공공병원이든 민간병원이든 1차의료기관이든,

일반의든 전문이든 선택할 수 있다. 의료서비스를 공급하는 기관도 다양한 형태가 공존하여 민간 영리병원이 3분의 1, 민간 비영리병원이 5분의 1, 그리고 나머지는 공공병원이다. 국가가 운영하는 사회건강보험은 고용주와 피고용인의 분담금과 특별목적세를 통해 재원을 충당한다. 환자들은 일종의 '의료보험카드_carte vitale'를 통해 치료에 들어간 비용을 환급받는다. 환급액은 경우에 따라 다르긴 하지만 일부 개인부담금과 부대비용은 제외된다.

프랑스의 선택권 개념은 미국식 자유경쟁이나 베버리지_Beveridge가 주장한 국가주의 또는 비스마르크_Bismarck가 주장한 사회보험과는 분명히 다르다. 프랑스에서 환자의 선택권, 의료비 지불, 보험, 임상의 자유 등의 요소는 공화정 초기부터 진화해온 개념이다. 환자만족도는 높지만 그에 따른 비용도 상당하다. 프랑스가 GDP의 11.7%를 보건의료에 지출하고 있는데도 불구하고 프랑스의 보건의료시스템은 재정적인 어려움에 처해 있다.[25] 일부 의사들은 개인부담금을 늘려달라고 요구하는 실정이며 일부 지방에는 의료 혜택을 충분히 누리지 못하는 곳도 있다. 프랑스의 의료 정책은 의료서비스 간의 연계를 강화하고 일반의가 이른바 문지기_gatekeeper 역할을 하도록 유도하는 방향으로 발전하고 있다. 최근 벌어진 일반의 단체 파업에서 볼 수 있듯이 이러한 정책 변화에 불만을 가지는 사람들도 있지만, 계속 증가하는 의료비 때문에 경쟁력 저하에 직면한 기업들을 생각해서라도 기존 정책을 유지하기는 어려울 것이다.

어쨌거나 지금으로서는 환자만족도도 비교적 높고 의료서비스의 질과 성과도 우수하다. 영국의 정치인들이 NHS와 NHS의 원칙을 수호하는 것처럼, 프랑스의 정치인들도 사회연대와 개인의 자유를 이상적으로 조합한 자신들의 보건의료제도를 오랫동안 고수하고 있다. 프랑스공화국 만세!

스위스의 재정 지원

여러 국가들을 다녀 보면 공통적으로 보건의료제도에 대한 재정적인 압박이 커지고 있음을 알 수 있다. 그나마 스위스의 보건의료제도는 내가 경험한 국가들 중에서는 가장 원활하게 운영되고 있다. 스위스에서는 '돈 낸 만큼 얻는다'는 옛 속담이 말 그대로 적용된다. 스위스는 GDP의 11.5%를 보건의료에 지출하는데,[26] 이는 한 사람당 미화 10,000달러 정도에 달하는 금액이다. (정확히는 미화 9,276달러이며, 1인당 9,146달러를 지출하는 미국보다도 많은 금액이다.)[27] 스위스의 GDP 대비 의료비 지출은 늘 높은 수준이었으며 스위스의 보건의료제도는 국제 금융위기에도 다른 국가들보다 잘 버텨냈다. 임상적 성과도 우수하고 환자만족도도 높으며 기대수명은 82.7세로 세계 최상위 수준이다.[28]

스위스가 그렇게 많은 지출을 감당할 수 있는 이유는 국제 경쟁력을 갖춘 활발한 국가 경제가 뒷받침하기 때문이다. 최근 세계경제포럼이 발표한 세계경쟁력지수World Economic Forum Global Competitiveness Index에서 스위스는 안정적이고 투명하고 효과적인 조직 운영, 훌륭한 기반시설과 상호 연계성, 세계적 수준의 교육체계, 유연한 노동시장, 이해관계자 간 원활한 관계 형성, '뛰어난 혁신 역량' 등 서로 연관된 여러 개 지표에서 우수한 성적을 받아 1위에 이름을 올렸다.[29] 세계경제포럼은 스위스의 교육체계 및 고용주와 피고용인 간의 우호적 협력관계가 스위스의 성공적인 국가 운영의 든든한 기초라고 평가했다.

GDP의 12%를 쏟아부으면 어느 국가든 당연히 우수한 의료체계를 갖출 수 있겠지만 중요한 것은 보건의료 부분에 지출을 많이 해야 한다는 것이 아니라 국가의 경제가 튼튼해야 보건의료제도가 지속가능하다는 것이다. 경제가 활발한 국가는 경제적 번영을 이용해 보건과 생명과학 분야를 활성화시킨다. 그리고 그렇게 해서 국민이 건강해질수록 국가는 더 부유해진다. 앞에서 말한 세계경쟁력지수 2위를 싱가포르가 차지한 것도 이런 관점에서 보면 당연하다. 싱가포르는 그동안 꾸준히 보건과 생명과학 분야를 활성화한 덕분에 싱가포르 국민의 기대수명이 82.7세로[30] 나타났다. 이는 대단히 높은 수친 데 비해 보건의료 지출 규모는 GDP 대비 4.3%에 불과하여[31] 여러 개발도상국들의 주목을 받고 있다.

스위스도 싱가포르처럼 개인의 책임과 사회적 책임이라는 두 가지 목표를 균형 있게 조화시킨 정교한 건강보험제도가 있다. 그러나 의료비, 보험료, 개인부담금 등이 끊임없이 증가하고 있으며 결국 스위스 정부는 비용을 더 낮출 수 있도록 단일공공건강보험care integration and a single, comprehensive payer으로 통합하자는 제안을 내놓기에 이르렀다. 놀라운 것은 2014년 국민투표에서 스위스 유권자들이 더 저렴한 의료 혜택이라는 장점에도 불구하고 '관리의료managed care'이라는 이유로 이 안건을 부결했다는 사실이다. 스위스 유권자들이 이런 형태의 계획을 거부한 것은 처음이 아니다. 인구의 절반이 개별적으로 추가 건강보험에 가입하는 상황인데도 스위스 시민들과 환자들은 그만큼 돈을 지불하고 대가를 얻는 방식을 선호하는 것 같다. 이런 경우를 두고 말은 따르되 행동은 따르지 말라는 걸까?

일본의 노인의료

일본의 평균 기대수명은 83.3세로 세계 최고 수준이라는 것이 이미 잘 알려져 있고,[32] 일본 인구의 4분의 1이 65세 이상이라는 것 역시 잘 알려져 있는 사실이지만, 실제로 일본의 인구가 2015년 1억 2,700만 명에서 2055년에는 9천만 명까지 감소할 것이라는 것을 아는 사람은 많지 않다.[33] 인구 감소와 경제 부진, 저성장을 모두 감안하면 일본의 보건 및 노인의료제도에 가해지는 엄청난 압박을 상상할 수 있다. 내가 일본을 우수한 노인의료제도를 갖춘 국가로 선정한 이유는 일본이 자신들의 문제를 선제적으로 고민하고 고령자를 위한 훌륭한 의료 방식을 찾아냈기 때문이다.

네덜란드 같은 국가에서 장기적인 안목으로 훌륭한 제도를 오랫동안 만들어왔다면, 일본은 2000년대 들어서 전 국민을 위한 의무적 장기요양보험제도long-term care insurance를 전격 도입했다. 40세 이상의 국민이면 모두 가입해야 하며 65세가 넘으면 개인의 필요에 따라 요양서비스가 제공된다. 개인의 비용 지불 능력은 고려하지 않으며 일부 서비스에는 약 10%의 개인부담금이 들어 있다. 일본은 가정에서 가족들이 노인을 돌보는 오랜 전통이 있으나 저출산과 고령화 등으로 인한 인구 구성 변화로 확대가족 개념이 무너지면서 사회 분위기가 바뀌었다.

일본의 장기요양보험제도는 가정에서 필요로 하는 도움을 제공하고 다양한 지역사회 기반 서비스와 자택간호서비스, 요양시설도 이용할 수 있게 해준다. 요양시설에서는 '간호 로봇nurse robots'을 이용한 실험이 시작되었으며 일본의 기술력에 힘입어 원격의료도 활성화되고 있다. 또한 일본은 세계에서 노인 복지센터가 가장 많으며, 놀이터를 개조하여 노인전용 체육시설로 사용하는 경우도 있다.[34]

요양서비스 수급자격 기준은 전국적으로 동일하며 심사 절차 또한 전산으로 이루어진다. 따라서 공평하게 혜택이 돌아가고 모든 사람에게 보편적으로 적용되지만 서비스 내용에 대해서는 각 지자체에서 결정한다. 개인이 요양서비스를 신청하면 다양한 의료 전문 인력과 사회복지시설 등의 지원을 받아 심사 절차가 진행된다. 그리고 요양서비스 관리자가 노인과 보호자에게 적절한 요양서비스를 찾아 조언해준다. 한편 일본 내 치매환자가 점차 증가하여 2020년이 되면 노인의 12%가 치매에 걸릴 것이라는 전망이 나온 가운데 일본은 일반 가정과 유사한 환경에서 치매 노인을 돌보는 '치매노인복지시설dementia homes'을 만들었다. 그리고 2004년에 일본 정부는 치매를 일컫는 단어를 어리석다 또는 바보 같다는 뜻을 가진 "치호chiho"에서 인지장애를 뜻하는 "닌치쇼ninchisho"로 바꾸었다. 2012년에는 치매 대응

정책 추진 5개년 계획인 "오렌지 플랜orange plan"을 발표하여 "치매 친구dementia friend"라는 개념을 도입하고 지역사회에 다수의 시민봉사자를 확보하는 데 성공하였다.

이러한 제도는 재정적인 압박이 심하고 주기적으로 재검토가 필요하지만 자국의 노인 인구를 존중하는 것이다. 그뿐만 아니라 다른 국가 정치인들이 용기가 없어 주저하는 어려운 결정을 내린 것만으로도 칭찬받아 마땅하다.

줄 수 있는 교훈, 얻을 수 있는 교훈

문화와 정치제도, 경제가 상이한 국가들을 두루 다니면서 분명히 깨달은 것은 각 국가마다 모범이 될 수 있는 부분이 있고 또 다른 국가들로부터 배울 수 있는 부분이 있다는 것이다. 한 국가에서 다른 국가로 보건의료제도 일부를 그대로 '들어서 옮기는 것'은 바람직하지 않지만 서로 새로운 아이디어를 자극하고 가능성을 공유하며 지역별 혁신과 새로운 환경으로의 적응, 새로운 제도의 도입을 격려할 수는 있을 것이다.

국방과 통신에서 에너지와 생명과학에 이르기까지 정말 많은 글로벌 산업 분야에서 경쟁과 협력이 이루어진다. 보건과 의료처럼 아주 중요한 분야에서도, 당연히 우리는 환자와 전체 인류의 이익을 위해 더욱 효과적으로 협력할 수 있지 않겠는가? 대부분의 보건의료제도는 차이점보다 공통점이 더 많으며 우리는 공동의 작업을 통해 어느 제도의 어느 부분이 실제로 효과를 발휘하는지 더 많이 알아가야 한 다. 세계경제포럼 글로벌어젠다카운슬Global Agenda Council의 미래 보건의 료 분과위원으로서 나는 내 역할을 충실히 하는 동시에 다른 이들도 자신들의 역할을 하도록 독려하고자 한다.

참고 문헌

1. World Health Organization, The world health report 2000: Health systems: Improving performance (WHO, 2001).
2. Bloomberg, Most efficient healthcare 2014 (Bloomberg.com, 2014).
3. Commonwealth Fund, Mirror on the wall: How the performance of the US healthcare system performs internationally-2014 Update (Commonwealth Fund: New York, 2014).
4. Economist Intelligence Unit, Healthcare outcomes index 2014 (EIU, 2014).
5. Ipsos MORI, State of the Nation 2013 (Ipsos MORI, 2013).

6. Ipsos MORI, State of the Nation 2013 (Ipsos MORI, 2013).

7. Department of Health, The NHS Constitution for England (DH, 2008).

8. OECD, OECD reviews of healthcare quality 2012: Israel 2012: Raising standards (OECD, 2012).

9. World Health Organization Europe, Primary health care-Israel (WHO Europe, 2009).

10. Araujo et al., Contracting for primary care in Brazil: The cases of Bahia and Rio de Janeiro (World Bank, 2014).

11. Bloom D. et al., The global economic burden of non-communicable diseases (World Economic Forum and Harvard School of Public Health, 2011).

12. OECD, Making mental health count (OECD, 2014).

13. OECD, OCED Better Life Index 2014 (OECD, 2014).

14. Ng M. et al., 'Smoking prevalence and cigarette consumption in 187 countries: 1980–2012,' *Journal of American Medical Association*, 311(2), pp. 183–92 (2014).

15. Crisp N. and Chen L., 'Global supply of health professionals,' *New England Journal of Medicine*, 370(10) (2014).

16. All-Party Parliamentary Group on Global Health, Patient empowerment: For better quality more sustainable health services globally (APPG-GH, 2014).

17. World Health Organization, A universal truth: No health without a workforce (WHO, 2013).

18. Hibbard J.H. et al., 'Patients with lower activation associated with higher costs: Delivery systems should know their patients' "scores"'. *Health Affairs*, 32, pp. 216–22 (2013).

19. White House, Remarks by the President in his State of the Union Address (White House Office of the Press Secretary, 2013).

20. Research America, Health R&D spending in the US (FY11-12) (Research America, 2013).

21. KPMG International, Necessity: The mother of innovation (KPMG, 2014).

22. Govindarajan V. and Ramamurti R., 'Delivering world-class care affordably,' *Harvard Business Review* (2013).

23. KPMG International, Accelerating innovation: The power of the crowd (KPMG, 2013).

24. Accenture, Connected health (Accenture, 2012).

25. World Bank statistics, Total health expenditure (% of GDP) (World Bank, 2013).

26. World Bank statistics, Total health expenditure (% of GDP) (World Bank, 2013).

27. World Bank statistics, Total health expenditure per capita (World Bank, 2013).

28. World Bank statistics, Life expectancy at birth (World Bank, 2013).

29. World Economic Forum, Global Competitiveness Report 2014–15 (WEF, 2014).

30. World Bank statistics, Life expectancy at birth (World Bank, 2013).

31. World Bank statistics, Total health expenditure (% of GDP) (World Bank, 2013).

32. World Bank statistics, Life expectancy at birth (World Bank, 2013).

33. Kaneko R. et al., 'Population projections for Japan: 2006–55,' *Japanese Journal of Population*, 6(1) (2008).

34. Pilling D., How Japan stood up to old age (*Financial Times*, 17 January 2014).

아시아와

호주

제2장 일본

장수와 번영을 기원합니다

일본에는 한 병원에 입원한 다섯 명의 노인에 대한 우스갯소리가 있다. 입원한 지 20일 정도 지난 어느 날 아침 다섯 노인이 둘러앉았는데 여섯째 친구가 보이지 않았다. 한 노인이 물었다. "게이치는 어디 갔나?" 그러자 다른 노인이 대답했다. "몸이 너무 안 좋아서 집에 갔다네."

이 이야기는 일말의 진실을 담고 있다. 일본은 인구 구성 변화로 어마어마한 압력을 받고 있다. 국민의 기대수명은 83.3세로[1] 세계에서 가장 높은 편인데, 출산율은 계속 감소하여 국가 전체가 빠르게 노화하고 있다. 전 국민의 4분의 1이 65세 이상 고령자이며, 이들이 소비하는 보건의료서비스 규모가 전체의 절반에 달한다.[2]

일본 내 보건의료 관련 소비 규모는 2013년에 미화 4,790억 달러로 미국과 중국에 이어 세 번째로 크다.[3] 반면에 보건의료 관련 지출은 GDP

대비 10.3% 정도로 OECD 회원국 중 중간 정도에 해당하므로[4] 일본의
보건의료제도는 상당히 비용 효율적으로 운영된다고 볼 수 있다.

일본의 인구 구성 변화로 인해 가까운 장래에 보건의료제도 운영 비용
이 GDP 성장률을 추월할 것으로 전망되는 등 국가의 재정건전성이 위
협받고 있다. 인구 구성 변화 추이는 급격한 인구 감소로 더욱 심각해지
고 있는데, 2015년에 1억 2,700만 명인 총 인구수가 2055년에는 9,200
만 명으로 약 3,200만 명(26%)이 감소할 것이며 그때가 되면 65세 이상
고령인구가 전체의 40%를 차지할 것으로 예상된다.[5] 인구 감소, 고령화,
세수 감소, 저성장 경제는 보건의료제도에 위기를 가져올 수 있다. 일본
은 이러한 난관을 슬기롭게 극복해나가고 있으며 이러한 과정을 통해 다
른 선진국들에게 중요한 교훈을 줄 것이다.

카이호켄Kaihoken

1961년에 제정된 일본 국민건강보험제도카이호켄는 일본 국민의 기대수
명을 현격히 증가시키고 유지하는 데 큰 역할을 했다. 1950년대부터 경
제성장과 더불어 정부에서 질병 퇴치를 위한 적극적인 공공보건정책을
펼쳤을 뿐만 아니라 국민의 문맹률 감소, 교육 수준 향상, 전통 방식의
식이와 운동 등의 노력과 안정적인 정치적 상황을 토대로 인구가 급격
히 증가하기 시작했다. 보편적 의료보장universal healthcare은 일본 국민이 소중
하게 여기는 원칙이다.

카이호켄의 여러 가지 독특한 특징은 일본의 문화, 사회, 경제, 정치로 서서히 스며들었다. 보편적 의료보장이라는 목표는 일본이 과거 전시 경제에서 완연히 벗어나 1950년대와 1960년대에 걸쳐 복지국가 건설이라는 기치를 내걸고 나아가던 거대한 방향의 한 축이었다. 모든 일본 국민은 공공병원 및 민간병원이나 진료소에서 단일의료보험제도를 통해 전국적으로 적용되는 동일한 보험수가 기준에 따라 의료서비스를 받을 수 있게 되었다. 보편적 건강보험제도를 도입한 배경에는 자유경쟁과 선택보다는 사회적 결속이 필요했던 당시의 일본 내 정치적 상황이 있었다.

분산화

일본 보건의료제도의 핵심적인 특징은 수많은 보험자와 의료기관, 그리고 취약한 상호 협력으로 대변되는 분산화 현상이다. 일본 국내에 약 3,500개의 보험자가 있다.[6] 이는 크게 은퇴자, 자영업자, 무직자를 대상으로 지방자치단체별로 운영되는 '국민건강보험citizens health insurance'과 피고용인을 위한 사회보험으로 구분된다. 제공되는 보험 혜택은 전국적으로 동일하며 병원, 외래진료, 정신과 치료, 약물, 가정간호, 물리치료 및 대부분의 치과 치료가 포함된다. 건강보험 혜택 구성에 개인적인 선택의 여지는 없으며 정부가 수가를 결정하므로 보험자 간 경쟁도 거의 없다. 보험자가 너무 많고 또 상당수가 영세해서 보건의료제도의 변화를 이끌기에는 역부족이다.

카이호켄은 '비용 분담cost sharing'으로 운영되기 때문에 어린이와 빈곤층을 제외한 개인은 모두 의료비의 10~30%를 부담한다. 대신, 가구당 연간 의료비와 장기요양비 총액에 상한선을 두어 개인의 부담이 과중해지지 않도록 안전장치를 두었다.

일본 정부는 2년마다 의료수가를 조정하는데 비용 절감과 가격 상승 최소화 노력을 통해 매우 효과적으로 가격을 통제해왔다. 일반적으로 내각에서 전체 보건의료 예산의 규모를 결정하면 재무성과 후생노동성에서 세부 사항을 검토한다.

일본에는 8,500개의 병원과 더불어 병상 수 20개 미만인 진료소 10만 개가 운영되고 있으며,[7] 인구 1,000명당 병상 수 13개로 OECD 평균의 3배에 달한다.[8] 이 기관들은 대부분 매우 영세하여 경제적으로 운영되지도 않고 적절한 의료서비스를 공급하기 위한 최소한의 규모도 갖추지 못한 실정이다. 이렇게 의료기관 수가 많아진 이유는 의료기관들이 대부분 의사 개인 진료소에서 출발했기 때문이다. 실제로 일본 내 병원의 80%가 민간 소유이며 그중의 절반은 의사 개인이 소유주이다.[9] 일본의 모든 병원은 비영리병원이다. 히타치Hitachi 같은 대기업들도 병원을 운영하지만 영리 목적으로 운영하는 것은 아니며, 실제로 전체 병원의 75%가 적자로 운영되고 있다. 의료기관과 병상 수는 많지만 의료인력은 턱없이 부족하고, 오히려 인구 대비 MRI 장치와 CT 스캐너 보유 비율은 유럽에 비해 각각 4배 및 6배 많다.[10]

의사들의 근무시간은 대단히 길고 지방으로 갈수록 의료진 부족이 심각한 수준이어서 정부가 대책 마련에 고심하고 있다. 전문의를 다수 보유한 의료팀이나 진료소가 많지 않고 일반의와 전문의 간 협력도 원활하지 않은 경우가 많다. 이러한 상황을 개선하기 위해 2008년에 재정지원 인센티브 제도를 도입하여 특히 암, 뇌졸중, 심장질환, 완화의료palliative care 영역에서 의료기관들의 상호 협력을 유도하고 있다.

일본은 체계적인 환자 접근과 효율적인 임상경로 개발에 무관심하여 전반적으로 의료체계 관리 수준이 낮다. 1차의료와 2차의료의 경계가 불분명하고 그 사이에 문지기 역할을 할 수 있는 기관도 없어서 환자들은 1차의료기관이든 전문의든 원하는 곳에 자유롭게 찾아가서 진료를 받을 수 있고 어디에서나 건강보험이 동일하게 적용된다.

이렇듯 무제한적인 환자 접근을 허용하는 방식은 건강보험제도에 부담으로 작용할 뿐만 아니라 보건의료서비스의 과다 이용을 부추긴다. 일본 국민의 연평균 의사 방문 횟수는 13회로 OECD 평균의 2배가 넘고 평균 입원 기간은 OECD 평균의 3배에 달한다.[11] 환자들은 병원에 갈 필요 없는 간단한 일상적 치료를 위해서도 병원을 찾고 노인 환자들은 요양시설에 자리가 없어 급성기병원acute hospital에 입원하는 등 의료서비스 자원이 엉뚱하게 낭비되고 있다.

일본 정부는 의료기관과 임상경로clinical path를 총체적으로 개혁하는 작업에 착수했다. 급성기병상acute beds을 대폭 감축하고 아급성기병상sub-acute beds, 요양 병상, 장기요양기관, 자택요양서비스를 확대하는 대대적인 변화를 추진하고 있다. 이러한 의료체계 변화와 더불어 의료 질과 효율성을 높이기 위한 공공병원 개혁 작업도 2025년까지는 마무리할 계획이다.

장기요양서비스에 대한 과감한 개혁

2000년, 일본에 정부 주도로 의무적인 장기요양보험제도개호보험, Kaigo Hoken를 도입하여 노인들이 더 자립적으로 생활할 수 있는 방안을 마련한 것은 매우 바람직한 방향으로 진일보한 것이라 할 수 있다. 개호보험은 보건의료제도, 연금제도와 더불어 일본 사회보장제도의 기둥이 되었다. 개호보험의 도입을 통해 일본사회는 가족 구성원, 그중에서도 주로 여성이 간병을 감당하도록 하는 전통적인 방식이 더 이상은 충분하지 않다는 인식을 갖게 되었고, 사회가 공동으로 감당해야 하는 중요한 역할이 있다는 것을 깨닫게 되었다. 원래 일본에서 공공요양기관은 전설 속에 늙은 노인을 버리는 산이었다는 우바스테야마Ubasuteyama 이미지와 연결되어 가족에게 버림받은 사람들이 가는 곳이라는 인식이 있었다.

개호보험의 운영 주체는 각 지방자치단체이며, 정부가 의료수가를 결정하므로 각 지자체별로 재정 수요를 예측하는 일은 비교적 간단하다. 재원은 중앙정부의 지원금과 40세 이상 주민을 대상으로 소득의 1~2%를 공제한 공제금으로 마련한다. 총 운영비는 일본 GDP의 약 2%가량이며 자택간호, 지역사회 차원의 간병 지원, 요양시설 이용 등 광범위한 서비스를 제공하여 좋은 반응을 얻고 있다. 그러나 2007년부터 2011년까지 매년 5%씩 비용이 증가하여 효율성 개선 및 예방 강화에 중점을 둔 제도 개혁이 필요하게 되었다.

일본의 정신보건서비스 분야는 환자 권리와 시민의 이해 정도 등의 영역에서 다른 국가에 뒤처지고 있었으며 사회적으로도 정신질환에 대한 부정적인 인식이 강했다. 그러나 이제는 이러한 인식도 점차 약해지고 정신질환 치료를 받고자 하는 환자의 수도 증가하는 추세다. 어느 정도는 정신질환자에 대한 사회의 부정적 인식 때문이겠지만 일본은 1인당 정신과 병동 병상 수가 세계에서 가장 많다. 그러나 지난 10년간 정신질환에 대한 지역사회의 인식이 제고되면서 치료 방법도 시설 중심에서 지역기반 서비스 중심으로 많이 옮겨왔다.

보건의료의 질은 47개 광역지자체가 감독한다. 각각의 지자체가 산전 건강관리부터 재난의료disaster medicine까지 목표 수준을 결정한다. 이것을 지역사회 맞춤형 의사결정 시스템이라고 두둔할 수도 있겠지만, 지자체 규모가 작은 만큼 의료의 질을 판단하는 기준도 단순히 의료인력의 수에 지나치게 의존하는 등 수준이 높지 않다. 전국적으로 치료 및 의료성과 자료를 취합하는 시스템이 없고 의료인력 교육에 대한 감독에는 한계가 있다. 각각의 지자체는 연 1회 지역 내 병원들을 대상으로 점검을 실시하지만 환자의 경험까지 평가하기에는 역부족이다.

한편 일본에서는 병원인증이 필수가 아니므로 보통은 병원 내부 개선 활동 차원에서 인증절차를 밟는데 재단법인인 일본의료질평가기구Japan Council for Quality Health Care에서 인증받은 병원은 전체의 4분의 1에 불과하고 인증에 실패해도 명단이 공개되지는 않는다.

일본에는 인구 보건을 책임질 확실한 리더십이 없으므로 보건 불평등 문제를 적극적으로 다루기가 어렵다. 2000년부터 일본 정부는 "21세기 국민건강증진운동Health Japan 21"이라는 이름으로 새로운 보건정책을 제시하여 국민의 건강한 삶 유지와 보건 불평등 해소를 위해 노력하고 있다. 이 정책에는 건강한 생활 습관과 질병 및 자살 예방을 위한 목표 설정도 포함되어 있다.

일본 국민의 식습관은 높은 수준의 기대수명을 가능하게 하는 핵심 요소로서, 일본 국민의 심장질환 발병률은 OECD 회원국 중 가장 낮고 인구 대비 비만환자 비율은 약 3.3%로 미국의 10분의 1 수준이다.[12] 그러나 서구 생활 습관의 영향으로 비만환자 비율이 급증하고 있으며 일부 암 발병률 역시 가파르게 증가하고 있다. 인구고령화에도 불구하고 일본은 치매환자 비율, 특히 알츠하이머 발병률이 선진국 중 가장 낮다.

최근 아베 총리의 신성장동력 창출 계획에 보건의료 정책이 포함됨으로써 보건의료의 경제적 중요성이 강조된 바 있다. 의료규제 개혁은 통화 완화, 재정 확대에 이어 아베의 경제 활성화 정책의 '세 번째 화살'인 구조 개혁의 일환으로 추진되고 있다. 주요 목표는 의료기술 수출 촉진과 의약품 및 의료기기 인허가 규제 완화이며 실제로 일본의 의료 규제 개혁은 아베정부의 규제완화 의지를 시험하는 잣대로 여겨진다. 영국과 마찬가지로 일본에서도 민간 부문이 보건의료 분야로 진출하는 것에 대해서는 의사들 사이에 의견이 분분하며, 일본의사협회Japan Medical Association에서는 국민건강보험의 위상을 약화시키는 시도를 절대 하지 말 것을 경고하기도 했다.

맺음말

　일본은 지난 60년간 많은 진전을 이루었으며, 일찍이 경제성장과 사회
결속을 위한 보편적 의료보장의 가치를 깨닫고 실행한 덕분에 기대수명
을 현저하게 개선하는 데에도 성공을 거두었다. 또한 일본은 고령화 인
구를 위한 새로운 사회정책 개발에도 적극적인 자세로 임해왔으나, 인
구 구성 변화로 인한 압박과 일본 경제의 저성장 기조로 인해 중대한 위
기를 맞고 있다. 다른 국가들과 마찬가지로 일본의 보건의료제도에 대
한 개혁이 필요하다는 공감대는 이미 형성되어 있으나 개혁을 어떻게 실
행할지에 대한 분명한 방향은 아직 없다. 수많은 병원, 보험자, 지자체
가 각자 목소리를 높이고 있지만 정작 개혁을 이끌어나갈 분명한 리더
십은 없는 형국이다.

　통일된 의료수가 결정체계는 장점을 가지고 있지만 분산된 보험자와
의료기관의 혁신 결여, 분권화된 정치제도가 맞물리면서 변화를 만들기
쉽지 않다. 일본은 회복력과 창의성이 대단한 국가다. 일본을 세계 열강
의 반열에 오르게 만든 혁신과 기업가적 재능이 보건의료 분야에도 그대
로 적용되어야 할 것이다.

참고 문헌

1. World Bank statistics, Life expectancy at birth (World Bank, 2013).

2. Ministry of Internal Affairs and Communications statistics (2014).

3. Economist Intelligence Unit, Healthcare report: Japan (EIU, March 2015), p. 4.

4. World Bank statistics, Total health expenditure (% of GDP) (World Bank, 2013).

5. National Institute of Population and Social Security Research (2015).

6. Ministry of Health, Labour and Welfare figures (2014).

7. Ministry of Health, Labour and Welfare, Survey of Medical Institutions (MHLW, 2013).

8. OECD health statistics, Hospital beds per 1,000 population (OECD, 2014).

9. Healthcare report: Japan (EIU, December 2014), pp. 2–3.

10. Healthcare report: Japan (EIU, December 2014), pp. 2–3.

11. OECD statistics, Doctors' consultations (number per capita) (OECD, 2011).

12. World Health Organization statistics, Body mass index >=30 (% of population) (WHO, 2014).

제3장 한국

국가에 대한 자긍심과
세계를 향한 포부

나는 최근 서울에서 열린 대한병원협회 병원경영 국제학술대회에서 강연을 할 기회가 있었다. 대단히 큰 규모로 열린 이 국제학회는 수많은 임상의clinician, 병원 운영자, 공직자가 모여 한국 보건의료계가 당면한 주요 현안에 대해 토론하는 자리였다. 서양 사람인 내가 보기에 학회 개회 순서는 유럽에서 보던 것과 사뭇 달랐다. 우선, 참석자들이 겸손한 태도로 깍듯하게 인사를 하는 모습을 보면 대부분의 유럽인들은 어리둥절하거나 약간 불안감을 느낄 수도 있을 것이다. 그리고 한국의 국가가 연주되는 동안 참석자들이 일어나 가슴에 손을 대고 서 있는 것을 보면 국가에 대한 자긍심과 포부를 뚜렷하게 느낄 수 있다. 한국은 세계 무대로 더 멀리 뻗어나가려는 포부를 지닌 경제 강국이다. 그리고 이러한 성향은 보건의료제도에도 확실히 드러난다.

12년 만에 완성한 전 국민 의료보장제도

대단히 빠른 속도로 실행된 경제개발계획의 일환으로, 한국은 1989년
에 전 국민에게 의료보험제도를 적용하게 되었다. 처음 의료보험사업을
시작한 지 단 12년 만에 이룩한 성과였다. 사람들은 박정희 전前 대통령이
끊임없이 산업화에 매진하면서 한국 보건의료제도의 구조와 전달체계도
산업화의 영향을 많이 받았다고 생각한다. 지난 2000년, 한국은 의료보
험 관련 기관을 통합하여 국민건강보험공단NHIS이라는 단일보험자 체제
로 전환하였다. NHIS는 고용주와 피고용인이 분담하는 보험료와 정부
보조금을 통해 재원을 확보하는데, 여기에는 정부가 인구의 2.7%(과소평
가되었다는 의견도 있지만)에 해당하는 기초생활보장수급자[1]를 위해 제공하
는 의료급여 등이 포함된다. NHIS는 보험료 징수, 의료기관에 수가 지
불, 환자에게 정보 제공, 노인장기요양제도 운영 등의 역할을 담당한다.

한국의 보건의료제도는 높은 수준의 환자부담금으로 유지되고 있다.
정부는 전체 보건의료 관련 비용의 54% 정도를 감당하고(OECD 평균은
72%) 나머지 46%는 민간 재정으로 감당하는데 대부분이 환자부담금이
다.[2] 의료서비스에 대한 실비 부담에 더하여 비급여 항목에 대한 수가 규
제도 없으므로 환자가 부담하는 비용은 금세 눈덩이처럼 불어난다. 한국
의 보건의료제도는 지난 30년간 빠르게 발전해왔다. 국민의 기대수명은
81세가 넘고[3] GDP 대비 보건의료 지출은 7.2%로[4] OECD 회원국 중 최
저 수준이다. 또한 산업화와 상수도, 위생시설, 주거 및 보건 환경 개선
을 통해 국민의 건강 수준을 놀랍게 향상시켰다. 그러나 한국의 인구는
빠른 속도로 고령화가 진행되어 65세 이상 인구가 현재 13%에서 2050

년까지 38%로 증가할 전망이다.[5] 한국의 고령인구 증가율은 연 3.6%로 OECD 회원국 중 가장 높고 OECD 평균인 연 0.56%을 훨씬 상회한다.[6] 한국도 일본처럼 고령인구 증가 추세로 인해 이미 재정 압박과 병상 부족 현상이 시작되었고 입원 기간도 OECD 회원국 중 일본에 이어 두 번째로 길다.[7]

보건의료 지출 규모도 빠르게 증가하여 2009년 미화 640억 달러였던 것이 2015년에는 약 1,130억 달러에 달했다. 보건의료제도가 지속가능하려면 새로운 의료서비스 모델이 필요한 시점이지만 여러 구조적인 문제가 선결되어야 한다. 특히 사회의 가치체계가 전통적인 유교적 확장 가족의 돌봄 개념에서 좀 더 분산화된 서구식 사회체계로 옮겨가고 있기 때문에 문제 해결이 더욱 시급하다. 자녀와 동거하는 고령인구 비율은 1981년 80%에서 2011년 27%로 급격하게 감소했으며,[8] 2008년 새롭게 도입된 노인장기요양보험long-term care insurance이 효과를 발휘할지는 아직 미지수다.

의료기관이 주도하는 보건의료

한국 보건의료의 역사적인 강점은 동시에 약점이 될 수도 있다. 이제 껏 한국 보건의료의 발전을 주도한 것은 제도적인 장치가 아니라 의료기관들이었다. 한국은 보건의료 경제구조를 완전히 탈바꿈하여 과거 제한된 의료기반시설과 소수만을 위한 분산된 보건재정에서 최상급 의료기관들과 보편적 건강보험으로 거듭났다. 그러나 이제는 오히려 3차의료기관인 종합병원의 지배적인 위치가 가장 큰 문제로 떠올랐다. 이 대형병원들이 과연 1차, 2차, 3차의료기관 및 지역기반 의료서비스 사이에 원활한 네트워크를 구현하는 새로운 보건의료제도로 전환될 수 있을까?

비록 영리 목적은 아니지만 현재 한국 내 의료기관의 94%와 병상의 88%를 민간 부문에서 운영한다.[9] 의료기관은 세 단계로 구분되는데 지역의원community clinics, 소규모 일반병원 그리고 종합병원이다. 국내 종합병원 43개 중 30개는 사립대학이 운영하고 기타 10개는 서울대학교병원처럼 교육과학기술부 산하 대학에서 운영하며 나머지는 삼성의료원처럼 기업이 운영한다.

환자의 자유로운 선택권과 실비 환급제도로 인해 한국의 의료서비스에는 비용 상승 압박이 늘 존재한다. 의료기관들은 정부보조금이 전혀 없으므로 국민건강보험공단이 지불하는 수가와 환자가 지불하는 실비에 전적으로 의존한다. 의료비 체계가 허술하므로 의료기관 운영자는 지속적인 시설 개량과 확장을 통해 환자를 유인하여 병원을 꾸려가려고 한다. 그러나 불확실한 경제 전망과 급속한 인구고령화를 감안하면 이러한 시스템은 지속불가능하다.

한국의 지역사회 기반 보건의료는 심각하게 낙후되어 있다. 보건소에서는 예방접종과 보건교육 등의 제한된 서비스를 공급하고 일반 진료는 개인이 소유한 동네의원의 1차진료의사들이 담당한다. 한국의 1차의료는 종합병원에 가기 위해 거치는 관문이라는 개념을 넘어 질병예방과 동시에 환자에게 가장 적합한 치료를 찾기 위해 환자와 협력하는 단계로 성숙해야 한다. 현재는 투자와 정책 모두 계속 의료기관에만 초점을 맞추고 있으며, OECD 회원국 중 가장 높은 수준인 남성흡연율(45%[10]), OECD 회원국 중 가장 높은 자살률(인구 10만 명당 29.1명꼴인 연간 14,160명)[11] 등 공공보건을 위협하는 핵심 요인을 외면하고 있다.

한국 국민들은 조기에 발견하지 못한 심부전과 만성폐쇄성폐질환 같은 증상으로 병원을 찾는 일이 매우 잦다. 질병예방과 조기진단에는 지역사회 의료서비스의 역할이 필수적이지만 지역일반의의 수입이 너무 적어 서비스 확대가 어려운 실정이다.

의사 대 기업

자원 부족에 시달리는 지역사회 의사들과 기업형 대형병원 간의 갈등은 정부의 원격의료 사업 추진 계획이 발표되면서 최고조에 달했다. 보건복지부는 원격의료가 고령화된 인구의 의료수요 증가 및 의료 취약지 인구의 필요를 채울 수 있는 핵심 방안이라고 설명한다. 삼성 같은 기업의 경우 이러한 정책이 자신들의 IT와 의료 산업 간의 융합 가능성을 열어주는 것이라고 보고 현재 의료 산업에 대규모 투자를 계획 중이다. 반면 대한의사협회는 원격의료가 의료민영화를 위한 발판에 불과하고 오히려 의사들의 생존을 위협한다고 판단하고 있으며 소규모 의원의 의사 일자리 수만 개가 없어질 위기에 처했다고 주장한다. 반대로 일각에서는 의사들이 환자의 이익보다 자신들의 이익을 앞세우고 있다는 비판도 나오고 있다.

보건복지부는 기존의 의료시스템이 너무 방만하게 운영되고 있다는 인식하에 1차의료 활성화 및 기능 강화를 향후 과제로 제시했다. 최근 발표된 계획에는 의료전달체계 확립, 개인부담금과 공공분담금을 조화시킨 새로운 1차의료 수가체계 도입 등이 포함되어 있다. 이에 더하여 매년 의료기관들과 수가 협상을 통해 병원비를 낮추기 위해 계속 노력하고 있다. 보건의료제도 구축 당시 일본의 영향을 받은 한국은 일본처럼 수가 협상을 정부가 관장하고 수가 인상을 최소화하는 대신 환자의 부담금을 비교적 높게 책정한다. 경제성장 정책에 매진하는 정부에게 과도한 부담을 지우지 않으면서도 보편적 건강보험을 도입하기 위해 고안된 체계이다.

아마도 엄격한 수가 정책 때문인지 고도로 산업화된 한국의 대학병원들은 새로운 성장 동력을 개척하는 중이다. 예를 들면, 민관 공동협의체로 설립된 한국국제의료협회Korea International Medical Association는 미화 5백억 달러로 추산되는 세계 의료관광산업에서 한국 의료기관의 입지를 확대해나가고 있다. 다수의 한국 대학병원이 세계적 수준의 시설을 갖추고 있어 비교적 짧은 비행 시간과 경쟁력 있는 가격에 끌려 한국을 방문하는 중국, 러시아, 몽골, 기타 아시아 국가의 의료관광객 수가 점차 증가하는 추세다. 다만, 대형 대학병원들이 국제 무대에서 두드러지는 특색을 갖기 위해 한국의 보건의료제도는 의료 질 개선과 치료 성과 공유에 좀 더 신경을 써야 한다. 더불어 의사와 환자 간에 대단히 가부장적인 관계가 지속되는 한 더욱 시급하게 이러한 이슈들을 다루어야 한다.

맺음말

단 12년 만에 보편적 건강보험을 완성한 것은 정말 놀라운 성과다. 급속한 산업 발전이 사회복지 정책으로 이어지고 한국의 보건의료제도를 21세기로 이끌 수 있었던 것은 뚜렷한 목표를 가진 정치적 리더십이 있었기에 가능했다. 다만 그로 인해 개인부담금 수준이 높아지게 되었으며 서구사회의 실수를 답습하여 지나치게 병원에 의존하게 되었다.

전자산업의 발달에 따라 혁신과 신기술 도입에 대한 관심이 높아지고 있으며, 이는 결국 제도 개선의 촉매제가 되어 향후 동양과 서양에 모두 변화를 가져올 것이다. 그러나 냉정하게 말하자면 한국은 우선 1차의료와 2차의료 간의 균형을 다시 정립하여 보건의료제도가 지속가능하도록, 그리고 인구고령화로 인한 엄청난 압박을 이겨낼 수 있도록 만드는 데 힘써야 한다.

참고 문헌

1. Korean Statistical Information Service (2013).
2. World Bank figures: Health expenditure, public (% of total health expenditure) (World Bank, 2013).
3. World Bank statistics, Life expectancy at birth (World Bank, 2013).
4. World Bank statistics, Total health expenditure (% of GDP) (World Bank, 2013).
5. Economic Intelligence Unit, Healthcare report (EIU, November 2014), p. 10.
6. Goldsmith R.L., 'Health Care System Structure and Delivery in the Republic of Korea', in *New Visions for Public Affairs* (Delaware School of Public Policy Administration, 2012), p. 35.
7. OECD, Average length of stay in hospitals: 2000 and 2011 (OECD Publishing, 2013).
8. Goldsmith R.L., 'Health Care System Structure and Delivery in the Republic of Korea', in *New Visions for Public Affairs* (Delaware School of Public Policy Administration, 2012), p. 35.
9. OECD Stat, For-profit privately owned hospitals & beds in for-profit privately owned hospitals (OECD, 2010 & 2012).
10. Korean Statistical Information Service (2012).
11. South Korea's Struggle With Suicide, *The New York Times*, 2 April 2014.

제4장 중국

공산주의 국가의 허황된 꿈?

"중병에 걸린 아내를 구하기 위해 병원을 속여 병원비 수만 위안을 가로챈 혐의를 받은 랴오 단(41세, 베이징 시 거주)이 최근 자신에게 도움의 손길을 내민 이들에게 고마움을 표시했다. 랴오 단은 자신의 아내 두 진링의 혈액 투석 치료를 위해 병원 인장을 복제하여 허위로 비용 지불 영수증을 꾸몄다. 랴오 단의 이야기가 중국 내 언론의 헤드라인으로 다루어진 후 14만 명이 넘는 중국 블로거들이 총 50만 위안(미화 8만 달러)이 넘는 금액을 이 가족에게 기부했다."

– 〈사우스차이나모닝포스트〉, 2012년 7월

공산주의 국가 중국의 보건의료체계가 오히려 세계에서 가장 민영화되어 있다고 얘기하더라도 틀린 말은 아니다. GDP의 5.6%에 불과한 보건의료 분야 지출은 브릭스BRICS, 브라질 · 러시아 · 인도 · 중국 · 남아프리카공화국 기준에 비추어 보아도 낮은 편이며 조금씩 다른 국가들 수준으로 따라잡아가는 중이다.[1] 전체 보건의료 지출 중 공공 부문이 감당하는 비율은 2005년 39%에서 2012년 56%로 증가했다.[2] (오바마케어 이전의 미국의 상황과 많이 다르지 않다.) 민간 부문에서 나머지 44%를 감당하는데 이 중 75%는 환자의 개인부담금이다.[3] 중국 전역의 민간보험을 다 합쳐도 전체 보건의료 비용의 3%를 책임질 뿐이며 위의 기사에서 언급한 랴오 단과 같은 개인의 경우 건강이 나빠지면 극심한 재정 압박에 시달리게 된다. 병원들이 받는 정부보조금은 전체 재원의 10%도 채 되지 않는다.[4]

중국 가정의 보건의료비 지출이 전체 수입에서 차지하는 비중은 기본 생계비를 제외한 나머지 금액의 40%에 육박하며 WHO는 이 상황을 재앙과도 같다고 언급한 바 있다. 여러 조사에 의하면 이 어마어마한 의료비 부담 규모는 2003년부터 2011년까지 전혀 감소하지 않았으며 중국 인구 전체의 13%를 차지하는 1억 7,300만 명이 건강 악화로 재정 파탄에 직면했다.[5] 중국 일반 가정의 경우 전체 지출액의 평균 13%를 보건 의료에 소비한다. 이 때문에 중국의 내수 성장이 더디고 수출 중심으로 성장할 수밖에 없다고 평가하는 사람들도 있다. 중국의 성장이 좀 더 지속가능해지고 경제 확장의 성과가 '고르게 분배'되려면 이러한 성장 불균형이 해소되어야 한다. 2003년 사스SARS 발생 등 2000년대 초반부터 보건의료에 대한 불만이 확산되고 변화에 대한 요구가 거세지고 있다.

이러한 상황에 대응하기 위하여 중국 정부는 13억 국민들에게 보건의료서비스를 공급하기 위한 개혁에 착수했다. 이것은 공산주의 이념이 아니라 철저한 실용주의에 바탕을 두었다. 이는 중국 정부가 보다 광범위하고 형평성 있게 공급되는 보건의료서비스가 사회 결속의 중요한 요소라고 판단한 것이다. WHO가 지적한 대로 도시로 몰리는 대규모 인구이동 문제의 해결 등 중국 경제의 생산성 향상을 위해서라도 더 나은 보건의료서비스의 공급이 필요하다.

우선 국가건강가족계획위원회National Health and Family Planning Commission에서 전반적인 보건의료 정책 수립 책임을 맡고, 이 외에도 재정부, 인력자원사회보장부, 국가발전개혁위원회 등의 정부기관이 보건의료 정책 수립에 관여한다. 국무원 의료개혁판공실State Council for Healthcare Reform이 개혁 프로그램을 주도하는 역할을 하지만 실제로 각 지방의 보건의료 정책은 지방정부 소관이므로 개혁 프로그램의 감독과 실행은 지역별로 완전히 분산되어 있다. 이토록 국토가 넓고 공무원 조직이 방대한 국가에서 이렇게 야심찬 보건의료 프로그램 실행에 착수한 것은 깊이 존경할 만한 일이다.

대대적 성과

규모만 놓고 보자면 중국의 변화는 내가 본 것 중 세계에서 가장 큰 규모로 진행되는 보건의료개혁이며 일부 영역, 특히 보편적 접근성 보장 측면에서는 실질적 성공을 거두었다.

만성질환의 심각한 증가 등 인구고령화로 인한 사회적 압력, 보건의료비 인상, 도시와 시골 간 보건의료 수준 격차 등의 문제를 해결하기 위해 2009년에 국무원State Council은 2020년까지 전 국민을 대상으로 의료보장제도를 도입하겠다는 계획을 발표했다. 의료보험의 대규모 확대 적용은 의료서비스 전달, 공공병원 개혁, 의약품제도 및 공공보건과 함께 5대 중점 개혁과제 중 하나다. 이 계획을 실행하기 위해 3년간 미화 1,250억 달러의 정부 재정을 추가 투입했다.

의료보험 분야 성과는 매우 인상적이다. 기본적인 의료보험 적용을 받는 인구는 2006년에 45%에서 2011년 95%로 급증했으며[6] 숫자로는 약 5억 명 정도가 추가로 의료보험의 적용을 받게 되는 대대적인 성과를 얻었다. 특히 그동안 보건의료 혜택에서 소외되었던 시골 인구의 99%가 여기에 포함된 것도 의미가 있다. 현재 중국에서는 인류 역사상 최대 규모로 진행된 시골-도시 간 인구이동으로 인해 시골 인구가 중국 전체 인구의 절반 이하인 실정이다. 결국 정부의 개혁 추진을 통해 약 5년 만에 전 국민 의료보장에 가까운 결과를 만들어냈다. 역사적으로 이렇게 많은 사람들을 한꺼번에 수용하는 의료보장제도는 이제껏 없었다. 의료보험 운영을 위한 정부보조금의 규모도 증가하였으며 좀 더 취약한 지역에 집중적으로 제공되었다. 다만 많은 사람들에게 혜택을 제공하는 대신 개인에게 많은 혜택을 제공하지는 못한다. 아직도 환자들은 각종 공제 항목을 제하고도 치료비의 절반 이상을 지불해야 하는 등 경제적인 부담은 여전하며, 병원비 인상도 여기에 한몫하고 있다.

부패의 그늘

의료보험 이외 다른 분야의 개혁은 고질적인 이해관계가 맞물려 있어서 그렇게 간단하게 진행되지 못했다. 중국의 병원들은 오랫동안 의약품 가격과 진료비를 인상하는 식으로 운영을 유지해왔다. 국제 기준으로 급여 수준이 매우 낮은 의사들은 심각한 수준의 의약품 과다처방과 과잉치료 등을 통해 부가 수입을 창출했으며, 이러한 행태는 병원의 의료서비스 및 병원 운영에 부패, 부정결탁, 허술한 관리, 투명성 결여를 초래한다. 뇌물 같은 비윤리적 관행과 과잉수술이 큰 문제인데, 어떤 의사는 수입의 절반 이상을 불법 리베이트나 뇌물로 충당한 사례도 있었다.

결국 병원, 의사, 의약품 및 의료물품 공급업체를 대상으로 반反부패 정책이 도입되었으며 뇌물에 연루된 제약업체 및 의료기기 업체들에 대해서는 블랙리스트가 작성되었다. 이 정책의 주요 목표는 의약품과 의료물품 가격 결정 과정의 투명성 확보다. 2014년에 공무원, 의사, 병원에 뇌물을 제공한 글락소스미스클라인GlaxoSmithKline에 대해 미화 4억 9천만 달러의 벌금이 부과된 사례는 투명성 확보 정책이 효과적으로 실시되고 있다는 것을 보여준다. 다만, 단기적으로는 이미 재정적으로 감당할 수 있는 수준을 넘어선 의료기관들에게 오히려 재정 압박을 가중시킬 것이다.

공공병원 개혁은 보건의료 비용 관리, 효율성 제고, 의료 질 향상 그리고 궁극적으로 우수한 보건의료서비스 공급의 중심축이다. 중국의 의료개혁 프로그램에서는 공공병원의 의료성과와 운영을 개선할 방안을 모색하면서 각종 시범사업을 추진했는데 핵심 내용으로는 병원의 역할과 책임 규정, 시장경쟁과 민간소유 허용(거의 모든 병원이 국가 소유이므로), 정부부처 간 우선순위 정립, 그리고 현대 경영기법 도입을 통한 공급망 관리, 프로세스 단순화, 우수한 인적자원 확보 등이 있다.

관리기술이 필요

북경과 심천, 상해를 방문했을 때 나는 이러한 개혁에 대해 상당히 열정적인 모습들을 볼 수 있었다. 다만 재원마련과 관리 지원이 문제였다. 예를 들면 몇몇 병원 운영진은 의약품 처방과 진료서비스에 대한 비용 추가 관행이 철폐되거나 상당히 축소되면 그로 인한 매출액 차이를 정부가 메꿔줄 것인지에 대해 의문을 갖고 있었다. 또한 병원 운영 개선에 대한 열정은 있으나 노하우가 없는 것도 문제고, 이밖에도 지나친 가격규제로 인해 병원으로서는 중증환자를 거부하고자 하는 문제도 생긴다. 이러한 이유로 중국의 병원개혁이 의료보장제도처럼 성공을 거둘지 논하기에는 아직 이르다.

중국은 영국 NICE(National Institute for Health and Care Excellence)의 부분적인 도움을 받아 2011년 국가기본약물목록(National Essential Medicines List)을 작성함으로써 의약품 관리를 강화하였다. 근거 기반 투약 프로토콜과 처방 절차가 수립되었지만 역시 효과를 논하기에는 이르다. 작업 자체가 너무 방대하기도 하고 아직 명확한 성과 관리나 의료 질 규제의 틀이 마련되지 않았기 때문이다.

1차의료는 여전히 낙후되어서 그 때문에 특히 대도시에서는 주요 대학 부속병원 같은 대형병원으로만 환자가 몰린다. 정부는 지역보건센터와 지방병원 의료 개선을 통해 대형병원 쏠림 현상을 해소하려는 목표를 가지고 있다. 1차의료기관(지역보건센터와 마을보건센터)은 기초 공공보건서비스를 전달하도록 지원받고, 비싼 병원서비스의 무절제한 이용을 방지하는 문지기 역할도 점차 강화되고 있다. 그러나 사람들이 대형병원에서 더 좋은 의료서비스를 받을 수 있다는 것을 아는 상황에서 이러한 변화를 만드는 것이 쉽지는 않을 것이다. 대부분의 투자와 기술 향상이 대형병원에서 집중적으로 이루어지고 따라서 최고의 의료진이 모이기 때문에 자연스럽게 가장 비싼 의료비를 지불하는 환자들이 모인다.

다른 여러 국가들처럼 중국도 의료인력 부족 현상을 겪고 있다. 시골도 의료보험 혜택이 늘어나면서 의료인력 수요가 함께 늘었지만, 시골 의사의 급여 수준이 낮고 선택의 기회가 제한되어 있는 데다가 연구시설도 부족해서 시골에서 일하는 의사들의 수가 너무 적다. 따라서 시골지역에서는 중국 동부의 부유한 지역과 비교하여 심각한 의료 불균형을 겪게 되었다. 전체적으로 보면 의료개혁 프로그램을 통해 전국의 병상 사용률은 2003년 36%에서 2011년 88%로 껑충 뛰었고,[7] 정부는 2010년부터 2020년까지 약 30만 명의 1차의료인력을 육성하겠다는 목표를 세웠다.[8] 그렇게 많은 인원을 일정 수준으로 육성하는 것은 대단히 어려울 것이다. 임상경로 설계, 인력 개발, 역할이 저평가된 간호사의 역할 확대 등 현대화된 접근법을 함께 시도할 필요가 있다.

효율성 제고와 의료 질 향상을 위해 임상경로를 활용하는 데 있어 중국은 아직 갈 길이 멀다. 2차병원 및 3차병원은 불과 몇 년 전부터 임상경로를 활용하기 시작했다. 이제 다음 단계는 동반 질환이 있는 환자에게로 임상경로 활용을 확대하는 것이고 최종적으로는 병원의 정보시스템 및 의료성과 평과와 연동해야 한다. 현재는 객관적인 의료성과 관리장치가 전혀 없다.

2014년 8월, 중국은 7개 도시와 성에서 100% 외국자본병원foreign-funded hospitals을 설립한다는 계획을 발표했다. 이것은 중요한 정책 변화다. 왜냐하면 기존 외국 투자자들은 중국 기업과 합작 형태로만 중국 내 병원 설립이 가능했기 때문이다. 그러나 보건의료 분야 규제와 외국자본의 투자에는 여러 정부기관들이 관여하고 있으므로 이런 새로운 접근 방법이 어떤 효과를 만들어낼지에 대해 불확실성이 큰 것이 사실이다.

수억 명의 고령인구

유엔 통계에 의하면 중국 내 60세 이상 인구가 2050년이 되면 전체의 3분의 1에 달할 것이며 이는 현재 1억 7,800만 명의 2배가 넘는 수치다.[9] 급속한 인구고령화의 주된 이유는 중국의 '한 자녀 정책' 때문이다. 이 정책은 한 명의 자녀가 두 명의 부모에 더하여 조부모까지 부양해야 하는 결과를 낳았다. 최근 한 자녀 정책 완화 방안이 도입되고 있지만 출산율에 큰 영향을 미칠 가능성은 낮다.

고령인구의 대규모 증가 추세는 가족 내 문제 외에도 국가적으로 어마어마한 경제적 난관을 예고한다. 이에 대응하기 위해 정부는 만성질환 예방과 장기요양서비스 확대에 주력해왔다. 특히 티베트와 신장지구 등 상대적으로 빈곤한 지역들을 대상으로 지역보건서비스 확대, 1차의료기관 추가 설립, 의료인력 육성 개선 등의 계획을 추진하고 있다. 장기요양서비스 촉진을 위한 정부의 또 다른 조치에는 노부모를 돌보지 않는 자녀에게 벌금을 부과하는 방안(노동자의 이동이 잦아지면서 불편함을 야기할 것이라는 우려가 있음.)과 보험사로 하여금 노인주택에 투자하는 것을 허용하는 방안이 포함되어 있다.

평균 기대수명은 1990년 68세에서 2013년 75.4세로 증가하였고,[10] 같은 기간 영아 사망률은 인구 1,000명당 50명에서 11명으로 75% 이상 감소했다.[11] 중국 내 최대 사망 원인은 암으로, 2011년에는 전체 사망 원인의 28%를 차지했다. 치명적인 암 중에서는 폐암이 가장 많이 발병하는데[12] 중국 내 약 3억 명 정도의 흡연 인구가 전 세계 담배 생산량의 3분의 1을 소비한다는 점을 감안하면 그리 놀라운 일은 아니다.[13] 심장질환, 뇌혈관질환, 호흡기질환이 기타 주요 사망 원인이며, WHO는 중국에서 매년 100만 명이 흡연과 연관된 질병으로 사망한다고 추산한다.[14] 주요 도시의 지독한 대기오염 또한 여러 심각한 질병을 일으킨다. 이와 더불어 생활 습관 변화와 인구고령화에 따른 당뇨와 고혈압 같은 만성질환의 급증으로 인해 요양과 의료지원에 대한 수요도 계속 증가하고 있다.

중국의 중의학traditional chinese medicine은 중국 보건의료제도에서 여전히 중요한 역할을 감당하며, 실제로 중의학이 보건의료서비스의 약 40%를 책임진다는 보고서도 있다.[15] 전통의료와 서양의료는 근본적으로 다른 이론적 기반에도 불구하고, 일반의원 단계에서 3차병원에 이르기까지 서로 잘 연계되어 중국만의 독특한 건강과 보건의료 개념을 발전시켰다. 의사들이 중의학과 양의학 자격증을 둘 다 갖고 있는 경우도 일반적이다. 정부는 전통의학에 대해 우호적인 입장을 가지고 연구 및 홍보에 투자하고 있으나, 서양식 1차의료를 더 저렴하고 쉽게 이용할 수 있게 되어도 중의학의 역할이 계속 확대될 수 있을지 의문을 갖는 이들도 있다.[16]

맺음말

중국은 보건의료서비스를 확대하고 의료의 질을 향상할 수 있는 자본력도 있으며 그 동기도 충분하지만, 시간·노력·자원을 낭비하지 않으려면 보건의료 분야 리더십 능력과 역량 개발에 많은 공을 들일 필요가 있다. 중국은 그동안 세계의 다양한 아이디어를 받아들이는 열린 자세와 적극적인 국제무역을 통해 놀라운 경제성장의 기반을 다질 수 있었다. 중국의 의료개혁이 계속 진행되려면 이러한 동력이 국내 보건의료제도에 그대로 적용되어야 할 것이다.

참고 문헌

1. World Bank statistics, Total health expenditure (% of GDP) (World Bank, 2013).

2. World Bank statistics: Health expenditure, public (% of total health expenditure) (World Bank, 2005 & 2012).

3. World Bank statistics: Out-of-pocket health expenditure (% of private health expenditure on health) (World Bank, 2012).

4. China Center for Health Economics Research, Global hospital management survey–China: Management in healthcare report (Peking University: Beijing, 2014).

5. Meng Q.L. et al., Trends in access to health services and financial protection in China between 2003 and 2011: A cross-sectional study in The Lancet, 379 (9818): 805–4 (2012).

6. Economic Intelligence Unit, Healthcare report (EIU, August 2014), p. 4.

7. Huang Y., What money failed to buy: The limits of China's healthcare reform in *Forbes Asia* (Forbes, 3 April 2014).

8. *China Daily*, China plans to train 300,000 general practitioners (*China Daily Press*, 2 April 2010).

9. Liu T. and Sun L., 'An apocalyptic vision of ageing in China: Old age care for the largest elderly population in the world,' in *Zeitschrift für Gerontologie und Geriatrie*, 48 (4) 354–4(2015).

10. Economic Intelligence Unit, Healthcare report (EIU, August 2014).

11. World Bank statistics, Infant mortality rate (per 1,000 live births) (World Bank, 2013).

12. EIU (2014).

13. World Health Organization Western Pacific Region, Tobacco in China Factsheet (WHO, 2010).

14. WHO (2010).

15. Jia Q., Traditional Chinese Medicine could make 'Health for One' true (World Health Organization, 2005).

16. Xu J. and Yang Y., 'Traditional Chinese Medicine in the Chinese healthcare system,' *Health Policy* 90 (2–), 133– (2009).

제5장 홍콩

인구, 민주주의, 그리고 운명

겉으로 보면 홍콩의 보건의료제도는 세계에서 가장 효율적인 제도일지도 모른다. 중국 내 특별행정구역으로서 세계에서 가장 높은 기대수명[1](남성 80세, 여성 86세)을 자랑하는데, 보건의료 지출은 GDP의 6%에 불과하기 때문이다.[2]

그러나 자세히 들여다보면 710만 명의 인구를 책임지는 보건의료제도는 향후 몇 년간 커다란 어려움을 맞게 될 것으로 전망되며, 이에 대응하기 위해 주요 개혁 방안들이 실행되는 중이다. 인구 구성 변화로 인한 압박과 민주주의 압력이 향후 10년간 홍콩 보건의료제도의 운명을 완전히 바꿔놓을 수도 있다.

고효율 고비용

홍콩의 의료제도는 이원화되어 있어서 급성기 의료acute의 90%와 1차의료의 30% 정도는 공공 부문이 담당하고 나머지는 민간 부문이 담당한다.[3] 공공 부문을 통한 의료전달이 압도적으로 많은데도 불구하고 지출은 공공 부문과 민간 부문이 똑같다. 홍콩의 공공의료는 아마도 세계에서 가장 효율적으로 운영되는 반면 민간의료 운영에는 비용이 많이 든다고 말할 수 있겠다.

공공의료체계 산하 진료소와 병원은 모든 홍콩 시민과 11세 미만의 홍콩 거주 어린이에게 거의 무료로(아주 약간의 환자부담금 포함) 의료서비스를 공급한다. 일부 비용을 지불해야 하는 서비스와 의약품도 있긴 하다. 홍콩의 보건법 및 보건정책을 집행하는 위생서Department of Health는 1차의료 전반을 감독하고, 법령에 따라 독립기관으로 설립된 의원관리국Hong Kong Hospital Authority은 공공병원 전체와 일부 1차의료와 지역의료서비스를 담당한다. 현재 의원관리국에서는 41개 공공병원 및 122개의 전문의와 일반의 진료소를 관리하고 있으며 소속 직원은 6만 명이 넘는다.[4]

1991년에 설립된 의원관리국은 그동안 더 나은 의료서비스를 공급하고 더 나은 병원을 만드는 데 성공을 거두었다. 설립 당시 상황을 감안하면 정말 대단한 일이다.

1990년대 초반 당시 보건의료 관련 지출은 대부분 민간 부문에서 감당하고 있었으나 그 이후 정부의 막대한 지원에 힘입어 에서 전체 지출의 절반이 훨씬 넘는 부분을 감당하게 되었으며, 2007년과 2011년 사이만

하더라도 공공 부문의 보건 관련 지출이 30%나 증가했다.

홍콩 정부의 총 지출 자체가 그리 많지 않기 때문에 그중에서 보건의료 분야가 차지하는 비중이 상대적으로 높은데, 2014~15 회계연도 전체 예산 중 보건의료 관련 지출이 17%나 차지했다. 또한 정부는 의료서비스를 주변국들에 비해 이점이 있는 6대 성장 분야 중 하나라고 규정하고, 의료서비스 분야 성장을 위해 공공병원 신설, 기존 공공병원 업그레이드, 의료인 육성, 전통 중의학 활성화 등의 정책을 추진하고 있다.

의원관리국의 첫 번째 전략적 플랜은 2009년에야 나왔다.[5] 주요 내용은 의료서비스와 의료인력 및 의료시설에 대한 지출을 늘리겠다는 것이었는데, 이 전략적 플랜을 통해 대규모 자본 투자의 발판이 마련되었다. 의원관리국의 미션은 "건강한 시민, 즐거운 의료인, 신뢰받는 의원관리국"이다. 의원관리국은 홍콩 시민들 사이에 홍콩의 발전상을 보여주는 척도로 인식되고 있어 늘 언론의 주목을 받을 뿐만 아니라 지역 정치인과 중국 본토로부터도 큰 관심의 대상이 되고 있다.

현재 홍콩 보건의료제도에는 커다란 압박이 가해지고 있다. 2014년에서 2020년까지 전체 인구는 약 5% 증가한 760만 명이 될 것으로 예상되는데,[6] 그중 65세 이상 고령인구가 차지하는 비율은 2013년 14%에서 2018년 18%으로 증가할 전망이며,[7] 장기치료가 필요한 질환은 같은 기간 거의 3분의 1이 증가할 것으로 전문가들은 내다본다. 그리고 이렇게 증가하는 고령인구가 병원 수요를 끌어올릴 것이다. 서양에 비하면 고령인구 비율은 아직 낮은 수준이다. 하지만 의원관리국의 발표에 의하면 고령환자의 입원 일수가 홍콩 내 병원 전체 입원 일수의 절반을 차지하며 고령환자 치료에 들어가는 평균 비용이 비고령환자보다 57%나 많다고 한다.

홍콩 시민의 주요 사망 원인은 서양 국가들과 같이 암, 심장병, 호흡기 질환이다. 이에 더하여 세계 여행과 무역의 중심지로서의 입지 때문에 중국 등 다른 국가에서 옮겨오는 감염성질환의 위험도 증가하였으며, 이 또한 보건의료제도에 부담을 가중시키는 요인이 되고 있다. 근래에 발생된 사례로는 사스와 조류인플루엔자조류독감, 신종플루가 대표적이다. 의원관리국은 이러한 상황에 그동안 잘 대처하였으며 앞으로 발생할지 모르는 감염성질환에 대해서도 촉각을 곤두세우고 있다.

자녀에게 홍콩 시민권을 얻게 할 목적으로 중국 본토에서 원정출산을 나오는 임신부 문제도 의원관리국이 당면한 큰 과제다. 2011년에 홍콩에서 태어난 신생아의 거의 절반이 중국 본토에서 온 산모의 아이인 것으로 드러나[8] 중요한 사회 이슈로 부각되었다. 결국 홍콩 정부는 중국 본토에서 오는 원정출산을 금지하기에 이르렀고 그 결과 민간병원은 훌륭한 수입원을 잃었지만 공공병원은 비용을 아끼게 되었다.

홍콩에서 진료대기 문제는 심각하다. 공공 부문의 외래환자와 선택진료환자의 대기시간은 계속 증가하는 추세다. 심지어 백내장 수술을 받으려면 약 22개월을 기다려야 하고,[9] 부인과 진료를 받기 위해 수개월씩 기다리는 것이 일반적이다. 환자 수천 명의 대기시간을 다 더하면 몇 년치에 해당할 정도다.

외국 의료인력 배척

  의료서비스 수요가 증가하면서 수요를 따라가지 못하는 의료기관과 의료인력 부족이 문제가 되고 있으며, 의료인력의 은퇴로 인해 의사와 간호사 부족 현상이 전반적으로 더욱 심해졌다. 홍콩의 의사 숫자는 인구 1,000명당 1.7명으로 독일의 절반에도 미치지 못하며 비슷한 의료인력 부족 문제를 겪고 있는 일본보다도 적다.[10] 문제를 더 악화시키는 요인은 규제 장벽이 너무 높아 외국에서 의사를 데려올 수도 없다는 것이다. 현재 홍콩의 공공병원에서 활동하는 외국 의사 자격증 소지자는 단 11명에 불과하다.[11] 자국 의사의 지위를 보장하기 위해 의사면허국Medical Council에서 세운 기준에 의하면, 외국 의사가 의사면허국에 가입하기 위해서는 세 파트로 구성된 시험을 통과하고 12개월간의 인턴십 기간을 거쳐야 한다. 이렇게 노골적으로 외국 의료인력을 배제하려는 제도는 분명 바뀌어야 한다. 국제 금융의 허브로서 전 세계 자금 흐름이 원활하게 흘러들어오기를 바라는 것처럼 앞으로 의료인력의 유입도 더 활발하게 일어날 수 있도록 제도를 보완해야 한다.

  홍콩이 계획하는 새로운 의료서비스 모델을 실행하려면 외국의 의료인력이 더 많이 필요하다. 홍콩이 계획대로 의사, 간호사, 치료사 수를 충분히 확보하기까지는 시간이 많이 걸릴 것이고, 향후 10년간은 아시아 전역에서 우수하고 잘 훈련된 의료인력을 수급하기가 대단히 어려울 것이기 때문이다.

  홍콩의 중의학은 보건의료제도에서 중요한 위치를 차지한다. 현재 활동 중인 중의사는 6,000명이 넘어[12] 전체 의사 수의 거의 절반에 달한다.[13] 중의학 치료에는 침술, 중의약herbal medicines 등이 있다. 전통 중의학이 전체 의료서비스에서 차지하는 비중은 5분의 1 정도이며 서양식 1차의료를 일부 대체한다고 볼 수 있다.

다른 국가에서와 마찬가지로 환자들의 기대는 점점 높아지고 있다. 공공병원 의료서비스 만족도 설문 조사에서 응답자의 80%가 '최상', '매우 우수', 또는 '우수'라고 평가했지만[14] 동시에 응답자들은 의료 질, 의사소통, 퇴원 절차, 가정 간호 등에 대한 우려를 표시했다. 과거에는 그저 고맙게만 여기던 환자들이 이제는 불만을 제기하기 시작했으며 보건의료제도 또한 이러한 변화에 적응해야 할 때가 되었다.

의원관리국의 새로운 전략적 플랜

의원관리국은 오랜 논의 끝에 "보건기초강화Consolidating for Health"라는 슬로건을 내걸고 전략적 플랜을 수립하여 2012년에서 2017년까지 추진하기로 했으며, 의료인력 확대, 의료 질과 안전수준 향상, 효율 극대화, 병원 지배구조 및 위험관리 개선이라는 네 가지 주요 방향을 설정했다.[15]

이 플랜은 보건의료 분야에 현재 필요한 것들을 잘 담아내었으나, 실행 부분이 다소 약하고 새로운 의료서비스 모델에 대해 좀 더 강조하지 못한 것이 아쉬운 부분이다. 20년 전 공공병원 설립에 집중한 것은 제대로 된 방향이었으나 오늘날 홍콩 내 발생하는 질병은 다른 국가들의 사례가 보여주듯이 병원치료 이외의 방식을 생각해볼 수 있는 경우가 많이 있다. 어떤 의미에서는 '의원관리국'에 방향 변경을 요구하기가 어려운 일이지만 결국 '의원관리국'은 '앞으로 이헬스e-health'를 통한 지역사회 서비스 및 1차의료와 가정의료home care 개발에 초점을 맞추어야 할 것이다.

의원관리국은 이미 "HARPIE"라는 훌륭한 정보시스템을 구축하여 퇴원환자에게 간호사 중심의 요양서비스를 공급하는 데 사용하고 있다. 이러한 기술은 기존 의료인력의 역할을 재정립하여 인력난을 해소하는 데 도움을 줄 수 있다. 정부가 개발하는 이헬스 기록 공유 플랫폼을 통해 민간 부문과 공공 부문 간의 협력, 그리고 급성의료와 1차의료서비스 간의 협력이 활성화될 것이다.

취약한 1차의료는 향후 10년간 병원 서비스를 집어삼킬지도 모른다. 홍콩의 전략은 인구 구성 변화와 다양한 기대와 요구 증가를 따라잡지 못할 위험에 처했다. 현재 홍콩 병원 입원 일수의 90%를 공공병원이 감당하고 있으며,[16] 민간병원이 책임지는 입원 일수가 10%에 불과한 시스템은 지속불가능하다고 지적하는 사람이 많다.

민간보험 추진

보건의료제도에 대한 압력을 해소하기 위해 홍콩 정부는 자율적 건강보험제도Voluntary Health Insurance Scheme 시행을 준비 중이다. 이 제도가 시행되면 개인은 국가의 의료지원에 더하여 민간보험을 이용할 수 있게 되고 정부는 투명성, 표준화, 접근성을 확보하는 방식으로 보험 상품을 감독하는 역할을 담당하게 될 것이다. 중국의 보건의료제도와 같이 홍콩의 의료개혁도 민간 건강보험 이용을 활성화하는 방향으로 가닥을 잡은 것 같다.

민간보험은 홍콩의 지역 퇴직연금저축제도인 강제성 적립기금Mandatory Provident Fund과 개념이 비슷하다. 일각에서는 무료 보건의료에서 멀어지는 것이 아니냐는 우려도 있지만 새롭게 도입되는 보험은 공공의료서비스와 민간의료서비스 간의 균형을 맞추는 데 어느 정도 기여할 수 있을지도 모른다. 다만 평균 보험료가 연간 4,000홍콩달러(미화 515달러) 정도가 될 것으로 예상되는데 이 금액은 세계 각국의 의료보험료 중 최고액 수준에 속한다. 따라서 기존에 '무료로' 의료서비스를 누리던 사람들을 비싼 건강보험에 가입하도록 만들 수 있을지가 관건이다. 정부는 새로운 제도가 무난하게 정착될 때까지 일부 비용을 지원하기 위해 500억 홍콩달러(미화 64억 달러) 규모의 예산을 별도 편성하였다. 그러나 세계에서 가장 효율적인 의료제도와 가장 비싼 의료제도가 공존하는 홍콩에서 공공의료서비스와 민간의료서비스 간의 균형을 맞추는 일이 쉽지는 않을 것이다. 이 개혁이 성공하려면 더 많은 논의와 투자, 그리고 신중한 검토가 필요하다.

정부는 70세 이상의 고령환자가 민간의 1차의료시설을 이용할 수 있도록 바우처를 지급하는 제도를 도입하였고, 일부 시민을 대상으로 소규모로 시험해보는 단계를 거쳐 이제는 전국적으로 시행하고 있다. 바우처의 연간 사용량을 금액으로 환산하면 1인당 미화 260달러 정도로 시범기간에 사용된 바우처 금액의 2배에 달한다.

맺음말

자율적 보험제도와 바우처 지급 정책은 홍콩 보건의료제도 내 민간 부문의 역할을 증대시키는 데 도움이 될 수도 있겠다. 그러나 아직 그 효과를 논하기는 이르며 아마도 이것만으로는 충분하지 않을 것이다. 또한, 이러한 변화만으로는 심각한 의료인력 부족과 진료 대기시간 증가, 시민의 기대치 상승 문제를 극복할 수 없을 것이다. 따라서 놀랍도록 활기 넘치는 도시국가 홍콩이 훌륭한 보건의료제도를 가지고 앞으로도 앞서 나가려면 새로운 의료서비스 모델을 개발하고 병원 중심 의료서비스에서 탈피하는 것이 시급하다.

참고 문헌

1. World Bank statistics, Life expectancy at birth (World Bank, 2013).
2. Economic Intelligence Unit, Healthcare Report Hong Kong (EIU, May 2014), p. 2.
3. Food and Health Bureau, Your Health, Your life: Consultation document on healthcare reform (Hong Kong SAR Government, 2008), p. 121.
4. Leung P.Y. et al., Sustaining quality, performance and cost-effectiveness in a public hospital system. Presentation available at http://www.ha.org.hk/upload/presentation/ 347.pdf.
5. Hong Kong Hospital Authority, Helping People Stay Healthy: Strategic Service Plan 2009–012 (HKHA, 2009).
6. Department of Census and Statistics, Hong Kong population projections: 2012–041 (Hong Kong SAR Government, 2012), p. 7.
7. Economic Intelligence Unit, Healthcare Report: Hong Kong (EIU, May 2014), p. 10.
8. Economic Intelligence Unit, Healthcare Report: Hong Kong (EIU, May 2014), p. 10.
9. *South China Morning Post*, Strain on Hong Kong's health system increases as government dithers over reform, (South China Morning Post, 22 June 2014).
10. Economist Intelligence Unit, Healthcare Report: Hong Kong (EIU, May 2014), p. 10.
11. Tsang E., Foreign doctors quit Hong Kong public hospitals over licence red tape (*South China Morning Post*, 20 October 2014).
12. *China Daily*, Hong Kong preparing to introduce TCM to the World (*China Daily*, 15 October 2009).
13. Department of Health, Health facts of Hong Kong –2014 edition (Hong Kong SAR Government, 2014).
14. Hong Kong Hospital Authority, Hospital-based patient experience and satisfaction survey 2013 (Hong Kong SAR Government, 2013).
15. Hong Kong Hospital Authority, Consolidating for health: Strategic plan 2012–017 (HKHA, 2012).
16. Food and Health Bureau, Your Health, Your Life: Consultation document on healthcare reform (Hong Kong SAR Government, 2008), p. 121.

의료개혁 이제 곧 됩니까?

누구든지 쿠알라룸푸르 시내에 우뚝 선 88층 높이의 페트로나스타워를 올려다보면 아시아와 전 세계의 핵심 경제 동력으로 자리하고 싶은 말레이시아의 포부와 열망을 엿볼 수 있을 것이다. 1957년 말레이시아가 영국에서 독립한 후 오늘날까지 연합말레이국민조직당United Malays National Organisation, UMNO이 이끌고 있는 말레이시아 정부의 자신감은 페트로나스타워 건설 과정을 보아도 여실히 드러난다. 당시 타워를 6년 만에 완공하고 싶었던 정부는 건설 입찰에 참여한 업체 중 일본 업체 한 곳과 삼성이 이끄는 한국 컨소시엄을 둘 다 선정하여 각각 서쪽타워와 동쪽타워의 건설을 맡기는 식으로 경쟁을 시켰고 결국 삼성 컨소시엄이 최고층까지 먼저 올리는 데 성공했다. 이제 말레이시아는 보건의료 분야에서도 그때처럼 과감한 모습을 보여주어야 한다.

말레이시아는 이미 30년 전부터 계속 의료개혁을 논의해왔으며 최근
에는 2009년에 발간된 《하나의 말레이시아 하나의 의료제도1Care for 1 Malay-
sia》라는 제목의 정부보고서[1]에서도 심도 있게 다루어진 바 있다. 이 보
고서에는 '1Care'의 개념에 대해 '국민 화합과 평등'의 원칙을 기반으로
말레이시아의 3천만 국민들에게 포괄적이고 보편적인 보건의료제도를
마련하는 것이라고 설명한다. 단일제도가 도입되면 기존에 일반 대중은
아주 기초적인 의료만 공급받고, 경제적 여력이 있는 개인과 기업만이
점차 확대되는 민간 부문을 통해 포괄적인 의료서비스를 받았던 두 단
계 시스템이 폐지된다. 정부는 새로운 보건의료체계를 수립하면 국가의
결속력이 강화됨과 동시에, 사회기반시설 개선과 숙련된 노동인력 확대
를 통해 하위중소득 국가에서 상위중소득 국가로 발돋움하는 데 도움이
될 것이라고 주장했다.

　　말레이시아가 독립한 이후 국민들의 건강 상태는 급속도로 향상되었
다. 출생 시 기대수명은 1957년 59세에서 2013년 75세로 증가했고,[2] 같
은 기간 영아 사망률은 인구 1,000명당 75명에서 7명으로 감소했다.[3] 말
레이시아의 보건의료 지출은 GDP의 4%를 차지한다.[4] 2005년에는 최
초로 공공 부문의 보건의료비 지출이 민간 부문을 앞질렀다.[5] 물론 중산
층의 가처분소득이 증가하고 있으므로 민간 부문이 금세 다시 따라잡을
가능성이 높긴 하다. 민간 부문 보건의료비 지출의 75% 이상이 환자가
직접 지불하는 비용인데, 이는 의료보험 가입률이 매우 낮기 때문이다.[6]
물론 회사보험제도가 늘어나는 등 이 부분은 조금씩 개선이 되고 있다.

　　정부지원으로 운영되는 공공보건 의료기관은 무료로 혹은 매우 적은

비용을 내고 이용할 수 있으나 도시에 편중되어 있고 수요에 비해 공급이 부족하다. 2011년 기준으로 쿠알라룸푸르의 의사 수가 인구 400명당 1명이었는 데 반해 보르네오섬 시골지역에는 인구 3,000명당 1명꼴이었다.[7] 공공병원이 너무 붐비고 대기시간이 긴 탓에 사람들은 비용을 지불할 여력만 있다면 민간병원을 선호한다. 모든 공공의료서비스는 정부에서 관리하는데, 보건부에서 공공의료시스템을 직접 관리하는 체제는 과거 1950년대의 영국 NHS에서 따온 방식이다.

역사상 가장 긴 정책구상 기간?

말레이시아 정부도 기존의 두 갈래로 나누어진 제도가 지속불가능하다는 것을 알고 있었으나 변화를 시도하기 위한 분명한 목적을 제시하고 국민적 합의를 끌어내는 데는 실패했다. 2009년에 "1Care for 1Malaysia" 계획이 발표된 후 아직까지도 구체적인 실행 방안이 나오지 않고 있어 내가 본 것 중 정책구상이 가장 오래 걸리는 의료개혁 프로그램이다. 2009년 정부보고서에서도 이 무기력함에 대해 언급하면서 다음과 같이 말한다. "지속가능성 연구 및 기존의 제도를 대체하기 위한 적절한 재정지원 계획 도입 노력은 1980년대 초반에 시작되었으나 오늘날까지도 실질적으로 실행된 것은 없다. 이러한 무기력함에는 여러 원인이 있겠지만 우선 시기가 적절치 않았고, 정치권의 의지가 부족했을 뿐만 아니라, 정부도 준비되어 있지 않았으며, 사람들도 변화를 수용하려고 하지 않았다. 게다가 변화를 가능케 할 사회기반시설도 없었다."[8]

"1Care" 보고서에서 제안한 개혁안에는 단일사회건강보험single social health insurance에 기초한 제도를 도입하여 공공의료기관과 민간의료기관을 모두 이용할 수 있게 하자는 방안이 들어 있다. 건강보험 재원의 62%는 일반 세금과 고용주-피고용인 분담금으로 각각 절반씩 충당하고 나머지 재원은 민간지불비용(23%)과 정부지원 공공보건제도(15%)로 충당한다는 계획이다. 이렇게 확보한 건강보험 재정은 비영리 제삼자 보험자인 국가 건강재정국National Health Financing Authority에서 관리할 것이다. 보건부는 공공의료기관을 더 이상 직접 관리하지 않고 시장 감독과 규제 기능만을 담당하게 된다. 또한 1차 보건의료에 대해서 인두제를 도입하고 2차 및 3차 의료서비스에 대해서는 의료 질 향상을 촉진하기 위해 가치기반 성과보상 지불제도를 도입할 것이다.

보건부 장관 및 이하 공직자들과 논의하면서 나는 정부가 가능한 한 많은 이해당사자의 의견을 듣고 조율하기 원한다는 것을 알게 되었다. 이렇듯 다양한 견해를 포용하려는 "빅텐트big tent" 접근 방식을 취하는 것은 야당의 정치적 공격을 피하기 위한 정치 전략이기도 하고, 민간의료공급자, 의사 및 기타 이해당사자들이 보편적 혜택 제공을 위기가 아니라 기회로 여길 수 있도록 설득하기 위한 전략이기도 하다. 그러나 수년이 흐른 지금도 여전히 의료제도는 양분되어 있고, 재정에 대한 우려도 가시지 않았으며, 한때는 보수적이라고 생각했던 2020년 신규제도 도입 완료 목표도 이제는 야심 찬 희망사항으로 보일 정도다.

'1Care'에 대한 다양한 우려의 목소리 뒤에는 정부의 투명성과 변화 관리 능력, 공공재정의 효율적 운용 프로그램 수립 능력에 대한 깊은 불신이 도사리고 있다. 정부 보고서 곳곳에서 적법성과 신뢰를 강조하고 있으나 여러 부정부패 사건을 접하는 말레이시아 국민들은 어떤 새로운 사회건강보험이라 하더라도 공정하고 투명하고 효율적으로 재정이 운영될 것이라고 믿지 못하는 실정이다. 한편 말레이시아가 경제성장과 개혁에 국가 역량을 집중하고 있는 상황에서 국민의 건강보험료 지출로 소비가 줄어들지는 않을까, 또는 고용주 분담금 증가로 투자가 줄어들지는 않을까 염려하는 정치인들도 있다. 의료개혁안을 뒷받침할 독립적인 재정운영 모델이 없어 보건의료제도 개선을 통한 성장이라는 개념이 아직 제대로 뿌리내리지 못했기 때문이다.

민간보건의료체계

말레이시아는 의료관광산업을 핵심 성장 분야로 지정하고 혼합 형태의 의료 시장과 경쟁력 있는 민간 부문에 대해 적극적인 홍보에 나섰다. 말레이시아로 들어오는 외국환자의 숫자가 2007년에서 2013년 사이 2배로 증가하였고 현재 매년 약 100만 명의 외국인이 200개 이상의 민간 병원을 방문한다.[9] 의료관광 활성화를 위해 정부는 의료관광위원회Health Travel Council를 조직하여 민간병원을 해외에 홍보하도록 했다. 또한 의료관광프로그램을 운영하는 병원에 대하여 세금을 감면해주고 각종 혜택을 제공하여 병원들의 시설 확장을 지원한다. 현재 말레이시아의 고급 해변 리조트 내에는 이러한 민간병원이 상당수 자리 잡고 있다.

그러나 세제 혜택으로 인한 민간 부문 의료서비스 비용 절감 효과는 오히려 반감되는 추세다. 정부가 부가세를 부과하지 않겠다던 약속과 달리 2015년부터 민간 부문 의사 진료비에 대해 부가세를 부과하려고 하기 때문이다. 민간병원에서 환자가 부담하는 병원비 중 의사 진료비가 70%에 달하는 경우가 있으므로 이 변화는 큰 파장을 가져올 수 있다.

최근 싱가포르 보험회사들이 보험계약자가 말레이시아에서 진료받는 것을 허용함으로써 싱가포르 내 의료서비스 가격이 큰 폭으로 하락하고 말레이시아에서는 내수투자가 활성화되었다. 말레이시아로 의료관광을 오는 외국인들은 싱가포르, 인도네시아, 일본, 중국에서 오는 경우가 제일 많지만 이 밖에 중동에서 오는 환자들도 많이 있으며 북미나 유럽에서 오는 경우도 증가하는 추세다.

국내 민간 부문의 성장에 따라 보건의료서비스는 더욱 국제화되었다. 보건의료제도는 언제나 국가라는 테두리가 있고 해당 국가의 문화와 정치체계를 반영하기 마련이지만, 일부 아시아 병원운영자 중에는 여러 국가에 병원 체인을 건립하려는 움직임도 있다. 지금까지는 미국의 HCA가 세계에서 가장 규모가 큰 민간병원그룹으로 알려져 있으나, 아시아 최대 병원운영 그룹인 말레이시아의 IHH헬스케어IHH Healthcare가 최근 주식시장에 상장하면서 큰 성공을 거둔 사실을 보면 동양에서도 새로운 흐름이 시작되었다는 것을 알 수 있다. IHH는 말레이시아, 싱가포르, 중국, 인도, 홍콩, 베트남, 마케도니아, 브루나이, 터키에서 병원, 진료센터, 클리닉 등을 운영 중이며 더 나은 보건의료를 바라는 아시아 전역의 중산층의 필요를 충족하겠다는 원대한 계획을 품고 있다. IHH그룹의 고위 경영진과 대화하면서 분명하게 깨달은 것은 IHH가 병원운영 모

델, 의료 질, 정보기술, 소비자서비스 분야에서 새로운 기준을 제시하고
자 한다는 사실이다.

주변지역의 여러 국가와 마찬가지로 말레이시아의 공공보건의료서비
스도 인력난을 겪고 있다. 민간 부문이 크게 성장하면서 숙련된 의료인
력이 공공병원에서 민간병원으로 꾸준히 이동한 결과 민간 부문의 전문
의 비율이 공공 부문에 비해 훨씬 높아졌다. 또한 싱가포르 같은 국가로
떠나는 말레이시아 의료인력도 있다.

이해상충

최근 정부기관들이 여러 보건의료 기업의 지분을 대거 인수하면서 말
레이시아의 보건의료제도는 더욱 복잡해졌다. 예를 들어 조호Johor 주정
부는 대규모 민간병원 체인에 대해 상당한 양의 지분을 소유하고 있으
며 연방정부의 국부펀드sovereign wealth fund, Khazanah는 또 다른 주요 병원 체인
의 주주다. 이제는 공기업이 관리하는 민간병원 병상 수가 전체 민간병
원 병상 수의 3분의 1 이상이다.[10] 이로 인해 공공 부문의 재정지원자로
서, 그리고 의료 산업의 감독자로서 역할을 수행해야 할 정부가 이제는
영리를 목적으로 한 민간 부문의 투자자 역할까지 하게 되어 이해상충
이 발생하였다.

EIUEconomist Intelligence Unit의 통계에 따르면 말레이시아는 2010년 기준으로
25세 미만 인구가 절반에 달하는 젊은 국가다. 그러나 65세 이상의 고령

인구가 증가함에 따라 고혈압, 당뇨 등 만성질환 발생도 덩달아 증가하는 추세다. (2002년에서 2012년 사이에 각각 43%, 88% 증가하였다.)[11] EIU는 말레이시아의 과체중 및 비만인구가 2011년까지 15년간 5%에서 15%로 3배 증가했다고 지적했다.[12]

말레이시아는 열대기후 때문에 모기를 매개로 감염되는 뎅기열과 말라리아 발병이 많다. 따라서 이에 대응하고자 시골지역을 중심으로 말라리아 감염 현황을 파악하고, 예방 프로그램을 실행할 자원봉사자를 모집하여 교육하고, 기초적인 1차의료를 공급함으로써 말라리아 감염률을 현저하게 감소시키는 데 성공했다.

맺음말

말레이시아 정부가 당장 필요한 보건개혁을 계속 미루는 동안 민간 부문은 국내외 투자를 계속해서 진행하고 있다. 정부가 향후 10년간 보건의료제도의 발전을 이루기 위한 명확한 계획을 실행한다면 오랜 기간에 걸친 말레이시아 보건 향상의 놀라운 신화는 계속될 것이며 모든 이해관계자와 국민이 더 건강하고 행복한 삶을 기대할 수 있게 될 것이다.

참고 문헌

1. Ministry of Health, 1Care for 1Malaysia: Restructuring the Malaysian Health System (Government of Malaysia, 2009).

2. World Bank statistics, Life expectancy at birth (World Bank, 1957 & 2013).

3. Department of Statistics, Vital statistics: infant mortality per 1,000 live births (Government of Malaysia, 2012).

4. World Bank statistics, Total health expenditure (% of GDP) (World Bank, 2012).

5. Rasiah R. et al., 'Markets and healthcare services in Malaysia,' *Institutions and Economies*, 3(3), 467–6.

6. Prospect Group, WHO Global Health Observatory, Life expectancy data by country (WHO, 2012).

7. Interview with the President of Private Hospitals Association of Malaysia (Prospect Website, 15 January 2013).

8. Ministry of Health Malaysia, 1Care for 1Malaysia: Concept paper (Government of Malaysia, 2009).

9. Malaysia Healthcare Travel Council, Industry Statistics (MHTC, 2014).

10. Chee-Khoon C., The Malaysian health system in transition: The ambiguity of public and private (Municipal Services Project, 2014).

11. Economist Intelligence Unit, How sustainable is Malaysian healthcare? (EIU, April 2014).

12. Economist Intelligence Unit, Industry report, Healthcare, Malaysia (EIU, April 2014), p. 13.

부와 건강

싱가포르는 수백 년 동안 아시아와 세계 무역의 전략적 요충지였다. 천연자원도 없고 인구도 500만 명이 조금 넘는 이 작은 도시국가가 지금은 주변 지역 전체에 정치적·사회적·경제적 영향력을 행사하는 중요한 국가로 성장했다. 싱가포르가 다른 국가들과 활발하게 교역하면서 적극적으로 배우고, 적응하고, 또 새로운 것을 받아들이려고 꾸준히 노력하는 사이 싱가포르 국민의 생활수준도 1965년 독립 당시와 비교하여 놀랍게 향상되었다. 싱가포르는 인구 대비 백만장자 비율이 세계에서 가장 높은 편이며 1인당 GDP는 미화 5만 6천 달러가 넘는다.[1]

지난 수십 년간 여러 아시아 국가의 경제성장으로 인해 수백만의 빈곤층이 새로운 중산층으로 급부상하였으며 이들은 정부에게 더 나은 서비스를 더 많이 공급해달라고 요구하기 시작했다. 풍족해진 시민들은 공공연금, 국가건강보험, 실업수당 등 사회적 보호장치를 바라게 되었다. 중국의 엘리트 지배계급이든, 싱가포르 집권당인 인민행동당People's Action Party, PAP이든, 아시아 국가의 정치인들은 이제 사회개혁과 복지 확장을 하지 않으면 더 이상 국민들의 지지를 받을 수 없고 시민 소요까지도 일어날 수 있다는 것을 잘 알고 있다.

  그러나 재정적인 뒷받침 없이 섣불리 복지를 약속하여 미래 세대에게 부담을 지워서는 안 된다는 것 역시 아시아 국가의 정치인들은 잘 알고 있다. 성실한 노동과 근검절약이라는 아시아의 전통 개념을 사회복지에 의존하는 문화로 대체할 생각도 전혀 없다. 서양 국가들이 19세기와 20세기에 걸쳐 비스마르크와 베버리지 방식의 복지국가를 실현한 것을 자랑한다면, 싱가포르 같은 국가는 21세기에 걸맞게 개인을 위한 보장과 사회에 대한 책임 사이에서 좀 더 저비용으로 균형을 맞출 방법을 고민하고 있다.

  싱가포르는 세계 최고의 보건의료제도를 자랑하며 기대수명도 82.3세로[2] 세계 최고 수준이다. 영아 사망률은 인구 1,000명당 2.7명에 불과하다.[3] 게다가 세계적 수준의 보건의료, 의학 연구, 생의학 및 생명과학 산업을 구축하면서도 보건의료비 지출 비중이 GDP 대비 4.6%를 넘지 않는데,[4] 이 숫자는 싱가포르가 독립한 이후 계속 그대로다. 국가 설립 당시 싱가포르의 정치인들과 공무원들은 세계 각국의 보건의료제도와 복지제도를 살펴보고 개인의 책임과 사회연대를 잘 혼합한 의료복지제도를 고안해냈다. 그 결과 싱가포르는 보편적 의료보장 혜택을 제공하면서도 환자 개인이 의료비의 상당 부분을 부담하게 하는 혼합재정방식mixed financing delivery system을 운영하여 전체 보건의료비의 3분의 1만 국고에서 부담한다.[5]

3Ms

싱가포르 정부는 개인이 보건의료 비용을 감당할 수 있도록 세 가지 제도를 운영하는데 "3Ms"라고 불리는 '메디세이브Medisave, 메디쉴드Medishield, 메디펀드Medifund'가 그것이다. 메디세이브는 말 그대로 국민들이 자신과 가족의 보건의료비 발생을 대비하여 자금 일부를 저축할 수 있도록 하는 제도다. 메디쉴드는 저가 보험제도로 보험료는 메디세이브 계좌에서 지불되며 모자란 만큼만 개인이 더 지불하면 된다. 메디펀드는 보건의료비를 전혀 부담할 수 없는 취약계층을 위한 안전망 역할을 한다. 한 가지 큰 단점은 위험분산이 전혀 되지 않아 개인이 심각한 질병에 걸리면 어마어마한 의료비 부담을 떠안을 수 있다는 것이다. 빈부격차가 심한 싱가포르에서 의료비 개인부담이라는 정책은 오히려 빈부격차를 더 벌리는 결과를 초래한다. 따라서 3Ms 제도가 진정으로 보편적 의료보장을 실현하는지 의문을 제기하는 사람들도 있다. 이것이 전반적으로는 매우 인상적으로 보이는 국가 보건의료제도에 가려진 안타까운 현실이다.

하지만 2015년 1월 의회에서 통과된 "메디쉴드라이프MediShield Life"라는 새로운 제도가 메디쉴드를 대체하게 되면 상황이 더 나아질 것으로 보인다. 메디쉴드라이프는 막대한 병원비와 매우 비싼 만성질환 치료비 부담을 완화할 수 있는 방안으로 마련되어 기존의 제도를 대폭 개선할 수 있을 것으로 기대된다. 우선 보험청구 상한액이 상향 조정되고 환자 개인 부담률은 기존의 10~20%에서 3~10%로 줄어든다. 또한 평생보험청구 상한액이 없어지고 연간보험청구 상한액이 상향 조정되며, 입원비, 외래수술비, 암 치료비 등의 청구 상한액도 모두 상향 조정된다. 다만 보험료가 증가하게 되는데 이에 대해서는 첫 5년간 정부가 지원하기로 했다.

병실에는 각각 등급이 매겨져 있는데 정부지원이 많을수록 등급이 낮다. 정부에서 발표한 수치에 따르면 1차의료는 20%만 공공 부문에서 감당하는 데 비해 입원의 경우는 공공병원이 75%를 감당한다.[6]

선거 쇼크

싱가포르는 미래를 준비하고 계획하는 역량이 뛰어나지만 앞으로 더노력해야 할 것 같다. 인구는 고령화되고 서구식 생활방식으로 만성질환이 증가하여 보건의료 관련 지출이 지금처럼 낮은 수준으로 유지되기어렵기 때문이다. 2011년 총선에서 인민행동당PAP은 싱가포르 독립 이후가장 낮은 득표율로 가까스로 다수당의 지위를 유지하고는 충격에 휩싸였다. 그들은 이제 국민들의 기대와 우려에 더 가까이 다가가야 한다는것을 알게 되었다. 총선의 최대 이슈는 이민 정책이었지만 보건의료 정책 또한 주요 이슈였다. 결국 보건부는 몇 가지 새로운 정책을 발표하였다. 정부의 "보건정책 2020Healthcare 2020" 마스터플랜은 접근성 증대, 의료질 향상, 비용적정성 확보라는 세 가지 목표를 내세웠다.

정부는 또한 보건의료 분야에 대한 지출을 대폭 늘리기 시작했다. 2013/14 회계연도와 2014/15 회계연도 사이 계획된 지출 증가폭은 58억 싱가포르 달러에서 71억 싱가포르 달러로 22%에 달했다.[7] 정부지원증가로 환자 수용 능력과 기반시설이 확대되고 인력 부족 문제도 개선

될 것이다. 일반병원과 종합병원 신규 건립이 진행 중이고 1차의료기관
도 새로 생겨나고 있다. 통합적 운영 및 접근성 향상을 위해 심장질환,
안질환, 암 전문 최상급 치료센터도 종합병원 가까이에 설립되는 중이
다. 정부는 2020년까지 공공병원 병상을 30% 늘리고 지역병원 병상,
장기요양시설, 노인요양시설, 거주간호시설, 재활시설을 각각 2배로 늘
린다는 계획이다.

의료인력 육성 및 발전도 확대될 것이다. 싱가포르 난양기술대학교
Nanyang Technogical University와 영국 임페리얼칼리지런던Imperial College, London이 합작 투
자하여 의학전문대학을 설립하고 2013년에 처음으로 신입생을 받았다.
싱가포르 내에서 세 번째로 설립된 의학전문대학이다. 2020년까지 2만
명의 보건의료인력을 충원하겠다는 계획에는 의료인력에 대한 보상 수
준의 실질적 향상도 포함되어 있다. 이 계획은 주변지역의 의료인력 보
상 수준에도 영향을 끼칠 수 있다.

싱가포르의 인구고령화는 빠르게 진행되고 있다. 2030년이 되면 65세
이상 인구가 전체의 20%를 차지할 것이다.[8] 싱가포르뿐 아니라 여러 아
시아 국가가 인구고령화와 저출산으로 인해 발생하는 문제에 당면해 있
다. 싱가포르는 그 대응 방안으로 "엘더쉴드ElderShield"라는 보험제도를 도
입하여 민간 노인요양시설 이용비와 기타 고령으로 인해 발생하는 비용
을 감당할 수 있도록 장치를 마련하였다. 2002년에 처음 도입된 후 이미
100만 명이 엘더쉴드에 가입했으며[9] 정부는 계속해서 제도 보완에 힘쓰
고 있다. 정부는 이 정책을 국가의 기초 다지기에 비유하고 고령화에 접
어드는 베이비부머 세대를 "개척세대Pioneer Generation"라고 표현하는 등 대규

모 투자의 정당성 확보에 노력을 기울였다.

보건의료 정책에 대한 싱가포르 정부의 접근 방식은 "노젓기보다는 키잡기steering rather than rowing, 직접 관여보다는 방향 제시"라는 말로 표현되기도 하는데 예방적 측면에서도 이러한 경향을 볼 수 있다. 2020년이 되면 65세 이상 고령인구 중 건강을 유지하고 활동적으로 생활하는 이들의 비율이 약 85%에 이를 것으로 전망되며, 정부는 국민들의 건강 유지를 위해 건강검진과 더불어 중심상업지구 내 무료 운동 프로그램 등의 생활방식 개선 프로그램, 그리고 지역사회 지원 활성화를 적극적으로 추진하고 있다. 또한 아동의 이상적 체중 유지를 위해 과체중 또는 저체중 아동을 지원하는 프로그램도 도입했다. 싱가포르 국민의 흡연율은 14%에 불과하며 이는 아시아 국가 중 최저 수준이다.[11]

보건부에서는 2009년에 요양 부문 간 통합 운영을 장려할 목적으로 통합요양청Agency for Integrated Care을 설립했다. 통합요양청의 목표는 정부의 병원 중심 투자정책에서 소외되어 가정 또는 양로시설 등 지역사회에서 적절한 치료를 받지 못하는 만성질환 환자들의 어려움을 해소하는 것이다. 이를 위해 통합요양청에서는 비록 작은 도시국가이긴 하지만 그 안에서도 지역 단위 보건의료서비스 체계를 구축하여 각 지역 내 종합병원과 지역 재활센터 그리고 1차의료시설과 보건소가 서로 연계되도록 하였다. 그러나 이러한 통합 전략은 서로 힘의 크기가 다른 기관끼리 협력이 가능하다는 전제가 있어야 효과가 있다. 싱가포르는 그동안 국가의 역량을 과시하기 위해서이기도 하지만 늘 다른 의료기관보다는 병원에 집중적으로 막대한 양의 투자를 해왔다. 그뿐만 아니라 병원 의료진은 막강한 힘을 행사하는 데 비해 가정의 또는 지역일반의는 2차의료와 3 차의료제도의 주변에서 부차적인 역할을 수행할 뿐이어서 서로 동등한 위치에서 원활하게 협력하기가 어렵다. 이러한 상황은 조금씩 나아지고 있기는 하지만 싱가포르 의료개혁에서 좀 더 속도를 내야 할 부분이다.

기술 활용

국가전자건강기록National Electronic Health Record 프로그램이 계속 진화함에 따라 의료기관 간 연계가 더욱 활발해질 것이다. 2011년에 도입된 이 프로그램은 이미 280개 이상의 기관들이 이용하고 있다.[12] 원격의료telehealth and telemedicine 시스템은 뇌졸중 환자의 자택간호를 지원할 때 또는 안과 전문의가 종합병원에 있는 환자를 상대로 가상의 눈 검사를 수행할 때처럼 다양한 상황에서 점차 활발하게 이용되고 있다.

싱가포르의 생의학 산업과 의학 연구는 세계적인 수준이며, 강력한 지식재산권보호제도와 까다로운 산업 표준을 바탕으로 임상 연구, 시험, 상업화 움직임이 계속 확대되는 추세다. 국가에서도 실질적인 지원을 하고 있는데, 예를 들면 싱가포르의 생의학산업협력실Biomedical Science Industry Partnership Office에서는 기업들이 싱가포르의 건강증진과 경제성장을 책임지는 여러 기관들과 협력할 수 있도록 도움을 주는 역할을 한다.

정부는 싱가포르가 의료관광의 주요 목적지라고 홍보하고 있으며 우수한 실력을 갖춘 민간 부문에서도 병원 수용 능력을 확장하여 외국환자의 대량 유입에 대비할 계획을 세우고 있다. 또한 진료 대기시간을 줄이기 위해 정부는 민간 부문의 유휴 수용공간을 활용하는 방안을 모색하고 있다. 최근에는 민간의료공급자 래플스메디컬그룹Raffles Medical Group에서 2015년부터 구급차로 이송되는 일반증상 환자를 공공병원과 비슷한 가격으로 받기 시작했다.

맺음말

  싱가포르는 보건의료제도 개혁을 위한 계획도 세웠고 계획대로 추진할 꾸준함도 있으며 이를 뒷받침할 재정도 있다. 그러나 환자들의 필요는 계속 변화하고 고령화가 빠른 속도로 진행되는 반면, 민간의료기관이 공공의료기관에 비해 압도적으로 많아 모든 사람들이 필요한 의료서비스를 누리지 못하고 있다. 싱가포르가 시대의 변화를 따라잡을 만큼 신속하게 개혁을 추진할 의지가 있는지 아직은 확실치 않다. 1차의료와 지역사회 기반 의료를 강화하고 의료기관을 효과적으로 통합·운영하는 계획이 성공하려면 정부가 더욱 과감하게 기득권과 맞서야 한다. 고위공무원과 이야기를 나눠보면 시급성을 인정은 하면서도 완전히 이해하고 있지는 않은 것 같다. 개인의 비용 부담을 강조함으로써 발생하는 비형평성 또한 문제로 남아 있다. 물론 메디쉴드라이프 도입은 바람직한 방향이다.

  싱가포르는 향후 5년간 막대한 자금을 투입하여 21세기형 의료서비스를 든든히 떠받치고 주변지역 전체를 곤란하게 만들 정도로 의료인력 보수를 높이는 길을 갈 수도 있다. 아니면 반대로 국가의 기술력을 이용하여 신나는 미래를 준비하고 새로운 통로를 개척하여 혁신과 진보로 대표되는 국가 이미지를 더욱 강화하는 길을 갈 수도 있다.

참고 문헌

1. World Bank statistics, GDP per capita (World Bank, 2014).

2. World Bank statistics, Life expectancy at birth (World Bank, 2013).

3. World Bank statistics, Infant mortality rate (per 1,000 live births) (World Bank, 2013).

4. World Bank statistics, Total health expenditure (% of GDP), (World Bank, 2013).

5. World Bank statistics, Public health expenditure (% of total health expenditure) (World Bank, 2012).

6. Ministry of Health, Health Institution Statistics: Introduction to Healthcare Institution Statistics (MOH Singapore, 2012).

7. Economist Intelligence Unit, Healthcare Report: Singapore (EIU, 2014).

8. Wen et al., 'Futures of Ageing in Singapore,' *Journal of Futures Studies*, 17(3), 81–02(2013).

9. Economist Intelligence Unit, Healthcare Report: Singapore (EIU, 2014).

10. Haseline W.A., *Affordable Excellence: The Singapore Health Story* (Brookings Institution Press, 2013), p. 131.

11. Ministry of Health statistics, Daily smoking prevalence among adults (MOH Singapore, 2012).

12. Khalik S, Minister lauds ways IT benefits patients (Singapore Silver Pages, 16 September 2014).

제8장 인도네시아

세계 최대 단일 보험자

내가 처음으로 인도네시아의 환상적인 아름다움을 접한 것은 1992년 여행자로서 그곳을 방문했을 때이다. 당시에는 아직 개발이 덜 되어 있던 발리Bali, 롬복Lombok, 길리섬Gili Islands 등 몇 군데를 여행했다. 인도네시아 군도에는 자그마치 18,000개 이상의 작은 섬들이 있으며, 그중 이름이 붙은 것은 절반도 안 되고, 거주민이 있는 곳은 1,000개도 안 된다. 인도네시아는 여러 면에서 대비가 극명한 국가이다. 국토뿐만 아니라 빈부격차 측면에서도 그렇다. 하지만 보건의료제도에 대해서는 그 어느 국가보다도 포부가 크다.

인도네시아는 현재 여러 방면으로 상승 분위기이다. 경제성장도 양호하고(지난 5년간 5.2%에서 6.5%씩 성장했다),[1] 세계에서 네 번째로 인구가 많은 국가(2억 5천만 명)이자, 민주주의 국가 중에서는 세 번째로 인구가 많은 국가로 국제사회에 자리매김하기 시작했다.

고령화된 서구사회에 익숙한 사람들이 들으면 놀라겠지만 인도네시아는 인구의 29%가 15세 미만이고 65세 이상 인구는 5%에 불과하다.[2] 이렇게 젊은 인구가 많다는 것은 조코 위도도Joko Widodo 대통령에게 훌륭한 기회인 동시에 풀기 어려운 과제를 안겨준다. 예를 들면 5세 미만 유아의 3분의 1은 발육부진이다.[3] 만성질환과 인지발달장애로 인해 개인이 부담하는 과중한 비용을 감안하지 않더라도 발육부진 및 영양부족은 국가의 경제성장에 큰 부담으로 작용한다. 유니세프UNICEF 추산으로는 생산성 비효율과 인적자원 부족 문제가 인도네시아의 경제성장을 갉아먹는 비율이 매년 약 2~3%에 달한다고 한다.

한편 인도네시아는 10년 이상 꾸준히 성장해오면서 경제 활성화의 대표 주자 격으로 인식되어 인기가 많은 신흥 시장이다. 정부는 "인도네시아 경제발전 가속 및 확대 2011-15Acceleration and Expansion for Indonesia's Economic Development 2011-15"라는 국가 경제발전 계획을 추진하고 있는데, 지속가능한 형태의 친성장, 친고용, 친빈곤층, 친환경정책을 수립하는 것이 목표다. 이 목표를 달성하기 위하여 금융서비스, 사회기반시설, 교육, 친환경 관광, 지역개발, 보건 등 정책 전반에 대해 일관성 있게 조율하고 개선하는 작업을 진행하고 있다. 이러한 정책을 통해 인도네시아 경제 자체적으로 지속가능성을 확보하고 거기서 개선이 이루어지고 또 개선을 통해 더욱 지속가능성이 견고해지는 선순환 구조를 만들어내려는 것이다. 인도네시아의 보편적 의료보장제도 도입이라는 대담한 목표도 이러한 관점에서 바라보고 갈채를 보내야 한다.

장대한 포부

현재 인도네시아의 보건의료 지출은 GDP 대비 3.1%이며[4] 평균 기대 수명은 70.8세이다.[5] 이웃국가인 태국, 베트남, 필리핀보다도 지출 규모가 작고, 수실로 밤방 유도요노Susilo Bambang Yudhoyono 전前 대통령 재임기간 내내 보건 분야가 우선순위에서 밀린 적이 없었는데도 불구하고 공공보건 부문은 수년간 투자 부족으로 어려움을 겪었다.[6] 2014년 1월에 처음으로 시행된 국민건강보험Jaminan Kesehatan Nasional, JKN은 2019년까지 전 국민을 대상으로 보험 혜택을 제공하겠다는 계획이다. 이 계획이 실현되면 세계 최대의 단일 보험자 건강보험제도가 되는 것이다.

시행 초기이므로 빈곤층 대상 기존 제도를 통합하는 데 중점을 두고 있지만, EIU는 인도네시아의 보건의료 분야 정부지출이 매년 12%씩 증가하여 2018/19 회계연도에는 미화 총 460억 달러에 이를 것으로 전망한다.[7] 이를 국민 수로 나누면, 2014년 기준 미화 102달러였던 1인당 정부지출이 177달러까지 상승한다는 뜻이다. 최근 몇 달간 정부에서 추가적으로 내놓은 계획을 보면 정부의 보건의료 지출 증가폭이 더욱 가파르게 상승할 가능성도 있다. JKN에서 감당하는 규모는 엄청나다. 첫해 수혜자가 약 1억 2,200만 명으로 영국 인구의 거의 2배다. 정부는 예산을 당장 2배로 늘리고 기존에 "잠케스마스Jamkesmas"라는 의료비 지원 프로그램에 가입되어 있던 8,600만 명을 추가로 JKN에 통합하였다.[8] 노동자들은 월급의 5%를 분담금으로 납입하고, 다른 가입자들 역시 매월 보험료를 납입하기 시작했으며, JKN 가입자 수는 더욱 늘어날 것이다. 그리고 수혜자가 늘어날수록 국가 발전도 더욱 든든하게 뒷받침될 것이다.

인접 국가인 말레이시아도 유사한 제도 시행을 검토하고 있으나 재정의 부실 운영 및 국가 경쟁력 약화를 두려워하는 고용주가 많은 것이 현실이다. 인도네시아 정부는 더욱 단호한 자세로 국가의 생산성을 향상하고 경쟁력을 강화하기 위해 보편적 의료보장제도가 반드시 필요하다고 역설하며 폭넓은 계획과 경제적 정당성을 제시한다. 다만, 가장 최근에 인도네시아를 방문했을 때는 보편적 의료보장제도를 위한 장기적인 재원마련 계획 없이는 국민의 신뢰를 얻기가 어렵다는 우려의 목소리가 커지고 있었다.

JKN 설계에 참여한 국립 인도네시아대학교Universitas Indonesia의 하스불라 타브라니Hasbullah Thabrany 교수는 JKN의 성공을 위한 추진력이 충분하다며 다음과 같이 말했다.[9] "JKN 프로그램이 시작되었다는 것 자체는 좋은 일입니다. 자동차로 말하면 시동을 건 것이죠. 하지만 연료가 제대로 주입되지 않아서 여러 가지 문제가 발생하고 있습니다." 타브라니 교수가 연료라고 비유한 것은 재원을 가리키는 말이다. 정부가 빈곤층 대상 보건의료서비스에 지출하는 비용이 일반 의료서비스 공급 가격보다 훨씬 낮아서 의료서비스 공급자로서는 질을 낮추거나 아니면 아예 프로그램에 참여하지 않는 것이 더 나을 정도이기 때문이다.

내 개인적인 경험으로도 5년 남짓한 기간에 포괄적인 전 국민 건강보험제도를 만들어낸다는 것은 유례가 없는 일이다. 하지만 보장 내용과 종류에 따라 전체 윤곽은 얼마든지 달라질 수 있다. 저소득국가와 중소득국가에서 운영하는 사회보험제도는 질병예방, 1차의료, 지역사회 의료에 초점을 맞추는 경우가 많다. 따라서 보장 대상자는 많지만 2차의료나 3차의료 접근성은 제한적이다. 인도네시아에서는 이러한 접근 방식으로 성공을 거둔 멕시코와 브라질의 사례를 주시하고 있다.

인도네시아는 공급 측면에서도 어려움이 있다. 병상 수가 인구 1,000명당 0.9개로 아시아국가 중 최저 수준이며[10] 이마저도 자카르타 같은 대도시에 심하게 편중되어 있다. 의사 수도 1,000명당 0.3명에 불과한데[11] 이 역시 상당수가 도시에 몰려 있다. 시골지역에서 활동하는 의사에게 인센티브를 주는 등 형평성을 위해 노력하고 있지만, 전국적으로 균형 있게 의료서비스를 공급하려면 더 많은 노력이 필요하다. 지난 몇 년간 국가 전체 병상 수는 2배로 증가했지만 일부 지역에서는 오히려 예산 부족과 무리한 지방자치 정책으로 병상 수가 급격히 감소했다.

JKN이 도입된 후 일은 늘어났는데 보험수가는 너무 낮다고 불만을 제기하는 의사들도 있다. 자카르타의 베카시병원Bekasi General Hospital에서 근무하는 담로Damroh 박사는 JKN이 시행되고 나서 환자 수가 2배로 늘었다면서 다음과 같이 말했다. "하루에 평균 1,000명의 환자가 오는데 그중 800명이 JKN 환자입니다."[12]

이러한 압력이 결국 투자를 촉진시키는 자극제라고 보는 이들도 있다. 거대 금융서비스 기업인 스탠다드차터드Standard Chartered는 다음과 같은 의견을 제시한다. "JKN 시행으로 인해 비싼 입원비 및 전문의 진료비가 JKN으로 보장됨에 따라, 공공병원 및 프로그램 참여 민간병원의 입원환자와 외래환자 서비스 수요가 상당히 증가할 것으로 예상되며, 전체 병원서비스 시장은 2013년에서 2023년까지 연간 누적 성장률이 13~16%

증가할 것으로 추산된다."[13] 스탠다드차터드 보고서에 따르면 JKN 가입자는 현재 인도네시아 2,300개 병원 중 1,700개 이상의 병원과 9,000개 이상의 지역 클리닉에서 의료서비스를 받을 수 있다.

한편 인도네시아에서 중산층이 부상하면서 싱가포르 등 외국의 의료서비스 업계에도 새로운 시장이 열렸다. 최근 인도네시아 국민 150만 명이 외국의 의료서비스를 이용했으며 금액으로는 미화 총 14억 달러에 달했다.[14] 국가 차원에서는 국내 민간 부문의 잠재 매출을 그만큼 빼앗긴 셈이다.

인도네시아의 거대 인구는 지금도 매년 약 1.2%,[15] 숫자로는 약 300만 명씩 증가하고 있다. 제도가 아무리 잘 정비되어 있어도 이러한 인구 증가를 따라가기에는 역부족이다. 의사, 간호사, 조산원의 수를 급속도로 늘리려다 보니 의학교육과 의료인력의 질을 유지하기가 어렵다. 일단 기준을 통과해도 인력의 급여 수준이 너무 낮으므로 의사들은 공공 부문에서 근무하는 동시에 개인 진료소를 운영하는 경우가 많다. 공공 1차의료기관에서는 의사들의 잦은 결근이 문제가 될 정도다.

또한 어마어마하게 큰 국토와 서로 멀리 떨어져 있는 벽오지 등 인도네시아의 지리적 특성은 보편적 의료보장에 심각한 장애요소로 작용한다. 인도네시아에서 곳곳에 의사, 간호사, 조산원을 보내고 병상, 의료기기, 의료물품을 적절히 분배하는 것은 대단히 어려운 일이다. 정부는 온라인 진료 등의 기술적 도움을 얻기를 기대하고 있지만 이것은 부분적인 해결 방안일 뿐이다.

질병 부담

월평균 미화 17달러 정도로 책정된 빈곤선에 못 미치는 수입으로 살고 있는 인도네시아 국민이 2,800만 명 이상이며, 빈곤선 정도의 수입으로 생활을 겨우 유지하는 가구가 전체 가구의 절반에 달한다.[16] 말라리아, 뎅기열, 결핵 등의 감염성질환이 특히 동부지역 오지에서 심각한 문제가 되고 있다. 2011년에는 아동을 대상으로 크게 유행한 소아마비와 홍역 때문에 대대적인 면역 프로그램이 가동되기도 했다.

한편 아시아 국가 중 HIV/AIDS 감염률이 증가하고 있는 국가는 인도네시아와 파키스탄, 필리핀 이 세 국가밖에 없다.[17] WHO는 약 64만 명의 인도네시아 국민들이 HIV/AIDS 보균자이고,[18] 이 중 항레트로바이러스제 치료를 받는 비율은 6%에 불과하다고 밝혔다.[19] 종교적인 민감성 때문에 공공교육에서 다룰 수 있는 내용이 제한적이므로 동성애나 혼외 관계 등의 주제를 처리하기도 어렵다.

흡연율도 심각하다. 인도네시아 남성의 3분의 2 이상이 담배를 피우며, 흡연 관련 질병으로 사망하는 인도네시아인의 수가 매년 40만 명 이상이다.[20] 영양실조에 비해 비만 문제는 덜 심각한데도 불구하고 당뇨병은 매년 6%씩 증가한다. 이러한 추세라면 2030년에는 거의 1,200만 명이 당뇨에 걸리게 될 것이다.[21] 상당수의 인구가 여전히 상·하수도 시설을 누리지 못하며, 산모 사망률도 아직은 높은 수준이다.

내 견해로는 인도네시아의 보편적 의료보장제도가 성공하려면 시기,

속도, 추진력, 신뢰, 초기 투자가 제일 중요하다. 개발도상국의 보건정책 전문가들은 보건정책과 의료인력 중 어디에 우선순위를 두어야 하는지 고민하는 경우가 많다. 보편적 보장제도 시행 속도가 보건의료 기반시설과 의료인력 공급 속도에 달려 있으며, 보장제도가 신속하게 시행되면 기반시설과 인력공급 또한 활발해지기 때문이다. 어느 정도까지는 분명히 그렇다. 그러나 국민의 보건 수준을 신속하게 향상시키고 오래도록 지속하려면 분명한 목표를 설정하고 계획을 세워서 추진해나가는 것이 최선의 방법일 것이다. 계획을 수행하는 과정에서 전문성과 투명성을 갖추는 것 또한 중요하다.

인도네시아 병원의 75%는 공공 부문에 속하지만 보건의료 분야의 지속적 발전을 위해서는 민간 부문의 역할이 필수적이다. 인도네시아의 민간의료기관 관계자들과 논의하는 과정에서 나는 몇 가지 새로운 흐름을 발견했다. 첫째, 인도네시아의 대표적인 민간의료서비스 공급자인 실로암Siloam의 사례에서도 볼 수 있듯이 JKN 환자에게 기존 민간의료기관과 같은 장소에서 의료서비스를 공급하려는 움직임이다. 실로암은 2017년까지 병원 40개를 건립하여 병상을 지금의 3배 수준인 10,000개로 늘리겠다는 계획이다. 이미 실로암 병원그룹 산하 여러 개 병원들이 공공의료기관과 나란히 위치하여 일반 대중에게 수준 높은 의료서비스를 공급하고 있는 것을 직접 보았다.

둘째, JKN으로 인해 공공병원이 환자 증가로 붐비게 되면 중산층 인구가 민간병원으로 유입될 것이라고 예상하고 대비하려는 움직임이다. 통계에 의하면 인도네시아의 중산층과 부유층은 2013년 7,400만 명에서 2020년 1억 4,400만 명으로 증가할 것이다.[22] 인도에서도 그렇듯이 인도네시아의 민간병원 운영자 중 일부는 이 집단에 특화하여 중소도시로 확장하려는 계획을 세우고 있다.

또한 보건의료 분야 외 민간 부문에서도 장기 투자를 하려고 관심을 보이고 있다. 최근 일부 부동산 개발그룹에서 자카르타 이외 지역으로 병원 사업을 확장하고 신규 주택 개발에 지역 의료시설 및 병원시설 포함 여부를 검토하겠다고 발표했다. 해당 그룹 소속 임원 몇 명과 얘기할 기회가 있었는데 다들 수준 높은 의료인력 및 간호인력 확보가 제일 큰 문제라고 말했다. 특히 인도네시아 정부에서 외국 의사의 유입을 제한하고 있기 때문에 더욱 그렇다. 의사들끼리의 보호주의에서 비롯된 정책으로 인해 심각한 의료인력 부족을 해결할 주요 방안을 가로막고 있다. 의대 졸업생 수를 늘려서 인력난을 해소하겠다는 지금의 계획은 무모해 보인다.

보건의료 분야에서 민간 부문의 역할 증대가 일반 대중의 의료서비스 접근성 향상에 도움이 될지는 의문이다. 예를 들면 민간의료기관 운영자는 의무적으로 빈곤층을 위한 의료지원을 해야 한다고 법으로 규정하고 있지만 실제로는 의료지원을 받더라도 개인이 부담해야 하는 금액이 상당한 경우가 많다.

맺음말

　인도네시아에서 세계 최대 단일 보험자 의료보장제도를 수립하겠다는 꿈을 이루는 데 유리한 점이 한 가지 있다. 그것은 바로 위도도 대통령이 자카르타 시장 재임 시절 건강보험제도를 시행해본 경험이 있다는 것이다. 엄청난 수의 인구, 넓게 흩어져 있는 국토, 극심한 빈곤, 심각한 질병 부담을 감안하면 보편적 의료보장제도 완성에는 여러 해가 걸릴 것이다. 그러나 그러한 계획을 세운 인도네시아의 포부에는 감탄이 절로 나온다. 인도네시아가 이 개혁의 길을 계속 걸어간다면 다른 저소득국가에게도 희망이 될 것이다. 언제나 그렇듯이 보건의료제도가 장기적으로 성공하려면 재정적 안정과 정치적인 안정도 반드시 필요하다.

참고 문헌

1. World Bank, Economic growth figures (World Bank, 2010–015).
2. World Bank, Population age figures (World Bank, 2013).
3. Economist Intelligence Unit, Indonesia economy: Public-health challenges under Jokowi, (EIU, November 2014).
4. World Bank statistics, Total health expenditure (% of GDP) (World Bank, 2013).
5. World Bank statistics, Life expectancy at birth (World Bank, 2013).
6. Economist Intelligence Unit, Industry Report, Healthcare (EIU, December 2014), p. 4.
7. EIU (2014).
8. Das R., Emerald of the equator: Indonesia the next healthcare frontier (*Forbes*, 29 December 2014).
9. Wirdana A., Inadequate funding may hamper Indonesia health insurance scheme (The Establishment Post, 10 November 2014).
10. World Bank, Hospital beds (per 1,000 people) (World Bank, 2012).
11. OECD, OECD Health Statistics 2014. How does Indonesia compare? (2014), p. 2.
12. Wirdana A., Inadequate funding may hamper Indonesia health insurance scheme (The Establishment Post, 10 November 2014).
13. Standard Chartered, Equity research briefing –Indonesia healthcare: The power of healing(Standard Chartered, 2014), p. 5.
14. Chiong L.W., Big gaps in Indonesia healthcare (*The Business Times*, 10 August 2012).
15. World Bank, Population growth (annual %) (World Bank, 2012).
16. Indonesia overview, The World Bank (October 2014).
17. EIU (2014), p.12.
18. World Health Organization, Number of people (all ages) living with HIV (WHO, 2013).
19. World Health Organization, Estimated antiretroviral therapy coverage among people living with HIV (%) (WHO, 2013).
20. EIU (2014), p.13.
21. International Diabetes Federation, Diabetes Atlas 6th ed. (IDF, 2013), p. 160.
22. Rastogi V. et al., BCG Perspectives: Indonesia's rising middle class and affluent consumer(Boston Consulting Group, 2013).

제9장 호주

어드밴스 오스트레일리아 페어*

   1991년에 NHS 경영진 육성계획 프로그램에 참여하여 멜버른과 시드니에 머물렀을 때 나는 호주를 사랑하게 되었다. 희망이 가득하고 낙천적인 국가인 호주에 점점 인구가 증가하고 인종 구성이 다양해지는 것을 보면 호주가 아시아의 성장을 기회로 잘 활용하였다는 것을 알 수 있다. 호주의 인구는 매주 8,000명씩 증가하고 있으며 그중 절반은 시드니와 멜버른에 정착하려고 한다.[1] 현재 호주 인구는 2,300만 명을 넘었으며, 보건과 사회기반시설 그리고 기타 공공 지출 간에 쉽지 않은 타협을 통해 부채 문제를 해결하고자 애쓰고 있다. 최근에 호주를 방문했을 때 나는 호주의 인구 구성 변화와 사회적·정치적·경제적 변화가 지난 20여 년간 호주의 건강경제의 발전에 어떠한 영향을 미쳤는지 확인할 수 있었다.

---

* Advance Australia Fair, 호주 국가의 제목이다.

1991년 당시 호주의 의료서비스는 세계 최상이었다. 오늘날에도 커먼 웰스펀드의 통계에 따르면 여전히 세계 4위지만 사실 기대했던 것에 비하면 오히려 발전이 더디게 진행되었다.[2] 개혁과 회복 정책은 연방정부와 주정부 간의 정치적 공방 속에서 좌절되었다. 보건정책을 지방정부에 모두 위임한 캐나다와 달리 호주는 연방기관이 1차의료 전반을 담당하고 주정부가 병원 의료를 담당한다. 여기에 진득하게 기다려주지 못하는 정치권까지 합세해서 개혁을 가로막은 탓에 미래적 수요, 특히 만성질환과 고령화 수요에 알맞은 의료 모델을 개발하지 못했다.

그럼에도 불구하고 호주의 보건의료제도는 강점이 많다. GDP 대비 보건의료 지출은 OECD 평균 수준인 9.4%이고,[3] 기대수명은 82.2세로 높은 편이며,[4] 임상성과 역시 우수하다. 그동안 심장마비와 기타 순환기 질병으로 인한 사망이 크게 감소했으며 세계에서 흡연율이 제일 낮은 편이다. (1983년 34%에서 16%로 감소했다.[5])

호주 보건의료제도의 핵심적인 특징은 국가 차원의 큰 틀 안에서 공공 부문과 민간 부문이 모두 재원 확보와 의료서비스에 중요한 역할을 감당한다는 점이다. 공공재원으로 운영되는 메디케어Medicare는 "모든 호주 국민에게 평등하고 효율적인 의료보장"을 목적으로 1984년에 마련되었다.[6] 메디케어는 의료서비스 공급체계가 아니라 재원마련을 위한 제도다. 병원 외 의료서비스 지원을 위한 메디케어 수당 목록Medicare Benefits Schedule, 의약품 비용 지원을 위한 약제 수당 제도Pharmaceutical Benefits Scheme, 그리고 공공병원 무료 진료서비스 등 세 가지가 주요 구성 요소다. 메디케어의 재원은 소득세의 2%와 기타 일반 세금으로 마련한다.

공공재원과 민간재원의 균형

공공재원과 민간재원 간에 적절한 균형을 찾기 위해 수많은 정책적 실험이 수십 년 넘게 거듭되었다. 근래에는 메디케어 비용을 감당하기 위해 개인들에게 민간보험 가입을 권장해왔다. 이 정책은 어느 정도 성공을 거두어서 현재 호주 국민의 55%가 민간 건강보험에 가입되어 있다. (1990년대 30%에서 증가한 수치다.) 그러나 메디케어 유지 비용은 계속 급격히 증가하여 2013/14 회계연도에 190억 호주달러에서 2016/17 회계연도에는 236억 호주달러까지 증가할 것으로 전망된다.[7] 종합해 보면 정부가 전체 보건의료 지출에서 부담하는 비율은 67% 정도로 OECD 평균인 72%보다 눈에 띄게 낮다.

호주 내 의료서비스에도 공공 부문과 민간 부문이 혼합되어 있다. 민간병원은 전체 병상 수의 3분의 1을 책임지고 있으며(그중 절반은 영리시설에서 나머지는 비영리시설에서 운영), 선택진료의 3분의 2를 담당한다. 이러한 접근 방식은 우수한 선택진료체계를 만들어내어 적당한 대기시간을 확보하는 동시에 공공병원과 민간병원 사이에 적절한 선택을 가능하게 했다. 그러나 응급의료, 지역사회 의료, 1차의료서비스 간에 취약한 연결 고리 탓에 응급의료부서에서 문제가 발생하고 있다. 뉴사우스웨일즈New South Wales 주에서는 병원과 1차의료시설 간 협력 강화 방안을 실험 중인데, 의료 연계 프로그램을 통해 지역보건구역Local Health Districts, 1차의료기관 그리고 일반의들이 서로 협력할 수 있는 모델을 제안하고 협력에 대한 인센티브를 제공한다.

변화를 가로막는 장애물

호주가 선택한 혼합형 의료보장제도는 가장 시급했던 환자 수용력 문제를 해결해주었고 의료의 질 또한 높게 유지시켜 주었다. 그러나 권한이 분산되고 감독 기관도 제각각이 되면서 변화를 가로막는 가장 어려운 장애물이 생겼다. 현재 호주는 분리된 자금조달체계(연방정부, 주정부), 분리된 재원마련체계(1차의료, 2차의료), 분리된 고용관계(의사, 기타 의료인력)라는 '3중 악재'에 시달리고 있으며, 이로 인해 대규모 개혁이 쉽지 않은 상황이다. 질병 부담이 만성질환으로 이동함에 따라 다양한 자금조달과 서비스공급체계 간에 긴밀한 협력이 필요하게 되었으며, 의료서비스 통합은 의료의 질과 제도의 지속가능성 유지를 위해 점점 더 시급한 과제로 떠올랐다. 문제는 의료비 지불체계이다. 건별 환급체계, 또는 1차의료에서의 행위별수가제fee-for-service를 가치기반 보상체계로 전환하려는 시도가 의료시설들을 중심으로 한 강력한 반대에 가로막혀 있다.

보건의료제도 개혁이 가장 대대적으로 실시된 것은 2007년에서 2013년까지 루드/길라드Rudd/Gillard 행정부 시절이다. 해묵은 여러 이슈들을 다루기 위해 국가보건병원개혁위원회National Health and Hospitals Reform Commission가 조직되었고, 위원회는 123개의 권고안을 발표하여 의료서비스 재원마련체계와 의료전달체계를 전부 개혁하고자 했다. 주정부와 자치구를 대표하는 최고 의사결정기구인 호주정부회의Council of Australian Governments, COAG는 연방정부가 1차의료를 담당하고 공공병원 재원 확보를 책임지며 효율적인 활동 기반 자금조달 방식으로 비용의 60%를 부담하는 데 동의했다. 또한 통합병원 이사회로 권한을 이양하여 지배구조를 강화하고, 새로 설립된 독립적인 병원수가기관Independent Hospital Pricing Authority을 통해 효율성을 개선하고, 국가의료질평가청National Health Performance Authority을 통해 투명성을 확보하겠다는 계획이었다. 이밖에 지역사회의 질병예방활동과 만성질환 치료를 지원하기 위해 지역별로 "메디케어 로컬Medicare Locals"이 조직되었는데 이는 2015년에 일차의료네트워크Primary Health Networks로 대체되었다.

위원회의 권고안은 발표 당시 폭넓은 지지를 받았으나, 2014년에 우파 성향 정당연합이 정권을 장악한 후 COAG 의장이 보건의료제도 개혁 수행 5개년 성과를 보고하면서 상황이 달라졌다.[8] 기대수명, 영아 사망률, 1차의료 접근성 부분에 진전이 있었고 응급의료서비스에도 약간의 개선이 있었으나, 선택수술 대기시간은 약간 증가했고 고령자의 자택요양 대기시간도 증가했다. 보고서에 따르면 부분적으로 약간 진전이 이루어진 것뿐이었다. 의미 있는 변화가 일어나기에는 연방정부와 주정부 차원의 협력, 그리고 병원과 1차의료, 지역사회서비스 간에 더 활발한 협력이 일어날 수 있는 충분한 시간과 추진력이 부족했다.

2014년 총선에서 가장 중요한 이슈는 경제와 부채였다. 새로운 정부는 발 빠르게 움직여 소요 비용에 비해 환자와 납세자에게 충분한 혜택이 돌아가지 않는다는 이유로 여러 개혁 활동을 중단했다. 2014년 5월 발표된 보건 예산은 "강하고 번영하는 경제와 안전하고 튼튼한 호주를 만들기 위해" 경제를 활성화하고 부채를 축소하는 활동을 우선순위에 놓았다.[9] 이제 호주 국민들이 의료서비스를 받기 위해 본인이 부담해야 하는 비용이 늘어났다. 주정부 차원의 예방보건 프로그램이 중단되는 등 수십 억 호주달러에 달하는 예산이 삭감되었다. 이 밖에도 메디케어 안

전망 축소와 더불어 일반의 진료 시 7달러 본인부담을 부과하는 안이 상정되었으나 여론이 반발하면서 상원에서 부결되었다.

정당연합Coalition 정부는 정부의 정책 결정을 정당화하는 구실로 감당하기 어려워진 보건의료 비용 급증을 지적했다. 과거 11년간 정부의 주요 지출 분야의 증가액을 다 합친 것보다 보건의료 분야 지출이 더 많이 증가했다는 것이었다. 정치인들이 종종 강조하듯이 '정치는 선택의 연속'이다. 정당연합은 부채 감소와 탄탄한 경제를 우선순위로 삼고 시간이 지나면 결국 보건의료제도를 위한 재원이 마련될 만큼 성장할 것이라고 기대한다. 그러나 인구가 증가하고 고령화되면서 날마다 더욱더 심각해져만 가는 고질적인 문제들이 모두 돈만 있으면 해결되는 것은 아니다. 구조적 문제와 분산된 보건의료체계가 가장 핵심이고 수요와 공급의 압박도 빠른 속도로 진행되고 있다.

주와 자치구 내 개혁

연방정부와 주정부 간의 재원마련 합의안은 COAG가 현재 핵심적으로 검토 중인 '연방개혁Reform of the Federation'의 일부분이며, COAG는 연방정부와 주정부, 자치구의 역할과 책임 및 분담 정도에 대한 정책을 제안할 예정이다. 연방정부는 2017/18 회계연도부터 주정부의 공공병원 운영을 위한 지원금에 상한을 설정하겠다는 뜻을 비쳤으며, 따라서 주정부는 '재정절벽fiiscal diff'에 대비하여 공공병원의 생산성 개선과 효율성 증대를 모색해야 한다.

한편 지방자치단체들은 좀 더 제한적인 방식으로 개혁을 시도하고 있다. 퀸즈랜드Queensland 주와 웨스턴오스트레일리아Western Australia 주는 공공 부문과 민간 부문을 더 많이 혼합하는 형태를 추진하고 있다. 뉴사우스웨일즈 주는 병원 간에 활발한 협력이 주는 이점을 검토 중이며 타스매니아Tasmania 주는 1차의료와 2차의료를 잘 연계하여 어쩌면 새로운 의료서비스 모델의 시험대가 될 수도 있다. 사우스오스트레일리아South Australia 주는 1차의료, 정신보건, 병원서비스를 계속 강화할 예정이며 노던Northern 자치구는 원주민 보건, 지역사회서비스, 책임위임 구조를 지금처럼 잘 운영해나갈 것이다.

참을성 부족한 호주의 정치권을 제외하고 호주는 정말 살기 좋은 곳이다. 호주는 우수한 정신보건을 뒷받침하는 고용, 시민 참여, 교육, 공동체 의식, 일과 삶의 균형 등의 사회적 지표를 측정한 2014년 OECD 더 나은 삶 지수 순위에서 1위를 차지했다. 의료진들에게도 호주는 매력적인 곳으로 지난 10년간 수백 명의 의사들이 유럽을 떠나 호주로 갔다. 연봉은 더 높고, 근무시간은 더 짧으며, 일자리를 찾기도 더 쉬운 경우가 많고, 생활방식도 매력적이다. 호주 의사의 의료서비스가 더 훌륭하다는 뜻은 아니지만 일반적으로 호주 의사들은 덜 관료주의적이며 더 자유롭다.

정신보건의 혁신

호주의 의료보건제도에서 가장 주목할 만한 특징은 정신보건에 대한 진보적인 접근 방식이다. 정신질환 환자를 병원에 '수용하는' 과거 모델에서 탈피하여 지역사회가 주도적으로 치료 활동을 담당하는 형태로 발전하였는데 자택치료, 조기 개입, 생애주기별 예방적 지원 등의 다양한 서비스를 공급한다.

호주에서는 접근성개선정책Better Access Initiative이 실행되면서 더 많은 사람이 정신질환 치료를 받을 수 있게 되었다. 이 밖에도 개인별 조력자와 멘토Personal Helpers and Mentors 프로그램과 지역사회의 일상생활 지원Support for Day to Day Living in the Community 프로그램이 마련되어 있다. 정신질환 환자 대응을 위한 경찰 교육 프로그램도 더욱 개선되었고 호주 개발자들의 노력으로 혁신적인 모바일과 컴퓨터 기반 정신보건 개선 방안이 다양하게 개발되었다.

물론 연방정부와 주정부 재원이 섞여 있고 공공, 민간, 비영리 부문이 각자 움직이고 있어 정신질환 환자에 대한 의료서비스가 분산되고 복잡하다는 면에서, 아직도 더욱 개선되어야 할 여지는 있다. 이를 위해 국가정신보건위원회National Mental Health Commission는 회복과 치료를 지원하는 데 초점을 맞추고 좀 더 통합적인 접근 방식을 구축하고자 전체 시스템을 재검토 중이다. 위원회는 호주 국민 중에서도 다른 인구에 비해 자살률이 2배에 달하는 호주 원주민Aboriginal과 토러스 해협 제도Torres Strait Islander 주민의 정신보건에 대해 관심을 쏟고 있다.

호주 토착민

호주 토착민에 대한 보건의료서비스와 그 성과를 보면 과거에 비해 확실히 개선이 되었으나(특히 예방접종 비율 등), 다른 인구에 비해 기대수명이 평균 10년이나 더 짧은 등 아직도 격차가 많이 벌어져 있다.[10] 1997년에서 2010년 사이 호주 원주민과 토러스 해협 제도 주민의 회피 가능 사망률이 24%나 감소하는 놀라운 성과가 있었음에도 불구하고 여전히 다른 인구에 비해 저체중 신생아가 2배 많다.[11] 호주 인구의 3%가 토착민이지만 호주 내 의료인력 중 토착민 비율은 1% 미만이고,[12] 정책적으로 모든 호주 원주민과 토러스 해협 제도 주민은 매년 건강검진을 받을 수 있는 권리가 있으나 2013~2014년에 건강검진을 받은 비율은 25%에 불과하다. 오지와 벽지 거주민의 의료 접근성도 숙제로 남아 있으며 열악한 건강 상태는 열악한 교육 조건, 낮은 소득수준, 과밀한 주거환경, 영양불량 등 사회경제적으로 불리한 조건에서 기인한다.

호주는 활발한 야외활동 이미지가 강하지만 현재 호주 보건의료의 가장 큰 위협 요소는 비만이다. OECD 회원국 중 미국, 멕시코, 뉴질랜드, 헝가리에 이어 5번째로 비만율이 높다.[13] OECD 보고에 따르면 15세 이상의 호주 국민 중 3분의 1은 과체중인데 거의 대부분 비만이다. 적정수준의 운동을 하지 않는 인구가 전체의 57%에 달하며, 호주 국민의 질병과 장애 발생 주요 원인이자 사망 원인의 90%를 차지하는 것이 바로 만성질환이다.[14]

맺음말

호주는 앞으로도 정말 살기 좋은 아름다운 국가일 것이다. 그러나 보건의료서비스가 지속가능하고 높은 수준을 유지하려면 더욱더 노력해야 한다. 국민에게 훌륭한 보건의료를 공급하고 있긴 하지만 서비스 체계 개선과 제도 개혁이 사회 변화의 속도를 따라잡아야 한다. 호주의 경제 상황을 감안하면 현재 정부가 재정 압박 해소를 우선적인 목표로 삼은 것은 올바른 방향이지만, 보건의료제도 개혁을 그 목표 달성의 수단으로 인식할 필요가 있으며, 부수적인 사치나 별도의 과제로 여겨서는 곤란하다. 국가 차원의 정책 추진은 중단되었고 주와 지역 단위 활동에 맡겨졌으며 자금조달, 재원마련, 고용체계 분리라는 삼중 악재도 계속되고 있다. 그리고 현재 호주는 인구 증가, 고령인구 비율 증가, 질병발생률 증가라는 문제를 앞에 놓고 있다. 지금 당장 행동을 취해야 한다.

참고 문헌

1. *The Australian*, Healthcare and infrastructure spend tearing budget apart (*The Australian*, 6 May 2014).

2. Commonwealth Fund, Mirror on the wall: How the performance of the US healthcare system performs internationally–2014 Update (Commonwealth Fund: New York, 2014).

3. World Bank statistics, Total health expenditure (% of GDP) (World Bank, 2013).

4. World Bank statistics, Life expectancy at birth (World Bank, 2013).

5. OECD, Health statistics 2014: How does Australia compare? (OECD, 2014).

6. From a speech by Minister for Social Security Bill Hayden on second reading of the Health Insurance Bill 1973 (29 November 1973).

7. Australian Government, Budget Strategy and Outlook: 2013–4 (Australian Government, 2013).

8. COAG Reform Council, Healthcare in Australia 2012–3: Five years of performance (Australian Government, 2014).

9. Commonwealth of Australia, Budget: Health 2014/15 (Australian Government, 2014).

10. Australian Institute for Health and Welfare, Mortality and life expectancy of Indigenous Australians 2008 to 2012 (AIHW, 2014).

11. Department of Health and Ageing, Aboriginal and Torres Strait Islander Health Performance Framework (Australian Government, 2012).

12. Australian Institute of Health and Welfare, The health and welfare of Australia's Aboriginal and Torres Strait Islander people: An overview (Australian Government, 2011).

13. OECD, OECD health statistics 2014: How does Australia compare? (OECD, 2014).

14. Australian Institute for Health and Welfare, Australia's Health 2014 (Australian Government, 2014).

하나의 국가, 두 개의 세계

인도의 보건의료 분야에서 일한다는 것은 세계 최고의 시스템과 최악의 시스템을 모두 경험할 수 있다는 것을 의미한다.

인도의 민간병원 체인은 의료서비스 공급 속도와 규모를 놀랍게 혁신하여 수준 높은 의료서비스가 부유한 국가에서만 가능하다는 편견을 깨뜨렸다. 미국의 조립라인 방식과 일본의 린 경영lean management* 기법에 인도만의 독창적인 '주가드Jugaad, 복잡한 문제를 기발하고 간단한 방식으로 해결한다는 뜻'를 결합하여 적은 비용으로도 서양 수준의 훌륭한 의료서비스를 공급한다.

예를 들어, 나라야나병원 체인은 비용을 줄이고 의료 질을 향상하기

---

* 1996년 MIT가 도요타 자동차의 생산 시스템(TPS)을 미국 기업의 실정에 맞게 재구성한 경영 기법으로, 자재 구매에서부터 생산 및 판매에 이르기까지 전체 과정에서 낭비 요소를 최소화한다는 개념이다.

위해 규모의 경제를 최대한으로 활용한다. 나라야나병원 체인 소속 종합병원 26개 중 가장 규모가 큰 시설은 병상이 5,000개에 달하는 "의료도시Health City"인데 심장수술과 암 치료를 고정된 비용으로 최대한 많은 환자에게 획일적으로 실시한다. 또한 원격 방사선 진단은 방갈로병원에서 총괄하고 체인 전체적으로 통합 구매를 실시하는 등 지원 업무를 집중하는 방식으로 규모의 장점을 활용한다. 인도 내 심장수술 시장의 15%를 차지하는 나라야나는 물품 구매 가격을 낮추기 위해 독점공급 계약을 맺기도 한다. 예를 들면, 수술가운 단가를 낮춰주는 대가로 독점공급권을 보장하는 방식을 이용하여 수술 1회당 가운 단가를 미화 100달러에서 12달러로 인하한 사례가 있다.

주요도시 이외 지역에서는 이러한 집중 방식으로 운영하기가 어려운 경우가 있는데 나라야나는 그러한 경우에도 환자의 치료에 부가가치를 창출하지 않는 요소를 전부 제거하여 비용을 절감한다. 최근 나라야나가 6개월간 미화 600만 달러를 들여 건립한 300개 병상 규모의 심장외과병원은 나라야나 최초의 저가의료시설이다. 나라야나의 최종 목표는 환자 1인당 미화 800달러의 비용으로 심장수술을 가능하게 만드는 것이다. 나라야나그룹의 회장이자 창립자인 데비 셰티Devi Shetty 박사와 함께 병원시설을 둘러보면서 든 생각은 나라야나가 의료 산업의 변화를 이루어낼 수 있는 역량이 충분하다는 것이었다.

세계적인 민간의료공급자 아폴로병원그룹과 아라빈드안과병원그룹도 규모를 활용하여 비용을 낮추고 의료 질은 높이는 운영 모델을 시행한다. 이러한 모델의 핵심은 부족한 전문인력을 최대한으로 활용하는 것이다. 의사는 정말 의사만 할 수 있는 일에 집중하고 기타 수술 전후 보조적인 의료 업무는 전문적인 지원인력에게 위임한다. 미국의 의사가 연평균 400건의 안과수술을 실시하는 동안 아라빈드 소속 의사는 연간 1,000~1,400건의 안과수술을 실시한다.[1] 의사는 의사만 할 수 있는 일에 집중하도록 프로세스를 구축한 결과다.

의사 외에 또 부족한 자원이 바로 첨단 의료기기이다. 부족한 첨단기기를 최대한으로 활용하기 위하여 아폴로병원그룹의 경우 스캐너를 24시간 가동하고 인기 없는 시간에는 가격을 낮춰주는 식으로 운영한다. 아라빈드와 아폴로의 가격 정책은 부유층과 빈곤층이 상부상조하는 형태이다. 부유층이 빈곤층에 비해 비용을 더 지불하므로 빈곤층은 저렴한 의료서비스 덕택에 병원을 많이 찾게 된다. 더불어 병원을 찾는 빈곤층이 많아지면 규모의 경제로 인해 단가 인하가 가능하므로 부유층도 결국 더 저렴하게 의료서비스를 이용할 수 있게 된다.

이러한 공장 생산라인 방식을 병원에 적용하는 시도에 대해 좋지 않은 결과를 예상한 사람이 많았지만 아라빈드와 아폴로는 서구 병원과 비교해볼 때 동일하거나 때로는 더 나은 결과도 창출해낸다. 그 이유는 환자 규모와 의료 질의 밀접한 상관관계 때문인데, 동일한 프로세스를 반복할수록 당연히 더 잘하게 되는 것이 아니겠는가.[2]

엄청난 비용 부담

안타깝게도 이러한 훌륭한 사례는 일반인에게는 남의 이야기이다. 인도의 12억 인구 가운데 300만 명 정도만 건강보험에 가입되어 있으며,[3] 보험으로 이용할 수 있는 의료기관의 수준도 열악하다. 이 때문에 인도 국민의 의료비 부담이 상당히 높아서 평균 가구소득의 18%가 의료비로 들어간다.[4] 입원을 하게 되면 공공병원이라 하더라도 어마어마한 비용이 든다고 인도 정부도 언급한 적이 있다. 매년 약 6,300만 명이 의료비 때문에 빈곤층으로 전락하며 인도 가정이 빈곤선 아래로 떨어지는 주요 원인도 바로 의료비다.[5]

인도 국민 대부분의 상황이 너무 열악하므로 병원에 대해 논의하는 것 자체가 시기상조일 수도 있다. 깨끗한 물, 상·하수도, 충분한 영양 공급이 전부 심각하게 부족하다. 인도 아동의 절반이 영양실조이며[6](전 세계 영양실조 아동의 50%가 인도 국민이다.) 5세 전 사망률도 5%에 달한다.[7] 주요 사망 원인은 미화 1달러도 안 되는 수액치료가 가능한 설사병이다. 상·하수도시설 이용 가능 인구는 전체의 3분의 1(36%)에 불과하다.[8] 그러므로 음식, 화장실, 예방접종 같은 기본적 보건활동을 통해 기대수명이 놀랍게 향상되는 것을 지켜보는 것도 새로운 초고효율 병원 체인의 등장만큼이나 흥미진진할 것이다.

인도 내 보건의료 지출 규모는 GDP 대비 4%, 연간 1인당 미화 61달러에 불과하다. 이 금액은 중국(미화 322달러), 러시아(미화 887달러), 브라질(미화 1,056달러)보다 훨씬 적다.[9] 인도 정부는 전체 예산의 4%를 보건의료에 지출하고 있는데 이 금액은 GDP 대비 1%에 해당한다.[10] 그러므로 보건의료 관련 개인부담 비율이 가장 높은 국가에 속하는 것이 당연하다.

이렇게 부족한 자원은 그나마 균등하게 분배되지도 않는다. 시골지역에 거주하는 인구는 68%에 달하는데 시골지역에서 활동하는 의사는 전체의 2%에 불과하다.[11] 인도 내 지역 간 의료서비스 격차는 지금도 심각하지만 갈수록 불균형이 심화되는 추세다. 케랄라Kerala 주의 경우 영아 사망률이 1,000명당 12명인데 아쌈Assam 주 같은 시골은 1,000명당 56명이나 된다.[12]

두 계급으로 분리된 의료서비스는 인도 내 이미 정착되어 있으며 장기적으로 고착화할 위험이 실제로 존재한다. 정부가 나서서 신속하게 대처하지 않으면 혜택을 누리지 못하는 수억 명의 인구가 결국 인도 경제 발전의 발목을 잡을 것이며 향후 사회 불안 요소의 원인이 될 것이다.

지금까지 정부가 추진한 보건정책을 간단히 말하면 민간 부문이 공공보건 프로그램에 참여하는 것을 장려하는 기조라고 정리할 수 있다. 2005년에 국가시골보건과제National Rural Health Mission를 수립하고 지역사회 보건 관련 자원봉사자 90만 명과 유급 보건요원 17만 8천 명을 충원하였다.[13] 생식보건 증진과 주요 질환 발생 억제에 초점을 맞추고, 멀리 떨어져 있는 의료기관 접근을 돕기 위해 18,000대의 구급차를 동원하고 현금 지원 방안도 마련하였다. 2013년에는 시골지역에서와 마찬가지로 도시 빈민지역 주민을 대상으로 국가도시보건과제National Urban Health Mission를 실시하여 1차의료 접근성 및 생식보건_{reproductive health} 개선 노력을 기울이고 있으며, 이를 위해 다수의 자원봉사자, 지역보건요원, 여성보건위원회, 소규모 1차의료센터가 협력한다.

한편, 민간의료 부문은 정부지원을 바탕으로 크게 성장했다. 지난 10년간 신규 병상의 80%가 개인 소유 영리의료기관에 마련되었다.[14] 정부의 세금 감면 혜택과 토지 할당 혜택 덕분에 민간 부문 성장을 위한 비옥한 환경이 조성된 것이다. 그러나 민간의료 부문이 급속하게 성장하는 과정에서 설립 관련 제한이나 조율이 없었던 탓에 여러 도시에서 의료기관 공급과잉 현상이 나타나게 되었으며, 내가 최근 인도의 대형병원들을 방문했을 때도 이 현상을 확인할 수 있었다. 얼마 전부터 의료 부문에 대한 외국인 투자 규제가 완화되기 시작했으므로 인도의 민간의료 부문이 한번 정리될 때가 임박했다.

반가운 소식은 나렌드라 모디_{Narendra Modi} 총리가 이끄는 인도 정부가 13년 만에 처음으로 대대적인 국가보건계획을 내놓았다는 것이다. 2015년 국가보건정책_{National Health Policy, NHP}은 보건의료가 전 국민의 법적인 기본 권리라고 과감하게 선언하고 2019년까지 국가 전역에 1차의료, 예방의료, 응급의료를 공급하겠다는 목표를 세웠다. 이 목표의 상당 부분은 주정부 차원에서 실행하게 될 것이다.

이 정책의 핵심적인 특징은 의약품 무상 공급, 무상 진료, 무상 응급치료이며 영양실조, 위생불량, 교통사고 및 대기오염 예방을 위한 프로그램도 확대 실시할 계획이다. 아직 의회의 다수당인 인도국민당_{Bharatiya Janata Party, BJP}에서는 많은 사람의 기대에도 불구하고 예산 지원이나 개혁 관련 언급을 하지 않고 있는데 결국 시간이 지나면 알게 될 것이다.

인도가 세계 경제의 강자가 되겠다는 꿈을 이루려면 보편적 의료보장제도가 먼저 마련되어야 한다. NHP는 방향을 제대로 잡긴 했으나 그 성취 방법이 모호하다. 특히 민간 부문의 참여에 대해서도 외래의료서비스에는 참여를 허용하고 1차의료에는 배제하는 등 일관성이 결여되어 있다. 민간 부문과 공공 부문의 장점을 융합하려는 전략일 수도 있지만 오히려 보건부 내 각각 다른 부서에서 수립한 정책을 취합하다 보니 벌어진 일일 수도 있다.

미숙한 운영과 부패

향후 4년간 NHP 추진 비용은 미화 260억 달러로 예상되며, 이 금액은 공공보건의료 지출 비용을 GDP 대비 1%에서 2.5%로 2배 이상 증가시킬 만큼 많은 금액이다.[15] 따라서 NHP가 발표된 후 몇 개월 뒤 보건 예산이 오히려 25% 삭감되자 국민들은 크게 실망했다. 안타깝긴 하지만 이것이 바로 현재 인도의 보편적 의료보장 실현을 가로막는 가장 큰 숙제다. 미미한 예산마저 제대로 사용하지 못하는 것이다. 미숙한 정책 운영, 관료주의, 부패가 인도의 보건의료제도 전반에 걸친 고질적인 문제인 동시에 잠재 수혜자에게 예산이 도달하지 못하게 하는 최대 장애물이다.[16] 전문가들은 이러한 현상을 제도의 '흡수능력absorptive capacity' 결여라고 일컫는데 실제로 텅 빈 병원, 프로그램 중복, 예산 부족에 허덕이는 의료기관, 매년 연말 남아도는 예산으로 드러난다. 내가 만나본 공무원들은 공공보건의료체계 운영의 심각한 현실에 대해 체념하거나 심지어는 허탈하게 웃어넘기기도 했다. 그러나 이런 식으로 실패를 용납한다면 인도 결코 의료보장에 진전을 이룰 수 없을 것이다.

인도 보건의료의 미래에 희망은 있다. 인도는 놀라운 속도로 기업가적 수완을 발휘하여 비용효율적인 보건의료제도 개선을 이루어냄으로써 거대한 복제약 산업을 일으켜 약가 인하를 선도하였다. 그뿐만 아니라 이를 통해 아프리카의 수백만 HIV 보균자가 항레트로바이러스제를 사용할 수 있도록 길을 열어 에이즈 확산 속도를 늦추고, 셀 수 없이 많은 생명을 구하는 등 이미 전 세계 많은 이들에게 다양한 혜택을 제공했다. 나는 인도가 낮은 비용으로 우수한 의료서비스를 공급할 방법을 제시함으로써 전 세계 의료전달체계 혁신의 요람이 될 수 있다고 확신한다. 인도에는 모바일헬스와 이헬스를 통해 넓은 국토와 젊은 인구를 대규모 자원으로 이용할 수 있는 큰 기회가 있다. 만약 민간병원 체인의 프로토콜 기반 의료서비스에 거대한 콜센터 부문과 이제 시작 단계인 의료기기 산업이 결합된다면, 인도는 모두를 위한 보건의료라는 목표를 달성하게 될 뿐만 아니라 저렴한 원격의료라는 주요 수출 품목이 새로 개발되는 것이다. 이 움직임은 이미 시작되었다. 나라야나병원 체인은 '아니타 박사와 안내인들Dr. Anita and pilots' 같은 자문 툴을 개발하여 수많은 만성질환 환자들을 전화, 이메일, 문자로 관리한다.

맺음말

인도는 21세기 세계 보건인력을 위한 대학교이자 공장이 될 수 있는 환경이다. 향후 20년간 300만 명의 의사가 추가로 필요한데[17] 시설이 열악한 기존의 의과대학에서 서양식 전문교육을 하는 방식으로는 수요를 감당할 수 없다. 만약 인도에서 모디 수상이 세운 목표대로 "세계에서 가장 경쟁력 있는 의료인력"을 육성하기 위해 좀 더 과감한 시도를 한다면 의학교육도 온라인 과정, 원격 실습 그리고 특정 분야 전문의가 되기 위해 필요한 기술에 특화된 맞춤식 교육을 실시하는 식으로 재설계해볼 수 있다. 의사 양성에 드는 시간과 비용을 줄이면 심각한 의료인력 부족난을 해소하는 데 도움이 될 뿐만 아니라, 서양식 의학교육의 세밀함과 동양식 명예와 존중의 가치를 혼합한 인도만의 보건의료 재능을 세계에 수출하는 국가로 탈바꿈할 수 있을 것이다.

현재로서는 이러한 상상이 동떨어지게 느껴질 수도 있지만 세계에서 가장 인구가 많은 민주주의국가인 인도의 사회적·경제적 변화가 빠른 속도로 진행되고 있다. 2015년 2월에 시작하여 집필 시점 기준으로 창당한 지 2년밖에 되지 않은 보통사람당Aam Aadmi Party, AAP이 델리에서 BJP를 이기던 날 나는 마침 그곳에 있었다. AAP가 인도의 선거 역사에서 가장 압도적인 승리를 거둘 수 있었던 것은 저렴한 전기와 깨끗한 물 공급, 그리고 부패 척결을 바라는 민중의 힘이었다.

지금까지 인도 국민들은 나로서는 이해할 수 없는 여러 가지 이유로 열악한 보건의료 현실 또는 보건의료 부재를 감수해왔다. 어쩌면 중산층 증가의 물결이 언젠가 그들에게까지 닿기를 바라는 것인지도 모른다. 그러나 현실은 그 진행 속도가 기대만큼 빠르지는 않을 것이라는 사실이다. 모디 수상이 보편적 의료보장을 실현하겠다는 약속을 수년 내에 지키지 못한다면, 국민들도 머지않아 그 현실을 깨닫게 될 것이다.

참고 문헌

1. Govindarajan V. and Ramamurti R., 'Delivering world-class care affordably,' *Harvard Business Review* (2013).

2. Ibid.

3. World Bank, Government-sponsored health insurance in India: Are you covered? (World Bank, 2012).

4. Ministry of Health and Family Welfare, National Health Policy 2015-Draft (MOHFW India, 2014), p. 8.

5. Ibid.

6. Unicef statistics, % of children under five underweight (Unicef, 2014).

7. World Bank statistics, Mortality rate under 5 (per 1,000 live births) (World Bank, 2013).

8. World Bank statistics, Improved sanitation facilities (% of population with access) (World Bank, 2012).

9. World Bank statistics, Health expenditure per capita (World Bank, 2012).

10. Ministry of Health and Family Welfare, National Health Policy 2015–Draft (MOHFW India, 2014).

11. World Bank statistics, Rural population (% of total population) (World Bank, 2013).

12. India National Census statistics, Infant mortality rate by state (Ministry of Home Affairs, 2012).

13. Ministry of Health and Family Welfare, National Health Policy 2015–Draft (MOHFW India, 2014).

14. PWC, Enabling access to long-term finance for healthcare in India (PWC, 2013), p. 7.

15. Kalra A., India's universal healthcare rollout to cost $26bn (Reuters, 30 October 2014).

16. Kalra A., Deserted New Delhi hospitals sour India's healthcare dream (Reuters, 12 February 2015).

17. PWC, Enabling access to long-term finance for healthcare in India (PWC, 2013).

중동과

아프리카

지으면 그들이 오리라

중동의 다른 여러 지역들과 마찬가지로 카타르 역시 풍부한 탄화수소 천연자원으로 부를 축적하여 세계적 수준의 국가를 이룩하였으며 그에 따라 국민과 거주민의 포부도 함께 커졌다. 2022년 FIFA 월드컵 유치에 성공하면서 이 원대한 꿈을 가진 작은 국가는 흥분의 도가니에 휩싸였다. 정치적으로나 경제적·사회적 사안에 있어서도 카타르는 점차적으로 걸프지역의 주요 국가로 부상하고 있다.

230만 명의 카타르 인구 중 4분의 3은 남성이며 국토는 11,600㎢로 영국 웨일즈Wales의 절반보다 약간 큰 정도이다. 카타르 노동인구의 94%는 외국인이며,[1] 카타르 국민 중 약 25만 명은 세계에서 평균 소득이 가장 높아 2014년 기준으로 미화 9만 3,397달러였다.[2] 세계 최대 액화천연가스 수출국인 카타르는 다양한 분야에 적극적으로 투자하려는 계획을 갖고 있다. 천연가스 매출에 전적으로 의존하는 경제모델에서 산업 다각화를 통한 경제성장 방향으로 발전해나가겠다는 목표를 가지고 국가발전 전략National Development Strategy for 2011-16을 수립하여 200여 개 대형 정부 프로젝트에 미화 2,000억 달러를 투입하기로 했다. 세계적인 기업들도 이러한 확장 움직임에 참여하고자 카타르에 속속 진출하고 있다.

카타르의 이러한 비전은 국가보건전략National Health for Strategy 2011-16에도 고스란히 반영되어 있다.[3] 이 정책을 통해 현재 GDP 대비 2.2% 정도의 지출[4]로 운영되는 보건의료제도에 중요한 변화를 가져올 전망이다. 카타르가 추구하는 최종 목표는 "모든 사람에게 포괄적으로 적용되는 세계적 수준의 보건의료시스템"을 구축하는 것이다.

국가보건전략에서는 보건서비스 개선이라는 목표를 달성하기 위해 7대 중점 추진과제를 선정하였고 다음과 같다. 모든 사람에게 양질의 의료서비스 공급, 의료서비스 통합, 예방조치 강화, 더 많은 전문인력 육성, 효과적 규제 마련, 비용 관리, 세계적 수준의 의학연구 확대.

카타르는 걸프지역 최고의 의학연구 중심지가 되고자, 새롭게 조직된 카타르의학연구위원회Qatar Medical Research Council와 세계적으로 유명한 카타르재단Qatar Foundation의 후원을 바탕으로 세계 최고 인력과 팀을 영입할 준비를 마쳤다. 카타르재단은 최근에도 혁신기술기업의 자유무역지구로 조성된 미화 3억 달러 규모의 카타르과학기술단지Qatar Science and Technology Park를 후원했다. 이 밖에도 현재 건립 중인 시드라의학연구센터Sidra Medical and Research Center에서 보건의료에 초점을 맞춘 연구를 진행할 예정이며 "연구 성과를 환자의 이익으로 연결시키는 작업"을 수행할 것이다.

2017~2018년에 문을 열 예정인 시드라의학연구센터는 보건의료에 대한 카타르의 포부를 상징적으로 보여준다. 이 연구센터 건립에는 카타르재단이 미화 71억 달러를 기부하였으며 완공되면 카타르뿐만 아니라 걸프지역 전역의 여성과 아동을 위한 보건의료서비스를 공급하게 될 것이다. 환자를 계속 움직이도록 해 욕창을 방지하는 '스마트 병상smart beds'과 병원 내 물품 이동을 위한 무인운반차량, 환자기록저장소에 손바닥인식 인증 장치 등 최신 장비가 갖추어질 예정이며, 의사 600명과 간호사 2,000명이 근무하고 환자 5,000명 이상을 수용할 수 있는 규모로 지어지고 있다. 의료진 상당수는 미국과 캐나다에서 영입할 계획이며 영국에서 영입되는 의료진도 7분의 1가량 될 전망이다.[5]

연구 분야 확대는 병원기관에 대한 급속한 투자를 보완하게 될 것이다. 현재 카타르는 최고보건위원회Supreme Council for Health가 보건 부문을 관장하고 1979년 설립된 국가 기관인 하마드메디컬코퍼레이션Hamad Medical Corporation, HMC이 병원 부문을 지배하는 구조이다. HMC는 일반병원 3개와 전문병원 5개를 운영하고 전국 구급차서비스와 자택요양서비스도 운영하고 있으며, 현재는 216,000㎡ 규모의 하마드메디컬시티Hamad Medical City 건립 등 주요 건설 및 정비 프로그램을 진행 중이다. 카타르의 이러한 병원 확장 계획은 인구 1,000명당 4.8개인 OECD 평균 병상 수에 비해 1.2개에 불과한 국내 병상 수[6]를 늘리려는 것이기도 하지만, 걸프지역보건의료서비스의 핵심으로 자리매김하려는 노력이기도 하다.

카타르 의료서비스의 일부는 이미 세계 최고 수준에 달했으나 병원과 진료소 간의 협력은 아직 부족하다. 이 때문에 의료 질이 일정하지 않고 환자 정보 공유도 원활하지 않다. 일부 주요 병원에서 진료정보시스템을 이제 막 시작한 정도다. 의료공급자의 수행 성과를 비교할 수 있는 객관적인 체계가 없다는 문제를 해결하기 위해 최고보건위원회는 모든 의료공급자가 의무적으로 보고해야 하는 표준 지표를 마련하는 중이다.

의료인력 영입

대규모 보건의료인력의 교육, 훈련, 채용이 진행 중이긴 하나 전략적 목표를 달성하기에는 어려움이 있다. 미국 코넬대학교Cornell University의 분교인 웨일코넬의과대학Weil Cornell Medical College에서도 이미 의사를 양성하고 있고, 2015년 카타르대학교에도 의과대학이 문을 열었다. 캐나다 캘거리대학교University of Calgary 분교도 간호사 교육 및 훈련시설을 운영하고 있다. 그러나 기존 보건의료인력의 10% 정도만이 카타르 국민이기 때문에 정부는 이 비율을 확대하고자 한다. 의사처럼 비교적 고소득 직종의 경우에는 어느 정도 진전이 있었으나 국민의 1인당 평균소득이 대단히 높은 상황에서 더 쉬운 훈련과정을 거쳐 더 많은 소득을 얻을 수 있는 직업을 마다하고 간호사나 보건 전문 직업을 선택하도록 설득하는 것이 가능할지는 의문이다.

한편에서는 유럽, 아시아, 북아메리카 전반에 걸쳐 대규모 의료인력 영입 프로세스가 시작되었다. 숙련되고 자격을 갖춘 의료인력과 기술인력이 전 세계적으로 부족한 가운데 카타르가 추진하는 보건의료 육성정책의 규모만 놓고 보더라도 많은 이들에게 매력적으로 보일 수 있다. 그러나 이러한 전략에는 위험도 따른다. "지으면 그들이 오리라build and they will come"는 믿음에도 한계는 있다. 카타르가 바라는 만큼 의료인력이 많이 오지 않을 수도 있고, 기대에 못 미치는 수준의 인력일 수도 있으며, 잠깐의 이익을 위해 머무르다 떠나는 경우 카타르 의학기술 발전에는 도움이 안 될 수도 있다.

병원 중심의 의료

다른 위험 요소가 또 있다. 국가보건전략의 7개 중점 추진과제와 35개 핵심 프로그램에도 불구하고 카타르는 국가의 자긍심 고취와 야망의 성취를 위해 병원 건립에 열정과 자원을 집중하는 것 같다. 1차의료, 지역사회의료, 외래의료는 상대적으로 취약하고 단일 병원 의료공급자가 보건의료 분야 전체를 지배한다. HMC 소속 병원의 응급실는 매년 50만 명의 환자가 방문하여 세계에서 가장 바쁜 응급실이라고 한다. 게다가 카타르 내 각종 건설프로젝트와 복잡한 교통으로 인해 사고가 상당히 많이 발생하긴 하지만 응급실 방문 환자의 상당수는 그곳이 아니라도 치료가 가능한 비감염성질환이나 장기적인 증상을 가진 환자들이다. 병원 건립도 반드시 필요한 일이지만 20세기에 만들어진 다른 많은 제도들과 마찬가지로 2차의료와 3차의료 중심으로 운영되는 체계 또한 이제는 오히려 중요한 것에 집중하지 못하게 방해하는 것일 수 있다.

국가보건전략에서는 의료진, 안전, 보건의료의 질, 의약품을 총괄할 규제시스템을 개발하고 있다. 타 국가의 사례를 참고하여 "보건의료제도를 감독하고, 안전과 의료 질을 보장하는 동시에, 긍정적인 발전을 저해하지 않는 명확하고 포괄적인 규제 방안을 마련해야 한다."는 것이다.[7]

국가보건전략의 여섯 번째 중점 추진과제는 "효과적이고 저렴한 의료서비스, 공동 비용 부담"이라는 제목으로 다소 완곡하게 표현되어 있다. 간단히 말하면 정부는 지속가능한 보건의료제도 운영을 위해 고용주들의 재원마련 역할을 확대하겠다는 뜻이다.

카타르는 국가 재정이 넉넉하므로 의료서비스 전체를 공공재정으로 부담할 여력도 있지만 병원 간의 경쟁 및 공공 부문과 민간 부문 간의 경쟁을 촉진할 수 있는 제도를 구축하려고 한다. 한편 최고보건위원회는 국가건강보험 프로그램 구축에 착수함으로써 뜨거운 논란을 불러일으켰다.

새로운 보험제도

"세하Seha"라고 불리는 보험제도의 첫 단계는 2013년 7월에 카타르 시민권을 가진 여성을 대상으로 시작되었다. 보험제도가 전체를 대상으로 확대되는 것은 2016년 이후에 가능할 전망이다. 현재 세하를 운영하는 국영기업인 국가건강보험회사National Health Insurance Company의 목표는 모든 카타르 국민과 거주민을 대상으로 "모든 기본적 보건의료 수요에 대한 포괄적인 보장"을 제공하는 것이다.

최고보건위원회는 수가를 직접 결정함으로써 일부 민간의료기관에서 과도하게 비용을 책정하는 것을 억제할 것이다. 환자들은 공공병원이나 민간병원을 자유롭게 이용하고, 기본 보장 내용 외에 추가서비스를 이용하기 원하는 환자는 민간보험에 추가로 가입하면 된다. 고용주들은 외국 국적의 피고용인을 위한 보험에도 가입할 수 있다.

민간건강보험은 의료공급자 간의 경쟁을 활성화하는 효과를 낳을 것이다. 민간건강보험제도 도입 자체를 실망스럽다고 여기는 이들도 있지만 민간 부문의 투자를 활발하게 하는 유인이 되는 것은 확실하다. 정부 기관들은 민간 부문의 참여 확대의 중요성을 이해하고 있으며 국가발전 전략에서도 향후 몇 년 안에 민간병원의 병상을 현재 20%에서 25%로 늘리겠다는 계획이다.[8] 2010년에 91개의 신규 민간외래진료소private ambulatory clinics가 문을 열었으며 이 숫자는 앞으로도 계속 늘어날 것이다. 시장이 효과적으로 작동하려면 새로운 정보수집 방안, 성과관리 기술, 비용체계 등이 마련되어야 한다.

비만과 당뇨병 증가로 인해 의료 수요가 앞으로 더욱 증가할 것이다. 카타르 국민의 70% 이상이 과체중이고 40% 이상이 비만으로, 이는 세계 최고 수준이다.[9] 또한 거의 절반에 달하는 카타르 국민이 신체적 활동 수준이 매우 낮은 것으로 보고되었다.[10] 이 역시 대단히 높은 소득수준과 맞물려 주로 앉아서 일을 하는 생활방식에 더하여, 사막의 극심한 열기로 인해 1년 중 상당 기간은 야외활동이 제한되는 환경에 기인한 것이다. 카타르 인구는 비교적 젊은 편에 속하기 때문에 건강하지 못한 생활방식으로 인한 문제가 당장 크게 불거지지는 않겠지만, 중동인의 경우 만성질환이 비교적 이른 나이에 시작되는 경향이 있으므로 이 문제가 심각하게 부각되는 날이 머지않았다.

전문인력 및 비전문인력의 유입과 보건의료시설 확대가 너무 급속도로 진행되어 향후 몇 년간 카타르의 보건의료 수요 성장을 신뢰성 있게 예측하는 것은 불가능하지만 매년 10%에서 15% 정도의 성장이 이루어질 것으로 전문가들은 내다보고 있다. 카타르에 거주하는 인구의 상당수가 외국인 파견 노동자로 구성되어 있으므로 2016년부터 시행될 외국인 노동자 보건 프로그램이 아마도 카타르로서는 가장 어려운 시험대가 될 전망이다.

독신 남성 노동자single male labourers, SMLs로 불리는 외국인 노동자는 카타르 노동인구의 45%를 차지하며 보건 프로그램은 이들에게 중요한 이슈다. 나이는 20~45세로 극한 기후 조건에서 육체노동을 하는 사람들이 주를 이루고 있으므로 이들의 의료 수요에 대응하는 것이 매우 중요하다. 현재 이 수요를 해결하기 위해 3개의 병원을 건립 중이나[11] 병상을 다 합쳐도 400개 미만이므로 그 수요를 감당하기에는 역부족이다.

맺음말

카타르가 추구하는 보건의료서비스는 규모 면에서는 국제 기준으로도 대단히 인상적이다. 카타르가 제시하는 포괄적인 국가보건전략에서는 올바른 방향을 모두 나열하고 있다. 그러나 말보다는 행동이 더 중요하다. 국가 경제 사정이 악화되더라도 장기적으로 지속가능한 보건의료제도를 만들려면 지역사회의 의료인력 육성과 1차의료 부문 활성화 노력을 확대하는 데 더 많은 관심을 기울여야 한다. 이 모든 일을 카타르 정부가 원하는 만큼 빠른 속도로 이루어내려면 최신 이헬스시스템과 세계 최고 수준의 운영 기법을 사용해야 한다.

세계 각국의 20세기형 보건의료제도로부터 얻은 교훈을 카타르가 잘 소화하여 카타르의 웅장한 빌딩들보다 더 멋진 보건의료제도를 구축하기를 기대해보자.

참고 문헌

1. Qatar Statistics Authority (2012).

2. World Bank, GDP per capita (current US$) (World Bank, 2014).

3. Supreme Council of Health, National Health Strategy 2011–16: Caring for the future: 2014 Update (State of Qatar, 2014).

4. World Bank statistics, Total health expenditure (% GDP) (World Bank, 2013).

5. Roberts E., Qatar offers thousands of expat jobs at pioneering medical centre (*The Telegraph*, 21 May 2014).

6. World Bank statistics, Hospital beds (per 1,000 people) (World Bank, 2012).

7. Supreme Council of Health, National Health Strategy 2011–16: Caring for the future: 2014 Update (State of Qatar, 2014).

8. Supreme Council of Health, National Health Strategy 2011–16: Caring for the future: 2014 Update (State of Qatar, 2014).

9. Supreme Council of Health, Qatar Health Report 2012 (State of Qatar, 2012).

10. Supreme Council of Health, Qatar Health Report 2012 (State of Qatar, 2012).

11. Supreme Council of Health (1 April 2014).

제12장 이스라엘

세계 보건의료계의 최대 비밀?

어느 국제 기준에 비춰보아도 이스라엘은 우수한 보건의료제도를 갖추었다. 내가 협업했던 국가들 중에서도 이스라엘에는 HMOsHealth Maintenance Organisations가 지원하는 가장 진보적인 1차의료서비스가 있다.

800만여 명에 불과한 인구를 가진 이스라엘은 오랫동안 낮은 영아 사망률, 높은 기대수명, 효과적인 만성질환 관리, 탁월한 1차의료 등 보건의료 분야의 다양한 부문에서 우수한 성과를 창출해왔다. 이러한 결과는 이스라엘이 강력한 공공보건을 지향하며 지속적으로 지역사회와 가정의료에 관심을 쏟은 것과 맞닿아 있다. 이스라엘의 기대수명은 82.1세로 OECD 최고 수준이다.[1] 보건의료 지출은 GDP 대비 7.2%로[2] OECD 평균인 9.2%보다 낮다. 이스라엘의 보건의료제도는 국가 주도의 보편적 보건의료와 개인의 자유로운 선택이 만나 탁월한 성과를 낸 사례로 볼 수 있다.

노동자를 근간으로 한 국가

이스라엘의 보건의료제도를 이해하려면 '시온주의Zionist' 운동과 이스라엘 건국의 역사를 먼저 알아야 한다. 노동 및 기타 시온주의 개척 운동은 오늘날의 보편적 보건의료와 비스마르크식Bismarckian 사회보험의 기조를 만드는 데 중요한 역할을 했다. 1911년에 농업노동자연맹Labor Federation of Agricultural Workers에서 '클라릿Clalit'이라는 보건의료 공제조합을 설립했다. 공제조합 설립 아이디어는 한 과수원에서 바루크 프리버Baruch Priver라는 노동자가 한쪽 팔을 잃는 사고를 당한 이후에 나온 것이다. 클라릿 공제조합은 '히스타드루트Histadrut' 노동 운동과 연계되었으며 유럽 전역에서 설립된 공제회와 유사한 형태였다. 1948년에 클라릿과 '마카비Maccabi' HMOs는 건국 당시 이스라엘 보건의료제도의 중요한 일부가 되었다. 그러나 그 이후 몇 십 년간 추진된 일련의 보건의료개혁정책으로 인해 HMOs는 심각한 적자에 시달리게 되었다. HMOs가 파산하는 것을 막기 위해 1995년에 국가건강보험법이 제정되어 이스라엘 국민과 영주권자에게 보편적 의료보장 혜택을 제공하게 되었다.

국가건강보험법은 모든 국민이 기존의 4개 HMOs(Clalit, Maccabi, Leumit, Meuhedet) 중 하나를 자유롭게 선택하여 의무적으로 가입할 것을 규정하였으며, 나이 또는 건강 상태와 상관없이 동일하게 누릴 수 있는 단일보장패키지를 정하였다. 이러한 보험 기반 제도는 특별목적세와 더불어 소득 금액에 따라 차등 비율이 적용되는 노동자 급여 공제와 정부보조금을 통해 재원을 확보한다. 보험료는 국가보험공단National Insurance Institute에서 징수하여 가입자 수에 따라 각각의 HMOs에 분배하고 이들 민간 비영리 HMOs는 필요한 서비스를 구매하여 가입자에게 공급한다. 추가적인 의료서비스를 원하는 사람은 보험료를 추가로 지불하고 HMOs에서 서비스를 받거나 아니면 민간보험에 추가로 가입할 수 있다. HMOs에서 취급하는 부가 보험은 '샤반Shaban'이라고 부르는 정부에서 승인한 보험제도이며, 건강 상태보다는 연령에 따라 정해지는 보험료를 내고 가입할 수 있다.

이러한 제도 덕분에 전체 보건의료 비용에서 정부가 감당하는 비율이 60% 정도에 불과하며[3] 이는 OECD 평균인 72%보다 낮은 수준이다. 그러나 결과적으로는 낮은 정부지출 비율 때문에 보건의료 접근성에 불균형이 발생함으로써 점점 제도에 대한 압박이 가해지고 있다.

모든 HMOs가 대규모 1차의료체계를 갖추고 있어 일반의와 전문의가 동일한 환경에서 의료를 전달한다. HMOs 중 가장 규모가 큰 클라릿은 이스라엘의 가장 큰 보건기구이자 세계에서 가장 진보적인 공공보건기구이다. 이스라엘 인구의 절반 이상이 클라릿에 가입되어 있으며 클라릿은 보험자와 의료공급자의 역할을 모두 수행한다. 1,400개의 1차의료클리닉을 운영하고, 8개의 병원을 운영하며, 국가 전체 병상 수의 3분의 1을 책임지고 있다. 전국에 제약, 치과 클리닉, 연구소, 진단적 영상검사diagnostic imaging, 전문병원 네트워크를 거느린 클라릿은 거의 자체적으로 모든 것을 갖추고 저렴한 비용으로 우수한 의료서비스를 공급하는 하나의 보건시스템이다. 클라릿이 미국에 있었다면 전 세계가 그 성공 사례를 보고 연구했을 것이다.

고도화된 기술

클라릿과 마카비의 성공은 일찍이 환자의 선택권 보장과 원활한 의료 서비스 공급을 위해 최신기술을 도입한 데에서도 그 비결을 찾을 수 있다. 최근 클라릿을 방문했을 때 의료 부문 디렉터는 소아과 진료의 60% 가 스마트폰으로 이루어진다고 자랑하면서, HMOs의 성공은 가정의와 병원 전문의가 긴밀하게 협력하여 "개인, 가정, 지역사회에 대해 의료-사회적 관점"을 제공하고자 노력했기에 가능했다고 강조했다.

HMOs는 환자와 전문의가 서로 상의할 수도 있고 치료와 사후 확인도 할 수 있는 온라인 개인의료기록시스템 구축에 지속적으로 투자했으며 혁신적인 원격의료 프로그램 개발을 통해 세계 기술 혁신 선구자로서의 이스라엘의 지위를 더욱 공고히 했다.

1차의료 중심의 HMOs 제도를 개발한 이스라엘의 사례는 저비용으로 병원 중심에서 탈피한 21세기형 의료 모델을 구축하려는 많은 국가에게 훌륭한 연구 대상이다. 다른 국가들도 점차 지역사회서비스와 병원 간의 소통과 협력을 강화하면서 치료 역할의 일부를 지역사회로 이동시키려는 추세이기 때문이다. 그러나 이스라엘이 다 잘하고 있다고 생각하는 것은 금물이다. 정부가 규제 역할과 병원 운영 역할을 모두 수행하고 HMOs가 구매자와 거대한 1차의료 공급자로서 강력한 영향력을 행사하면서 병원들이 오히려 곤란한 입장에 놓여 있기 때문이다.

병원 — 취약한 연결 고리

이러한 상황은 공공보건의료에 대한 이스라엘 사람들의 인식에서도 발견할 수 있다. 설문 조사에 의하면 이스라엘 국민의 90%는 1차의료 의료진과 기본 보장 혜택에 높은 수준의 만족도를 표시했지만, 급성의료와 병원의료에 대해서는 만족도가 훨씬 낮았다.[4] 설문 응답자들은 병원의 의료 질, 접근성, 비용, 대기시간이 문제라고 지적했다. 이러한 문제 때문에 추가로 건강보험에 가입하는 경우가 늘어나고 결국 제도 전체의 효율성과 효과성에 의문이 제기되기 시작했다.

이스라엘은 급성의료 병상 비율이 인구 1,000명당 3.1개로 OECD 평균인 4.8개보다 낮은 수준일 뿐만 아니라,[5] 평균 병상 점유율도 OECD 평균이 76%인 데 반해 무려 96%에 육박한다.[6] 영국에서 병상 점유율이 85%가 넘는 병원을 여러 번 운영해본 나로서는 환자 입퇴원이 너무 빠르고 심지어 안전하지 않은 경우도 있다며 우려를 표시하는 이스라엘 병원 관리자들과 의료진에게 깊이 공감한다. 이스라엘 환자의 평균 입원 기간은 4.3일로 OECD 평균인 6.5일보다 훨씬 짧다.[7] 기나긴 대기자 명단을 보면 부족한 병상 수와 높은 점유율로는 시스템이 지속가능하지 않다는 것을 알게 된다.

이스라엘의 보건의료제도는 놀라울 정도로, 가끔은 너무 과하게 효율적으로 운영되어왔다. 재원 압박을 통해 병원과 HMOs의 비용을 최소화하도록 만든 것이다. 그 결과 HMOs는 적자가 누적되어 비용을 삭감하거나 의료공급자들에게 지불을 연기해야 하는 상황이 자주 발생한다.

그러다가 마지막에는 결국 국가가 비용을 대신 지불하고 재무부는 비용 절감 압력을 가하게 된다. 이스라엘은 높은 국방비 지출이라는 피할 수 없는 문제가 있기 때문에 보건의료 지출을 충분히 늘릴 수가 없다. 유럽에서 냉전 이후 '평화 배당금'의 최대 수혜자가 보건의료 분야였던 것과 비교가 되는 부분이다.

파업하는 의사들

재정적인 압박이 초래한 분명한 결과가 있는데, 그것은 바로 병원 환경, 진료시간, 급여 개선을 요구하는 의사들이 수차례 파업을 단행한 것이다. 2011년 대규모 파업 이후에 상황을 진정시키기 위해 9년간의 합의가 이루어졌으나 그 성공 여부는 불투명하다. 새로 문을 연 의과대학이 졸업생을 배출하면 의료인력 부족 문제는 어느 정도 해소될 것이다. 1990년대에 구소련 의사들이 대거 이스라엘로 이주하면서 이스라엘 입장에서는 의료인력이 늘어나는 혜택을 누렸지만, 이 집단도 이제 고령화되고 있으며 현재 대부분의 의사가 55세 이상이다.[8]

병원들도 적자에 허덕이는데, 특히 미국의 여성시온주의자단체Women's Zionist Organization of America가 운영하는 비영리 민간병원 공급자인 하다사의학연구소Hadassah Medical Organization의 적자는 미화 3억 6천만 달러에 달했다. 급여 인상으로 인한 인건비 증가, 보장 혜택 확대, 의료인력 수 증가가 일부 원인으로 꼽힌다. 이스라엘의 의사는 공공 부문 및 민간 부문 2군데 이상의 근무지에서 일하는 경우가 많다. 따라서 공공 부문과 민간 부문은 의사의 근무시간을 놓고 경쟁하는 것이 일반적이며 의사들의 기본적인 근무시간은 매우 길 수밖에 없다. 2003년도 조사에 의하면 주당 63시간에 달했다.[9] 또한 병원 부문의 재정 압박은 시설, 수용력, 기술 등 기반시설의 질을 저하시키는 원인이 되고 있다.

수술 대기시간은 투명하지 않으며 의료 질과 안전성에 대해 공개하는 문화는 여전히 발전하는 단계에 있다. 병원의 의료수행 성과에 대한 공공 보고서는 거의 없으며 환자에게 선택권이 있기는 하지만 주어지는 정보는 매우 제한적이다. 끝없는 수술대기 명단 때문에 인구의 4분의 3 이상이 추가 건강보험에 가입하였으며,[10] 이 수치는 1999년 46%에서 현저하게 증가했다.[11]

개혁을 위한 싸움

2013년, 재정 압박과 구조적 압박을 해소하기 위해 야엘 제르만Yael German 보건부 장관이 2년에 걸친 국가 보건의료제도 재검토 작업에 착수했다. 제르만 장관이 조직한 공공보건의료제도강화위원회Committee to Strengthen the Public Healthcare System에서는 건강보험 재정이 확대되어야 대기시간 축소와 민간보험 가입 억제, 공공병원의 급여 수준 향상을 통한 전문의 흡수라는 목표를 달성할 수 있으며, 이와 별도로 미화 3억 3천만 달러가 추가로 투자되어야 현재 당면한 문제를 해결할 수 있다고 주장했다. 또한 민간 건강보험에 대한 정보를 공개하고 보장 혜택을 세분화하여 사람들이 유사한 보험에 중복으로 가입하지 않도록 하는 계획도 나왔다.

이에 더하여 제르만 장관의 위원회는 환자의 선택권을 강화하고 건강보험과 병원 간의 협력관계를 개선할 방안도 제시했다. 국가병원관리국 National Hospital Authority을 신설하여 공공병원을 관리하도록 하고 보건부는 규제기관의 역할에 충실하도록 하자는 것이다. 또한 공공병원의 민간의료 서비스 확대를 금지함으로써 공공보건의료제도가 민간보건 지출에 의존하게 되는 것을 방지하자고 제안한 것은 매우 의미 있는 일이었다.

위원회의 제안은 그 내용이 병원 지원에 너무 치우쳐 있고 의사들의 민간 부문 업무 수행에 제한을 둔 것 때문에 처음부터 정치계와 의료계의 극심한 반발에 부딪혔다. 결국 2015년 3월 총선 이후 야엘 제르만이 보건부 장관직에서 물러나게 되었으며 야코브 리츠만Yakhov Litzman이 새로 임명되었다.[12]

리츠만 장관의 개혁 방안은 공공병원의 민간서비스를 확대하여 급성기 부문에 매출 증대를 도모하려는 방향으로 추진될 가능성이 높지만, 이러한 정책은 제도의 형평성에 대한 우려를 불러일으킨다. 이를 의식한 리츠만은 보편적으로 공급되는 보건의료서비스의 보장 내용을 확대하여 고령자 요양서비스 등을 포함하고 보건세를 0.5% 인상하여 관련 재정을 마련하겠다는 안을 내놓았다.

이스라엘 내 건강 불균형은 심각하며, 아랍계 이스라엘인의 경우는 특히 더욱 그렇다. 소득 불균형 때문이기도 하지만 한편으로는 아랍계 이스라엘 남성의 끔찍하게 높은 흡연율과 여성의 높은 비만율 때문이기도 하다. 아랍계 이스라엘인과 더불어 이스라엘 빈곤층의 상당수를 차지하는 집단은 유대교 초정통파 하레디Haredi 집단이다. 아랍계 이스라엘인과

하레디 인구가 급속도로 증가하는 추세로, 현재 이스라엘 인구의 3분의 1에 달하고 초등학교 입학 아동 수의 절반을 차지한다.

이스라엘의 보건제도가 당면한 여러 어려움 중 한 가지는 이스라엘의 피부암 발생률이 호주에 이어 세계에서 두 번째로 높다는 것이다. 유태인들이 이스라엘보다 추운 유럽 국가에서 이민을 오면서 생겨난 부작용이다.[13]

맺음말

세계 각국이 이스라엘의 보건의료제도에서 배울 수 있는 것은 많다. 이스라엘이 훌륭한 보건의료성과와 높은 기대수명을 이룰 수 있었던 것은 전체 주민을 위한 보건과 지역사회 중심 의료라는 유산이 있었기 때문이다. 그러나 이스라엘이 지금의 병원시스템을 개혁하지 않는다면, 그리고 높아지는 불만과 재정 불안을 해소하기 위한 전략적 투자를 수행하지 않는다면, 수십 년간 쌓아올린 성과를 스스로 무너뜨리는 결과를 초래할지도 모른다.

참고 문헌

1. World Bank statistics, Life expectancy at birth (World Bank, 2013).

2. World Bank statistics, Total health expenditure (% of GDP) (World Bank, 2013).

3. OECD, OECD Health Statistics 2014: How does Israel compare? (OECD, 2012).

4. OECD, OECD Reviews of healthcare quality: Israel (OECD, 2012).

5. OECD, OECD Health Statistics 2014: How does Israel compare? (OECD, 2014).

6. Economist Intelligence Unit, Industry Report, Healthcare (EIU, September 2014), p. 8.

7. EIU (2014), p. 8.

8. OECD, OECD Health Statistics 2014: How does Israel compare? (OECD, 2012).

9. Nirel N. et al., Physician Specialists in Israel: Modes of Employment and the Implications for Their Work (JDC, Brookdale Institute: Jerusalem, 2003).

10. Hemmings P., 'How to Improve Israel's Health-care System,' OECD, Paper No. 1114 (April 2014).

11. Bowers L., 'Hot Issues in Israel's Healthcare System,' in *Taub Center for Social Policy Studies in Israel*, Policy Brief (March 2014).

12. Sharon J., Litzman: We will roll back measures against Haredi community from last government(*The Jerusalem Post*, 19 March 2015).

13. EIU (2014), p. 13.

제13장 남아프리카공화국

더 이상 헛된 기대가 아니다

아프리카의 보건의료는 변화하는 중이다. 대륙 전체가 전염병이라는 무거운 짐을 짊어지고 있고 깨끗한 물과 상·하수도 시설을 확보하는 데 어려움을 겪고 있긴 하지만, 아프리카의 경제가 지난 10년간 평균 6% 정도 성장하면서 수백만 명의 사람들이 가난을 벗고 도심 중산층을 형성하게 되었다. 그뿐만 아니라 빈곤층 인구도 이제는 적극적으로 정부에 보건의료 문제 해결을 요구하고 있다. 보편적 의료보장에 대한 목소리도 점점 커지고 있으며 나이지리아, 튀니지, 에티오피아, 가나, 르완다, 남아프리카공화국 등의 국가에서는 이러한 요구가 매우 강력하다.

WHO는 2030년이 되면 아프리카에서 만성질환이 감염성질환을 제치고 사망 원인 1위가 될 것이라고 전망했으며, 각국 정부도 아프리카 대륙이 겪고 있는 만성질환과 감염성질환이라는 질병의 '이중고'에 대해서 점차 의식하기 시작했다.[1] 또한 대륙 전체에는 아직 진행 중인 거대한 과제가 있는데 2000년에 UN에서 채택하여 시작된 '새천년 개발 목표 Millennium Development Goals'가 그것이다. 이 사업은 기대했던 것보다 훨씬 진척이 더디고 지금도 아프리카와 나머지 세계와의 격차는 점점 더 벌어지고 있다. 예를 들면 아프리카의 산모 사망률은 매년 1.7%씩 감소하는 것과 달리 전 세계적으로는 2.3%씩 감소하고 있으며, 동남아시아의 경우는 5%씩 감소하고 있다.[2]

그럼에도 불구하고 대륙의 곳곳에서 낙관적인 모습이 보이고, 자원이 매우 부족한 가운데서도 최대한 많은 사람들을 끌어안을 수 있는 새로운 모델에 대한 실험이 계속 진행되는 중이다. 예를 들면 지난 10년간 에티오피아는 1차의료 접근성을 급속하게 향상하여 전체 인구의 85%가 혜택을 받게 되었고, 그 결과 영아 사망률이 52%나 감소하는 성과를 얻었다. 튀니지는 노동자 부담금과 정부보조금을 기반으로 거의 전 국민에게 적용되는 의료보장제도를 구축하였으며, 르완다 또한 대량학살의 잔해에서 시작했으나 이제는 사회의 모든 계층을 포함한 보편적 의료보장제도를 구축하는 놀라운 성과를 이루었다.

보편적 보건의료를 향한 남아프리카공화국의 여정

남아프리카공화국은 대륙의 다른 국가들과 비교하면 여러 면에서 '예외적'이다. 그러나 과거에 번번이 실망으로 끝이 났던 헛된 기대를 뒤로하고 대륙의 희망찬 분위기를 이곳에서도 느낄 수 있다. 1994년 인종차별정책의 종말 이후 보건 불평등의 심각성이 집중적으로 조명을 받게 되었고 아프리카민족회의African National Congress가 집권한 정부는 공공보건제도에 의존하는 84%의 국민을 위해 의료보장제도 개선을 수차례 시도했다. 그중에서 최근 착수한 정책이 4,800만 남아프리카공화국 국민을 위한 포괄적 국가건강보험제도National Health Insurance, NHI를 14년에 걸쳐 구축하겠다는 전략인데, 지금까지 시도된 정책 중에서는 가장 성공적으로 보인다. NHI는 병원, 보건기반시설, 의료인력의 양과 질 개선, 그리고 HIV 및 산모 사망률 감소를 목표로 정부에서 추진하는 광범위한 10대 보건개선 계획 중 하나다. 시범적인 시행이 이미 시작되었고 어느 정도 진전도 있었으나, 전체 5,300만 인구 중에 소득세를 납부하는 사람이 500만 명에 불과한 현실에서 보편적 의료보장제도의 재원을 어떻게 마련할 것인가에 대해 거센 논란이 일었다.[3]

남아프리카공화국의 보건의료 분야 지출은 GDP의 8.9%에 달할 정도로 많지만[4], 그중의 절반은 민간보험에 가입할 수 있는 여력이 있는 16%의 국민에게 돌아간다.[5] 민간보험 가입자에게는 연간 미화 1,500달러가 소요되고, 공공 부문에서 의료서비스를 받는 사람에게는 연간 미화 150달러가 들어가 10배 가까이 차이가 난다.[6] 이 때문에 보건 수준에 큰 격차가 생겨 보건의료 지출 규모가 상당한데도 불구하고 다른 국가에 비해 보건 분야 성과가 저조하다. 57세에 불과한 남아프리카공화국의 기대수명은 BRICS 국가(브라질, 러시아, 인도, 중국)가 각각 74세, 71세, 66세, 75세인 것과 비교된다.[7]

NHI를 실시하려면 보건의료 분야에 공공재정이 대규모로 투입되어야 할 것이다. 2012/13 회계연도에는 1,210억 랜드(미화 400억 달러)가 집행되었으며 2025/26 회계연도가 되어 제도가 전체적으로 실시되면 연간 3,360억 랜드(미화 1,110억 달러)가 집행될 것으로 예상된다.[8]

사람과 건물

물론 자금조달 문제는 보건의료 분야의 발전을 저해하는 여러 문제, 앞으로 보편적 의료보장 실현을 위해 반드시 해결해야 하는 여러 문제 중 하나일 뿐이다. 의료인력을 채용하고 유지하는 일 또한 고질적인 문제다. 의사와 간호사 결원율은 각각 56%와 46%다.[9] 시골지역에서는 특히 인력 부족이 심각하다. 인구의 절반이 시골지역에 거주하는데 해마다 시골지역에서 일을 시작하는 의대 졸업생은 3%에 불과하다.[10] 의료인력의 질도 문제다. 정작 의사 육성은 전부 공공 부문에서 담당하는데 민간 부문에서 더 나은 연봉과 근무조건을 앞세워 의사 자격 취득자의 70%를 데려간다.[11]

이러한 상황에 대응하고자 정부는 공공의료인력의 연봉을 인상하고 의과대학의 학생 수용 능력을 확대했다. 그 결과 의대생 수가 2000년에서 2012년 사이에 34% 증가했는데, 여기에는 흑인과 여성의 경우 성적이 낮더라도 입학을 할 수 있게 한 '차별시정affirmative action' 정책도 영향을 미쳤다.[12] 정부는 남아프리카공화국의 의료인력을 해외에서 '가로채지' 않도록 다른 국가들과 계속해서 협상하고 있다. 영국과 합의가 이뤄진 뒤 영국 내 남아프리카공화국 출신 간호사 숫자가 현저히 감소하는 성과가 있었으나, 다른 국가들은 동일하게 인력 부족을 겪는 상황이라 합의가 쉽지 않았다. 이에 따라 남아프리카공화국도 해외인력을 향해 눈을 돌렸으며 현재 남아프리카공화국 내 의사의 10%는 (인력 부족을 겪고 있는) 다른 아프리카 국가 출신이거나 쿠바 또는 이란 출신이다. 이 밖에도 의료보조인력, 지역사회 보건요원과 같은 '준전문인력'을 적극적으로 활용하고 환자와 지역사회가 스스로 의료에 참여하는 혁신적인 방법을 고안해냈다.

정부는 공공병원의 수용력 확장과 질 개선이 필요하다고 언급했다. 공공병원 상당수가 장비 사정이 열악하며 있는 장비도 제대로 유지·보수가 되지 않는다. 공공 부문과 민간 부문 간에도 공공병원의 환자를 민간병원에서 치료하면 치료비를 지원하는 등 점점 협력관계가 형성되어 가는 중이다.

현재 200여 개의 진료소가 지어지는 중이고, 정부는 11개의 NHI 시범시행 구역 내 수백 개의 진료소에 대해 개·보수를 실시하고 장비를 지원하겠다고 약속했다. 병원 신축 계획도 수립되고 있다. 현재 공공병원이 400개가 넘고, 민간병원도 200개 이상이며, 그중에는 탄광회사가 회사 내 병원을 직접 운영하는 경우도 있다.

모든 단계의 분산화

NHI는 처음 5년 동안은 보건의료제도가 제대로 기능할 수 있도록 행정 및 관리 기반을 구축하는 데 집중할 예정이며, 당연히 할 일이 많을 것이라고 생각된다. 현재는 공공시스템의 거의 모든 단계마다 관리 및 책임이 분산되어 있다. 보건부는 보건의료 전반을 관장하며 지역보건국은 공공사업국 소유 병원을 제외한 모든 대형병원을 직접 관리한다. 그리고 규모가 작은 병원과 1차의료기관은 각각의 지구에서 관리한다. 또한 깨끗한 물의 공급 등 지역 공공보건서비스는 지방기관이 담당하는데 지방기관은 각 지구와는 별도 조직이다. 지방기관도 일부 1차진료소를 운영하긴 하지만 단계적으로 철수하고 있다. 의료서비스가 이렇게 분산되어 있는 탓에 1차의료와 2차의료 간에 연계가 제대로 되지 않아 환자들이 1차의료시설을 건너뛰고 곧장 병원으로 가는 경우가 많다.

지방정부가 교육 재정을 유용하여 의료서비스에 사용하였다는 이유로 상당한 논란이 일어, 보건부가 10개 주요 대학병원 관리 권한을 지방정부로부터 가져오는 일도 있었다.

2014년에 정부는 보건기준준수청Office for Health Standards and Compliance을 설치하여 공공 부문과 민간 부문의 의료 질을 감독하고 기준을 강화하는 한편 더욱 혁신적인 의료 모델을 개발하는 역할을 부여했다. 보건기준준수청에서 다루게 될 이슈 중에는 현재 보건체계를 망치는 주요 원인으로 지목되는 제도 운영 역량 부족 문제가 있다. 이 문제는 하루빨리 해결되지 않으면 NHI에 큰 방해가 될 것이다. 실제로 남아프리공화국 공공보건체계의 가장 핵심적인 문제가 자원 부족이 아니라 비효율적 운영으로 인한 낮은 생산성과 낭비라고 지적하는 이들도 있다.[13]

질병의 '4중고'

지난 수십 년간 진행된 남아프리카공화국의 보건의료 분야 발전 정도 는 아시아와 남아메리카 개발도상국과 비교하여 혹평을 받긴 하지만, 사 실 남아프리카공화국은 그동안 한 가지 거대한 보건 관련 문제와 씨름 하느라 여력이 없었다. 지금도 남아프리카공화국에서는 매년 20만 명이 에이즈로 사망하는데,[14] 이는 전체 성인 인구의 19%에 해당하는 숫자이 며 세계에서 감염률도 가장 높은 수준이다.[15] 이 감염성질환에 대해 정부 의 초기 대응은 힘없고 서툰 정책 결정의 대표적인 모습을 그대로 보여 주었다. 예를 들어 바이러스 존재 부정, 프로그램 수행 실패, 자금 지원 및 의약품 원조 거절 등이다.

다행히 상황은 상당히 많이 개선되었다. 현재 남아프리카공화국에는 세계 최대 규모의 항레트로바이러스 프로그램이 가동되어 매년 220만 명이 치료를 받고 미화 10억 달러가 투입된다.[16] 또한 콘돔 배부 관련 투 자, 대규모 실험, 공공교육 등 포괄적인 국가 전략이 실행되었다. 마침 내 감염률이 감소하기 시작했고 모자 간 감염 방지 대책도 진전을 보이 면서 지난 10년간 영아 사망률이 인구 1,000명당 54명에서 33명으로 감 소했다.[17] 여전히 큰 숙제가 남아 있기는 하다. 2012년 한 해에만 37만 명이 추가로 감염되었고,[18] 에이즈 환자들 사이에 약제내성결핵drug-resistant tuberculosis 발생이 급속도로 증가하고 있으며, 더 이상 HIV를 사망 원인이 아니라 만성질환으로 여기게 되면서 일부는 무방비한 성관계를 하는 등 위험한 생활방식으로 돌아가도 괜찮다고 생각하는 사람들도 있다.[19]

HIV/AIDS 재앙으로 인해 남아프리카공화국은 보건의료전달체계를 혁신할 수밖에 없었다. 예를 들면 간호사들로 하여금 항레트로바이러스 프로그램을 운영하고 지원하도록 한 것은 주요 성공 사례다. 데스몬드투투HIV재단Desmond Tutu HIV Foundation이 운영하는 투투테스터이동진료소Tutu Tester Mobile Clinics 등의 이동검사가 인기를 끈 것도 주목할 만한 발전이다. 이러한 이동진료소는 다양한 감염성질환과 비감염성질환을 동시에 검사하며, 밴을 이용하여 남아프리카공화국의 오지 구석구석까지 닿을 수 있다. 이런 방식은 여러 개의 보건 이슈를 한꺼번에 다룰 수 있을 뿐 아니라 HIV 검사를 받았다는 낙인 효과도 피할 수 있다. 또 한 가지 중요한 혁신은 환자와 지역사회가 의약품 분배, 치료 경과 관리, 공공교육 등에 중요한 역할을 직접 담당하게 되었다는 것이다.

남아프리카공화국에서는 감염성질환 문제가 워낙 큰 탓에 기타 역학 문제를 간과하기 쉽다. 우선, 생활방식에 기인한 질환이 급속도로 증가하여 2012년 통계에 따르면 남성 인구의 10%, 여성 인구의 28%가 병적비만인 것으로도 집계되었다.[20] 이 밖에 남아프리카공화국은 사고 사망률이 높은 것으로도 유명하며 자살률 또한 세계최고 수준이다. 이러한 문제 하나하나가 워낙 규모가 커서 남아프리카공화국을 "질병의 4중고"에 시달린다고 말하기도 한다. 바로 감염성질환, 비감염성질환, 폭력 그리고 모성과 아동 보건문제이다.[21]

보건의료제도를 통해 이러한 문제를 전부 해결하기에는 한계가 있다. 세계적 수준의 의료를 국민 모두가 누릴 수 있게 된다고 하더라도, 인구의 45%가 하루 미화 2달러로 생활하는 환경에서는[22] 빈곤과 질병 문제가 계속될 수밖에 없으므로 사회적·경제적 발전이 함께 이루어져야 한다.

민간의료 부문

경제적 여력이 있는 사람들의 입장에서는 남아프리카공화국의 의료시스템이 훌륭하다고 말할 수 있다. 인구의 약 16%를 대상으로 한 민간보건의료 시장에서 공급하는 의료 수준은 매우 우수하다. 하지만 한편으로는 지난 10년간 의료비 상승폭이 물가인상률을 웃도는 등 의료서비스가 계속해서 비싸지고 있다. 의료비 상승의 주된 이유는 행위별수가시스템과 의료서비스 이용 증가, 그리고 점차 경쟁이 사라지는 시장에서 찾을 수 있다. 현재 민간병원 3개가 전체 민간의료 시장의 80%를 점유하고 있다.[23] 2014년에 남아프리카공화국 경쟁당국이 민간의료 부문의 경쟁 정도를 파악하고 접근성 향상과 가격 적절성 확보 방안을 찾기 위한 목적으로 광범위한 시장조사를 실시하였다.

맺음말

한 국가의 보건의료제도는 그 제도를 운영하는 사회의 현실을 고스란히 반영하는데, 남아프리카공화국을 보면 그 말이 사실이라는 것을 알 수 있다. 물론 진전이 많이 있기는 하지만 여전히 뿌리 깊은 계층 간 분리 문제가 있으며 세계에서 소득 불균형이 가장 심각하다.[24] 이러한 양극화 현상은 보건의료제도에도 반영되어, 자원 부족에 감당 능력 초과 상황인 공공체계와 안락한 민간병원 부문이 공존한다. 현재 NHI 구축 전략이 실행 중이고 민간 부문 경쟁 조사도 진행 중이므로 앞으로 양극화 문제에도 근본적인 변화가 일어날 것이다. 지금까지 헛된 기대를 품게 만드는 시도가 여러 번 있었지만 이번에는 보편적 의료보장 구축정책이 제대로 추진력을 받고 있다. 이제야말로 정부는 국민에게 내건 약속을 지켜야 할 것이다. 남은 관건은 이 원대한 계획을 수행할 역량이 있는가, 그리고 이 움직임이 성공적인 사회로 가는 기초, 즉 교육 및 고용 확대와 안전한 환경 조성으로 연결될 수 있는가 하는 것이다.

참고 문헌

1. World Health Organization African Region, Ministerial consultation on non-communicable diseases (WHO AR, 2011).

2. KPMG Africa, The state of healthcare in Africa (KPMG Africa, 2014).

3. KPMG South Africa, Too few tax payers: What are the implications? (KPMG South Africa, 2013).

4. World Bank statistics, Total health expenditure (% of GDP) (World Bank, 2013).

5. Presidency of the Republic of South Africa, Twenty-year review: 1994–2014 (Republic of South Africa, 2014).

6. Benatar S., The challenges of health disparities in South Africa' in *South African Medical Journal*, 103, 3 (2013).

7. World Bank statistics, Life expectancy at birth (World Bank, 2013).

8. Economist Intelligence Unit, Healthcare industry report: South Africa (EIU, 2014).

9. Rondganger L., SA needs 14,531 doctors and 44,780 nurses (*Daily News*, 22 January 2013).

10. Robinson M., SA needs rural doctors (Mail & Guardian, 8 April 2014).

11. World Health Organization, 'Bridging the gap in South Africa' in *Bulletin of the World Health Organization*, 88, 11 (WHO, 2010) pp. 797–876.

12. Mayosi B.M. & Benatar S.R., 'Health and health care in South Africa–20 years after Mandela' in *New England Journal of Medicine*, 371, 14 (2014).

13. Ruff B. et al., 'Reflections on health-care reforms in South Africa' in *Journal of Public Health Policy*, 32 S184–92 (2001).

14. UNAIDS statistics, Deaths due to AIDS (UNAIDS, 2013).

15. World Bank statistics, Prevalence of HIV (population aged 15–49) (World Bank, 2013).

16. Republic of South Africa Department of Health statistics (2013).

17. World Bank statistics, Infant mortality rate (per 1,000 live births) (World Bank, 2013).

18. UNAIDS, New HIV report finds a big drop in new HIV infections in South Africa (UNAIDS, 2014).

19. AVERT, HIV & AIDS in South Africa (AVERT, 2014).

20. Economist Intelligence Unit, Industry Report: Healthcare: South Africa (EIU, 2014).

21. Mayosi B.M. et al., 'The burden of non-communicable disease in South Africa' in *The Lancet*, 374, 9693 (2009) pp. 934–47.

22. Mayosi B.M. and Benatar S.R., 'Health and health care in South Africa–20 years after Mandela' in *New England Journal of Medicine*, 371, 14 (2014).

23. Holmes T., Hospitals: They're making a killing (*Mail & Guardian*, 14 June 2014).

24. World Bank Statistics, GINI Index (World Bank, 2012).

유럽

제14장 러시아

부실하고 우울한 제도

러시아를 방문할 때마다 나는 문화의 깊이와 더불어 서유럽이 누리는 평화와 자유를 얻기 위해 러시아가 치른 어마어마한 희생의 규모에 압도되곤 한다. 그래서 이 위대한 국가의 보건의료제도의 앞날이 암울하다고 결론짓기가 나로서는 대단히 안타깝다. 내가 만나본 러시아 사람들도 여기에 동감한다.

먼저 러시아의 보건의료제도에 대한 나의 경험은 모스크바에 한정되어 있으며, 지구상에서 가장 넓은 영토를 가지고 있고 85개 주로 이루어진 연방국가의 거대한 시스템에 대하여 이렇게 일부만을 보고 일반화하여 말하는 것은 무리가 있다는 것을 미리 밝혀둔다.

최근 러시아에 갔을 때 나는 러시아 보건의료제도의 현황을 보고 깊이 염려하게 되었다. 내가 이러한 인상을 받은 이유는 원래 좋지 않았던 경제 상황이 더 악화되고 있었기 때문이기도 하다. 이 책을 쓰는 시점에 나온 전망으로는 2015년에 러시아 경제가 5% 축소될 것이라고 한다. 달러 대비 루블화 가치가 지난 12개월 동안 절반으로 하락했다. 물가상승률과 기준금리가 각각 15%에 육박하고 국제신용평가기관인 스탠다드앤푸어스S&P는 최근 러시아의 신용등급을 '투기등급junk'으로 내렸다.

이러한 절망적인 상황은 대부분 세계 석유 및 에너지 가격 하락으로 인한 것이지만, 재무부 발표에 따르면 우크라이나와 크림반도 사태에 러시아가 개입한 데 따른 제재조치도 전체 정부 수입의 30% 하락을 가져오는 등 경제 악화의 주요 요인이 되었다.[1] 눈앞에 닥친 경제위기와 국제적으로 고립을 자초하는 영토 관련 방침 때문에 러시아의 보건정책은 현재 재정 삭감과 허술한 개혁이라는 상황에 놓이게 되었다.

러시아가 보건의료 부문에 지출하는 규모는 GDP의 6.5%나 된다.[2] 그러나 국가의 보조금은 복잡한 계층구조가 무질서하게 얽힌 시스템을 통해 전달되며, EIU의 보고서에 의하면 이 밖에도 환자 개인에게 높은 부담을 지우는 의료비 그리고 환자가 '비공식적으로' 지불하는 비용이 전체 의료비의 3분의 1에 달한다.[3]

제도 자체만 보면 러시아는 거의 무상으로 공급되는 보편적 보건의료 제도를 갖추고 있으며 국가, 고용주, 환자를 통해 마련되는 재원을 이용하여 상당히 폭넓은 의료서비스를 공급한다. 그러나 현실에서는 정책 계획 및 규제 시스템이 불투명하고 관료주의적인 데다가, 의료급여 환급액이 의료비에 미치지 못할 뿐만 아니라, 자원도 부족하다. 따라서 제때 필요한 서비스를 받기 위해서는 비공식적으로 많은 비용을 지불해야 하는 구조 때문에 국민들이 헌법으로 보장된 보건의료에 대한 권리를 누리지 못하고 있는 실정이다.

공공보건의료체계 운영 책임의 세부 사항은 연방정부와 주정부 간에 '모자이크'처럼 짜깁기되어 있다. 전부 지난 25년간 지방분권화와 중앙집권화가 반복된 결과다. 또한 한편에서는 민간의료 부문이 그 비용을 부담할 수 있는 부유층을 대상으로 성장하였다. 종합하면 러시아의 보건의료 분야 지출의 48% 정도가 정부지출이며, 이 수치는 OECD 평균인 72%를 훨씬 밑돈다.[4]

구소련 보건 경쟁

러시아는 다른 구소련 국가들과 유사한 제도를 물려받았다. 지역 의사에게 전적으로 의존하는 단계별 서비스에 기반을 둔 제도 '세마쉬코 Semashko' 덕분에 20세기 초반과 중반에 국민 보건에 커다란 발전이 있었으며, 한때는 인정받을 만한 보편적 의료보장체계를 유지하기도 했다. 그러나 정부가 모든 보건의료 이슈를 '더 많은' 전문의, '더 많은' 기관, '더 많은' 장비, 더 많은 감독기관으로 해결하려고 하면서 1970년대부터 발전 속도가 느려지기 시작했다. 만약 '냉전Cold War'이 보건의료 수용력 확보를 위한 무장 경쟁이었다면 소련은 금메달을 땄을 것이다. 실제로 1985년에 이르렀을 때 러시아의 인구 1명당 의사 수와 병상 수는 미국의 4배에 달했다.[5]

1990년 이후 에스토니아 같은 구소련 국가 일부는 변질된 세마쉬코 제도, 즉 관리도 열악하고 활용도가 낮은 시스템에서 탈피하는 데 성공하였다. 그러나 불행히도 러시아는 그러지 못했다. 보건의료제도를 개혁하려는 시도는 가끔 있었지만 활발한 정도는 아니었으며, 의사 수와 병상 수는 다소 감소하긴 했지만 기본적으로는 빈약한 재정으로 인해 과잉공급 상태가 지난 25년간 유지되어왔다. 1990년대와 2000년대에 러시아의 보건의료 기반시설은 꾸준히 축소됨에 따라 시설은 낡고, 의료진의 숙련도는 떨어지고, 대기시간은 늘어났다. 현재 병원의 45%가 '대대적인 보수'가 필요한 실정이며 3분의 1은 온수 공급이 잘 되지 않고, 7%는 전화가 설치되어 있지 않다.[6]

이러한 상황은 전반적으로 보건의료제도에 대한 신뢰를 무너뜨렸으며 특히, 의사에 대한 불신을 조성하였다. 러사아의 극작가 안톤 체호프 Anton Chekhov의 희곡 《이바노프Ivanov》를 보면 다음과 같은 대사가 나온다. "의사들이란 변호사와 다를 것이 하나도 없어. 게다가 변호사는 빼앗기만 하는데 의사는 다 빼앗고 나서 죽이기까지 한다네." 비록 1887년에 써진 것이지만 이러한 정서는 오늘날의 러시아 사람들에게서도 느낄 수 있다. 특히 최근의 우울한 상황에서 퇴역 장성의 자살 사건이 빈발하고 있는데, 암에 걸려도 치료나 통증 완화 조치를 받을 경제적 여력이 없는 이들이 '견딜 수 없는 고통'에서 탈출하는 유일한 방법이기 때문이다.[7]

비극적인 결과

오늘날 러시아의 보건의료 지출은 연간 1인당 미화 957달러에 불과하지만[8] 인구 1,000명당 병상 수는 OECD 평균의 거의 2배이고(9.3:4.8) 의사 수는 3분의 2가 더 많다(4.9:3.2).[9] 넉넉한 수용력에 비례하여 더 나은 보건 환경을 만들 수 있으면 좋았겠지만, 병원과 전문의 진료에 자원이 과도하게 집중되어 있다. 그뿐만 아니라 너무 많은 의사들이 기술이나 장비 면에서 열악한 상황에 놓여 있다. 그 결과 공공보건 상태는 러시아의 발전 단계를 감안하더라도 재앙적 수준이다. 평균 기대수명은 71세로 OECD 평균보다 10년이 낮아 방글라데시, 북한과 비슷한 수준이다.[10]

남성과 여성의 기대수명 차이도 세계에서 가장 큰 편에 속하여 남성은 65세, 여성은 76세다.[11] 이 11년 차이는 전반적으로 '밀주' 등 널리 만연된 알코올 남용, 폭력, 교통사고 때문이다. 또한 정맥주사를 통해 마약을 투여하는 경우가 많고 한심할 정도로 정부가 오랫동안 이 문제에 대응하지 않은 탓에 남성의 HIV/AIDS 문제가 심각하다. 러시아 남성 흡연율은 59%로 세계 4위다.[12]

러시아는 2020년까지 평균 기대수명을 75세로 늘리겠다는 목표를 세웠다. 대단히 어려운 목표이기도 하고 지금까지의 진척 상황도 더디다. 그러나 위에서 제시한 수치를 보아도 알 수 있듯이 러시아는 남성의 공공보건 상태만 개선하면 목표 달성이 거의 가능하다. 따라서 러시아에서 2014년에 흡연금지법안이 통과된 것은 흡연율 감소를 위한 국제 모범사례에 비추어보아도 올바른 방향이며 환영받을 만한 행보라고 할 수 있다.

러시아 보건정책의 발전은 기본적으로 인구 보건보다는 정치적·경제적 명제에 기반을 두었다. 2012년 4월에 푸틴 대통령이 비준한 '5월 법령May Decrees'에는 2018년까지 의료인력 급여를 2배로 인상하고 국가보건서비스를 점진적으로 민영화하는 내용이 포함되어 있다. 어차피 1996년에 공공의료기관의 민간서비스를 허용하면서 혼합된 형태로 운영되고 있었으므로 민영화는 그리 어려운 일이 아니다. 그러나 현재 러시아의 보건의료제도를 괴롭히는 문제를 생각하면 의료인력의 급여를 2배를 올리겠다는 것은 이해가 되지 않는다. 일부 평론가들은 이것을 두고 국민보건 개선이 아니라 푸틴 대통령의 지지도 강화를 위한 것이라고 해석하기도 한다. 푸틴 정권 내내 일관되게 직원 대상 혜택을 늘리면서 지지도가 상승했다는 것이다.[13]

오히려 다행스러운 것은 보건의료제도 운영 권한이 상당히 많이 위임되어 있고, 경제적으로도 위기가 닥치는 바람에 2012년 법령이 매우 제한적으로 실행되었다는 점이다. 모스크바는 그동안 대대적인 변화가 가장 많이 필요한 지역이었다. 2014년 11월에 15개 병원과 기타 의료기관 13개가 문을 닫으면서 7,000명이 정리해고를 당하자 비로소 사람들이 급여 증가로 인해 사회가 치러야 하는 비용에 대해 실감하게 되었다. 이 사건으로 인해 의료인들의 거리 시위가 촉발되었으며 일부 지방에서 소요가 일어났다. 이 문제를 해결하기 위해 정책 실행을 잠시 중단하고 여러 감독기관이 정책 재검토를 수행하였다. 하지만 결국 전면적인 인력 감축 등 효율성 제고만을 무턱대고 추진한 정책 실행을 비판하면서 이미 열악한 의료서비스 접근성을 두고 의료서비스 접근성 악화가 우려된다고 강조하는 데 그쳤다.

호황을 맞은 민간 부문

같은 시기에 모스크바의 민간보건의료 부문은 호황을 맞았다. 정리해고된 의사들을 경쟁력 있는 급여 수준으로 채용하고 공공 부문과 파트너십을 통해 빠르게 의료시설을 구축할 수 있게 되면서 민간 진료소 체인이 우후죽순처럼 생겨났다. 최근 급속도로 확장중인 '옆집의사Doktor Ryadom(Doctor Next Door)'라는 진료소 체인은 혼합 방식으로 재원을 마련한다. 환자의 절반은 건강보험이 적용될 때보다도 더 적은 비용으로 치료를 받고 나머지는 개별적으로 비용을 부담한다. 그리고 최근에는 환자가 특정 진료소에서만 치료를 받는 조건으로 무상의료서비스를 공공병원보다 더 많이 받을 수 있도록 하는 민간보험을 출시했다. 국가보험 환급율이 대단히 낮은데도, 극소수의 초고효율 영리 목적의 료공급자들은 국가보험 가입 환자만을 대상으로 하면서도 시설 운영을 잘 해내고 있다.

이러한 민간의료공급자들은 의료의 질도 우수해서 보건시스템이 장기간 침체되는 추세인 모스크바에 혁신의 바람을 불어넣고 있다. 특히 1차의료에 있어서 환자 수용력에 도움을 줄 뿐만 아니라, 1차의료는 수준이 낮은 의료라는 인식을 극복하는 데도 도움이 될 수 있을 것이다. 그러나 은행들은 대출을 꺼려하고, 기업들 사이에서 정부와 사업하는 것은 '어떻게 될지 아무도 모른다'는 인식이 팽배한 상황에서 러시아에서 사업을 하는 것은 어려운 일이다. 실제로 작년 한 해 동안 다수의 외국 의료공급자들이 러시아에서 철수했다.

맺음말

　이러한 요인은 공공 부문과 민간 부문의 협력적인 성장에 방해 요소
로 작용할 것이다. 앞으로 경제가 회복되고 개혁과 혁신에 대한 열망이
더욱 커질수록 부패와 정부에 대한 불신으로 인한 부정적인 영향을 극
복하지 않으면 러시아 보건의료제도의 개선을 기대하기는 어렵다. 민간
부문과의 협력도 한 가지 희망이 될 수는 있겠지만 내가 경험한 가장 암
울한 시스템 속에서 얼마나 효과를 거둘 수 있을지는 의문이다. 향후 몇
년 안에 좀 더 좋은 소식이 있을 것이라고 기대하지는 않지만, 마음만은
간절히 바라고 있다.

참고 문헌

1. Spence P., Russia faces recession as oil crash and sanctions cost economy £90bn (*The Telegraph*, 24 November 2014).

2. World Bank statistics, Total health expenditure (% of GDP) (World Bank, 2013).

3. Economist Intelligence Unit, Industry report, Healthcare: Russia (EIU, 2014).

4. World Bank statistics, Public health expenditure (% of total health expenditure) (World Bank, 2012).

5. Figures from Sharp M.E., *The former Soviet Union in transition* (US Congress Joint Economic Committee: Washington, DC, 1993) and Centres for Disease Control, Healthcare in America: Trends in Utilisation (CDC, 2004).

6. Popovich L. et al., Russian Federation: Health System Review, Health Systems in Transition 13:7 (European Health Observatory, 2011), p. 96.

7. Sharkov C., Fourth Russian general commits suicide in less than a year (*Newsweek*, 6 January 2015).

8. World Bank statistics, Health expenditure per capita (World Bank, 2013).

9. OECD, Health Statistics 2014: How does the Russian Federation compare (OECD, 2014).

10. World Bank statistics, Life expectancy at birth (World Bank, 2013).

11. World Bank statistics, Life expectancy at birth (female and male) (World Bank, 2012).

12. World Bank statistics, Smoking prevalence, males as percentage of adults (World Bank, 2011).

13. Institute of Modern Russia, Healthcare reform as a catalyst for progress (IOMR, 2014).

14. Popovich L. et al., Russian Federation: Health System Review, Health Systems in Transition 13:7 (European Health Observatory, 2011), p. 88.

제15장 북유럽 5개국

분권화된 복지 천국?

아이슬란드, 핀란드, 덴마크, 노르웨이, 스웨덴의 광활한 지역에 흩어져 살고 있는 2,500만 인구가 서로 공통된 특성을 가지고 있는 것은 아니다. 하지만 다양하게 공유하는 문화적인 배경을 바탕으로 지금의 개별적인 그리고 통합적인 복지시스템을 구축할 수 있었다. 그중에서도 스웨덴, 덴마크, 노르웨이는 1397년부터 1523년까지 '칼마르 동맹Kalmar Union'이라는 국가연합을 형성했다. 그 후로도 다양한 형태로 연합과 전쟁으로 인한 해체를 반복했으며, 20세기 들어서야 비로소 각자 독립했다. 지금은 스칸디나비아 국가들의 복지 모델이 국제적으로 널리 인정받고 일반화되었지만 그 안에는 좀 더 직접적인 보장을 가능케 하는 힘이 작용하고 있다.

먼저 유사성이다. 스칸디나비아 복지 모델은 복지정책 수립에 주도적인 역할을 하는 국가 그리고 사회연대와 복지를 위해 의료서비스 전달에 주도적인 역할을 하는 공공 부문 및 이를 위해 높은 세율을 부담하는 국민이라는 공통된 특징을 가지고 있다. 북유럽국가들의 보건의료제도는 보편성이라는 동일한 원칙에 바탕을 두고 있으며 계층, 인종, 거주지에 상관없이 평등하게 보장이 제공되어야 한다는 개념이 강하다. 또한 스칸디나비아 복지 모델은 지방분권화가 잘 되어 있는 것으로도 높이 평가받고 있다. 주 단위, 마을 단위 자치단체에서 일부 세금 징수 및 보건서비스 공급, 병원 운영을 담당한다.

훌륭한 성과

이상적으로 보이는 북유럽국가의 복지 모델에도 변화가 일어나고 있기는 하지만, 이러한 복지 모델이 갖고 있는 근본적인 강점으로 인해 우수한 보건의료성과 창출이 이루어졌다는 데는 의심의 여지가 없다. 개략적으로 보면 GDP 대비 보건의료 지출이 평균 9.6%이고,[1] 평균 기대수명이 81세를 약간 웃돌며,[2] OECD 회원국 중에서 암, 순환계질환, 심장질환 치료 분야에 훌륭한 성과를 내는 것도 자랑할 만한 수준이다. 의료의 질관리시스템도 잘 갖추어져 있으며 세심하게 고안된 치료 프로그램은 국가 차원, 지역 차원, 지방자치단체 차원의 협력을 통해 원활하게 수행된다. 그리고 이 북유럽국가들 중에는 환자경험을 측정할 수 있는 지표를 이용하여 의료 질 개선에 환자가 참여하도록 하는 오랜 전통이 있는 국가도 있다. 2014년에 북유럽 국가들이 트론헤임 선언Trondheim Declaration을 비준하여 균형 있는 보건과 웰빙 달성 및 세계 보건 불균형 해소를 위해 협력을 강화하기로 결의한 것을 보면,[3] 북유럽국가들이 예방 및 건강증진에도 정교한 노력을 기울이고 있다는 것을 알 수 있다. 건강증진 활동은 기관들의 협업뿐만 아니라 다양한 사회 부문 간의 협력을 통해서도 이루어지며 활발한 지역주의를 통해 전달되기도 한다.

원활한 재정 지원과 활발한 건강증진 활동, 일관된 국가정책, 높은 의료 기준, 정부기관 및 다양한 사회 부문과 지역 단위 협력이 있다면 보건의료제도는 무조건 성공한다고 단정하는 것도 무리는 아니다. 그러나 북유럽국가들이 당면한 현실은 조금 다르다. 제도 관리에도 여러 가지 변수가 있을 뿐만 아니라 중앙집권화 추세, 민간 부문 참여 증가, 보편성 담보를 위한 개인부담금 증가 등의 상황을 다루어야 하는 숙제가 있다.

지방 주도형 관리체계의 약화

스칸디나비아 국가들은 비교적 부유한 편에 속하지만(특히 노르웨이는 풍부한 에너지 자원 덕분에 1인당 GDP가 세계 최고 수준이다.) 비용 억제와 효율성에 대한 우려 때문에 기존의 보건의료제도와 보건의료에 대한 개념을 점차적으로 재정립하고 있다. 지금 북유럽국가들에서는 최소한 세 가지의 다른 방향으로 지방자치 복지 모델을 수정하고 있는데, 노르웨이는 병원 운영 책임을 지방정부에서 중앙정부로 이관했고, 덴마크는 지역구 단위를 일부 통합하여 지역구 개수를 줄여서 중앙 관리는 강화하면서도 지역구 정치인의 자치권은 보장하는 형태를 택했다. 그리고 스웨덴은 21개 지역구 자치제도는 유지하는 대신 지역 간의 경쟁과 환자의 선택권이라는 요소를 도입했다.

노르웨이는 다른 북유럽국가에 비해 보건의료 비용이 상당히 높다. GDP 대비 비중은 비슷하지만 1인당 비용을 따져 보면 연간 미화 9,715달러로 세계에서 가장 높다. 이 수치는 덴마크(미화 6,270달러), 스웨덴(미화 5,680달러), 핀란드(미화 4,449달러), 아이슬란드(미화 4,126달러)와 극명하게 대조된다.[4] 1인당 보건의료비와 의료성과 간에 아무런 상관관계가 없다고 주장하는 이들이 노르웨이의 사례를 들어 자신들의 주장을 뒷받침할 정도다. 기대수명도 북유럽국가들이 모두 비슷하고 어느 정도의 대기시간과 대기자 명단 문제도 있다.

덴마크에서는 2012년에 새로운 재정 안정화 법안이 통과되어 모든 행정구와 지방자치단체의 보건의료 지출을 예산의 1.5%로 제한하고, 그 액수를 중앙정부와 합의하도록 규정했다. 사실상 지방정부의 '세금 징수 및 지출' 정책 수립 권한에 거부권을 행사하여 지방정부의 책임 수준을 현저하게 축소한 것이다. 또한, 최근 5개 지역에서 공동으로 진행한 병원 건립 프로그램에서는 전문가가 필요한 작업은 품질 관리와 비용 통제를 위하여 중앙에서 관리하도록 하였으며, 신규 시설 건립 위치 및 기존 시설 폐쇄 등의 의사결정은 중앙정부의 승인을 받도록 하였다. 자본금은 대부분 중앙정부 예산에서 나오며 지방정부는 더 이상 세금 징수 권한이 없다.

핀란드에서는 상당히 분권화된 보건의료제도에 대한 고강도 구조조정 방안을 내놓았다. 320개 지방자치 단위를 5개 지역구로 통합하여 관리하겠다는 '지방정부 구조개혁Reform in Local Government Structures' 전략이다. 규모 확장, 속도 향상, 서비스 범위 확대를 목표로 내건 것은 다른 북유럽국가들과 비슷하다. 정부가 함께 제시한 '보건 및 사회복지 개혁Health and Social Care Reform'안은 민간보건의료 기업에 의료서비스 공급 권한을 부여하여 환자에게 폭넓은 선택권을 제공하겠다는 내용을 담고 있다. 핀란드의 5개 대학을 중심으로 한 새로운 지역구가 출범하면 의료서비스 통합, 의료 수준 표준화, 관료주의 축소, '복지 격차' 해소를 위한 비용 감소 등의 효과가 있을 것으로 기대된다. 아직 법안이 통과된 것이 아니고 당연히 지방자치단체와 여론의 반대가 있겠지만, 2016년부터는 개혁안의 상당 부분이 시행되기 시작할 것으로 전망된다.

경쟁 촉진

스칸디나비아 국가들의 기본 방향에서 벗어나 가장 확실하게 차별화된 움직임은 아마도 스웨덴에서 민간 부문을 대거 참여시킨 정책일 것이다. 21개 지방의회가 보건의료서비스를 계속 관장하는 한편 중앙정부에서는 2014년까지 보건의료제도에 경쟁, 선택, 재정 관리라는 개념을 도입하기 위해 대대적인 개혁 프로그램에 착수했다. 이른바 '스톡홀름Stockholm 모델'에 따라 각 지방의회는 공공의료공급자와 민간의료공급자 모두에게 의료서비스 공급을 의뢰할 수 있다. 2007년에 스톡홀름 지방의회에서는 환자에게 1차의료공급자 선택권을 부여하기로 결정했다. 2010년에 중앙정부에서 이를 모든 지방의회에 적용하도록 하여 민간의료공급자들이 전국 어디에서나 일반의 진료소 같은 서비스를 공급하고, 시민들이 비용을 지불하며 이용할 수 있도록 하는 발판을 마련했다. 그 이후 여러 기업에서 약 200개에 달하는 일반의 진료소 스타일의 의료센

터를 설치하였으며 대부분 부유한 지역에 자리를 잡았다.[5] 현재 지방의
회 보건의료 지출의 12%는 이러한 민간기관에 흘러들어간다.[6] 또한 민
간기관에 지출되는 금액을 세분화하면 고령자 및 주택 요양 관련 지출
비율이 상당히 높다.

  2014년 스웨덴 총선을 앞두고 복지 재정 관련 스캔들이 연달아 터지
면서 보건과 경쟁 촉진 정책이 핵심 이슈로 떠올랐다. 스테판 뢰프벤Stefan
Lofven 수상은 중도좌파연합을 이끌고 있지만 '중앙집권'을 약속하면서 민
간기업의 의료 분야 영리사업 퇴출 논란을 잠재웠다. 그러나 한편으로
는 민간기업의 공공보건의료서비스 운영에 대한 감독을 강화하겠다는
뜻을 밝히면서 "영리추구가 핵심 동기가 되어서는 안 된다."는 방침을
분명히 했다.[7]

  스칸디나비아 국가들에게 자기부담금은 겉으로 보이는 것보다 더욱
중요한 문제다. 핀란드를 제외한 북유럽국가들은 보건의료 지출에서 공
공 부문이 차지하는 비율이 80%가 넘지만(OECD 평균은 72%, 핀란드는
75%),[8] 개인부담금 증가로 이어지는 민간보험제도가 필요한 상황은 아니
다. 스칸디나비아 국가와 핀란드에도 자기부담금 제도가 있고, 노르웨이
와 스웨덴은 외래환자에게 진료비를 청구한다. 스웨덴에서는 입원비도
부과된다. 2014년 커먼웰스펀드의 발표 내용에 따르면 스웨덴 국민의
4%, 노르웨이 국민의 6%가 보건의료비를 감당하기 어렵다고 답했다.[9]
영국(1%)을 제외한 다른 국가와 비교하면 매우 낮은 비율이긴 하지만 스
칸디나비아 국가들조차 비용 부담 능력과 상관없이 필요한 사람이면 누
구에게나 의료서비스를 보장하기에는 어려움이 있다는 것을 알 수 있다.

북유럽국가들은 의료서비스 공급 및 세금 징수 책임이 상당 부분 지방 정부에 위임되어 있는 구조이므로 비용 관리 책임 소재를 따지기 어렵다는 단점은 있다. 그러나 오히려 지역별로 재원마련과 지출이 한곳에서 이루어지므로, 영국의 NHS처럼 지역의 보건의료제도 운영을 위해 중앙 정부에 재정 지원 압력을 가하는 형태보다는 더욱 원활하게 보건의료제도 운영이 가능하다고 볼 수도 있다.

북유럽의 견고한 민주주의 전통은 보건의료서비스 운영 방식에도 반영되어 있다. '민주적 운영' 방식은 의사결정 과정에 이익단체를 폭넓게 참여시켜 정당성을 확보하는 특징이 있다. 환자 대표, 노동조합, 지방 정치인, 1차의료 대표 등이 여기에 포함된다. 병원 운영에도 이론적으로는 중앙관리체계가 있지만 각 진료과목별, 병동별로 별도 관리가 이루어지는 일이 흔하다. 다양한 의견을 모으는 데는 시간이 많이 걸리므로 의사 결정이 신속하게 이루어지기 어려울 수 있다.

분산화로 인한 위험 요소

스웨덴에서는 인구고령화로 인해 우수한 의료전달 능력이 시험대에 올랐으며 분산된 체계의 운영 비용이 더 이상 감당하기 어려운 수준에 이를 수도 있다고 판단하고 있다. OECD 보고서에 따르면 스웨덴이 당면한 최대 과제는 병원, 1차의료기관, 지방정부가 서로 효과적으로 조화를 이루어 의료서비스를 공급하도록 만드는 것이다.[10] 이 부분은 국제적인 연구조사에서 스웨덴이 다른 국가에 비해 뒤처지는 극히 일부 영역에 속한다. 그리고 OECD 보고서는 그 해결책으로 중앙정부 차원의 관리를 강화하고 전국적으로 통일된 의료 질 표준을 제시하여 특히, 일반의 진료와 고령자 요양서비스 관련 의료성과 자료를 공유하는 방안을 제시하였다.

OECD 보고서에서는 다음과 같이 기술하고 있다. "스웨덴의 보건과 장기요양제도는 다양한 측면에서 OECD 회원국 전체에 모범이 될 만하다. 다만 인구고령화, 의료서비스 이용자의 기대 수준 상승, 의료전달체계의 다각화 현상이 기존 제도의 수준 높은 의료서비스 전달 능력에 부담으로 작용하고 있다."[11]

현재 문제가 되는 것은 보건의료서비스 구조 자체보다는 다양한 임상진료지침clinical pathway이 서로 조율되어 있지 않다는 점이다. 스웨덴 정부는 치매, 정신분열, 약물남용 같은 일부 질환에 대해서는 표준지침을 만들었으나 최저진료 기준minimum quality standard 등 더 많은 환자를 지원할 수 있도록 지침을 확대할 필요가 있다. 이러한 정책은 일방적 지시보다는 권고를 선호하는 국가 운영 방침에 반하는 것이긴 하지만 국민들은 점점 지역별 다양성보다는 일관성 있는 의료 질을 더 중요하게 여기고 있다. 스웨덴에는 이미 방대한 양의 서비스 질 등록체계가 구축되어 있으므로 최저기준을 마련하기만 하면 된다.

OECD 보고서는 경쟁을 촉진하고 환자의 선택을 강조하는 최근 일련의 개혁 움직임이 의료서비스 분산화를 더욱 부추길 위험이 있다고 지적한다.[12] 예를 들면, 2010년 이후 모든 1차의료 환자는 공공의료공급자와 민간의료공급자 중에 선택할 수 있게 되었는데 이러한 정책은 지방정부의 공공보건 책임을 희석시킬 수 있다. 또한 기업들이 1차의료 및 전문의 진료 분야에 참여하도록 하여 환자의 선택권을 늘리려는 정책은 지방의회의 정치적 저항에 부딪혀 진척되지 않고 있는 실정이다.

그러나 이러한 문제에도 불구하고 스웨덴의 보건 수준은 뛰어나다. 영아 사망률은 세계 최저 수준이고,[13] 암 생존률은 제일 높은 편에 속하며,[14] OECD 회원국 중 흡연율은 역시 최저 수준일 뿐만 아니라, 비만율도 낮다.[15] 건강 불균형도 낮은 수준이고 장기요양 분야는 세계 최상급이다.

맺음말

북유럽국가들도 인구고령화 문제로 고심하는 것을 바라보는 다른 국가의 보건의료 분야 리더들은 안도감이 들겠지만, 전반적인 보건 성과를 놓고 보면 가까운 장래에 북유럽국가 수준을 따라올 수 있는 국가는 거의 없다. 북유럽국가들의 보건의료제도는 비교적 높은 수준의 세금을 통해 유지하는 사회연대와 평등이라는 가치의 표현이다. 가장 큰 숙제는 앞으로 다가오는 수십 년 동안 탁월한 의료서비스를 지속적으로 공급할 수 있도록 보건 경제를 개혁하면서도 충실하게 핵심 가치를 지켜내는 일이다.

참고 문헌

1. World Bank statistics, Total health expenditure (% of GDP), (World Bank, 2013).

2. World Bank statistics, Life expectancy at birth, (World Bank, 2013).

3. Trondheim Declaration: Equity in health and wellbeing a political choice (11th Nordic Health Promotion Conference, 27–29 August 2014).

4. World Bank statistics, Health expenditure per capita (World Bank, 2013).

5. Bidgood E., Healthcare systems: Sweden and localism an example for the UK? (Civitas, 2013).

6. Economist Intelligence Unit, Industry Report, Healthcare (EIU, December 2013), p. 7.

7. Duxbury C, New Swedish Premier names ministers and sets out policy, (*Wall Street Journal*, 3 October 2014).

8. World Bank, Health expenditure, public (% of total health expenditure) (World Bank, 2012).

9. Commonwealth Fund, Mirror on the wall: How the performance of the US healthcare system performs internationally—2014 Update (Commonwealth Fund: New York, 2014).

10. OECD, OECD Reviews of healthcare quality: Sweden Raising standards (OECD, 2013).

11. OECD (2013).

12. OECD (2013).

13. OECD, Infant mortality (Deaths per 1,000 live births) (OECD, 2012).

14. OECD, Breast cancer five-year relative survival (OECD, 2011).

15. OECD, OECD Health Statistics 2014: How does Sweden compare? (OECD, 2014), p. 3.

제16장 네덜란드

경쟁과 사회연대

네덜란드의 보건의료제도를 세계 최고로 꼽는 사람들이 있다. 경쟁과 사회연대를 결합한 개혁과 개척정신을 자랑하는 네덜란드의 보건의료제도는 커먼웰스펀드에서 발표한 의료성과 순위에서도 1위를 차지했고[1] 유로헬스컨슈머인덱스Euro Health Consumer Index에서도 환자 중심 지표 1위였다.[2]

인구 1,600만 명이 거주하는 작은 국가 네덜란드의 보건의료제도는 비스마르크식 사회보험에 지대한 영향을 받았으며, 1941년 독일 지배하에서 질병금고법령Sickness Fund Decree을 도입하면서 최초로 마련되었다. 그 이후 한참이 지나서 사회연대라는 기치 아래 건강보험법Health Insurance Act, ZVW 이 2006년에 제정되면서 제2차 세계대전 이후 지속된 의무적인 질병금고보험과 자율적인 민간보험 사이의 구별이 폐지되었다.

이 과정에서 직접적으로 보건의료서비스 규모, 수가, 생산 용량을 직접 통제하던 정부의 역할이 근본적으로 바뀌어, "게임의 규칙을 정하고"

새로 형성된 시장을 규제하는 역할을 담당하게 되었다.

적절히 관리되는 의료공급자 간 경쟁과 보험자 간 경쟁이 보건의료제도를 이끌어나가는 주요 동력이 되었으며 환자, 의료공급자, 보험자, 정부 모두에게 근본적인 변화를 가져왔다. 이런 측면에서 볼 때 네덜란드의 보건의료제도는 독특하다. 사회연대와 경쟁을 동시에 추구하고 공공부문과 민간 부문이 함께 작용한다.

모든 네덜란드 거주자는 건강보험에 가입해야 하며 비용은 연 1,100～1,200유로로 정도 든다. 보험자는 기초보험 가입 신청을 무조건 수락해야하며 건강 상태에 따라 다른 기준을 적용할 수 없다. 환자는 매년 1월 1일에 보험자를 갈아탈 수 있다. 2006년에는 전체 가입자의 18%가 보험자를 변경했지만 2013년과 2014년에는 그 비율이 6.5%로 감소했다.[3] 기초 건강보험 보장 외에도 환자들은 부가적인 보험을 신청할 수 있는데 이때는 보험자가 가입을 거절할 수 있다.

소비자의 보험사 변경 비율이 감소하는 것은 우려가 되지만 환자가 선택권이 있다는 것만으로도 업계가 경쟁력을 유지하도록 하는 효과적인 도구가 된다. 더 넓게는 보건의료서비스 전체가 환자와 소비자 중심으로 운영된다는 것은 네덜란드가 이룬 가장 주목할 만한 성과다. 유로헬스컨슈머인덱스는 환자의 법적 권리, 접근성, 서비스 선택권, 대기시간, 환자의 의료기록을 포함한 정보 제공의 질과 의료성과 등 폭넓은 지표를 이용하여 각국의 보건의료제도에 점수를 매기는데, 네덜란드는 여기에서 지난 3년 연속 1위를 차지했다.[4] 특히 이 순위를 놓고 북유럽국가들과 경쟁하여 이겼다는 점에서 네덜란드는 자부심을 가져도 된다.

세심한 제도 설계

네덜란드의 보건의료제도는 매우 세심하게 설계되어, 보험자, 의료 공급자, 정부의 역할과 책임이 대부분 잘 정의되어 있고 상호보완적이 다. 네덜란드 경쟁법에 따라 보건의료청Dutch Health Care Authority에서 시장이 제 대로 기능하도록 감독할 일차적인 책임을 지고, 공정경쟁청Dutch Competition Authority에서는 보험자와 의료공급자가 각각 공정한 경쟁을 하는지 감독한 다. 이 밖에도 의료의 질을 관리하는 기관이 여러 개 있다. 의료 수준 관 련 법규, 보건의료 질관리기관, 환자 권리, 새로운 보건의료 기술이 모 두 의료 질 향상을 뒷받침한다. 보건의료검사청Dutch Health Care Inspectorate, IGZ은 의료의 질과 안전성을 감독하는 역할을 맡고 있다. 하지만 실제로 의료 질 보증은 의료공급자가 담당하고 의료서비스 규정에서는 전문 의료인 력 허가 갱신과 의무적인 평생의학교육CME에 대한 내용을 다룬다. 전문 기관에서는 기관 승인 및 인증과 연동하여 현장 동료 평가를 실시한다. 이러한 정보가 보험자 등에게 항상 공유되는 것은 아니지만 이 또한 더 나은 방향으로 서서히 변화하고 있다.

10년도 더 전에 "sneller, beter더 빠르게, 더 좋게"라는 '돌파구' 방식에 기 반을 둔 전국적 의료 질 개선 프로그램이 도입되어 지금까지도 훌륭하 게 실행되고 있다. 그뿐만 아니라 2014년에는 국가보건의료연구소National Health Care Institute, Zorginstituut Nederland가 설립되어 의료 질 개선, 안전성 제고, 효

율성 향상을 추진하게 되었다. 성과도 훌륭하다. 네덜란드의 기대수명
은 81.1세로[5] OECD 평균을 약간 웃돈다. 흡연율과 비만율은 모두 평균
이하다.

네덜란드의 보건의료개혁이 관심과 존경을 받아야 하는 데는 여러 가
지 이유가 있다. 첫째, 2006년 개혁은 사회연대 원칙을 약화하는 방향
이 아니라 강화하는 방향으로 이루어졌다. 둘째, 정책구상에 20년 이상
씩 걸렸지만 개혁의 필요성에 대해서 폭넓은 합의가 이루어졌다. 셋째,
다른 국가의 일부 정부 주도 개혁 프로그램과 달리 개혁의 목표가 분명
하고 단순했다. 바로 경쟁 활성화를 통한 접근성, 의료 질, 효율성 개선
이다.

다른 유럽 국가들의 방식과 달리, 네덜란드에서는 2006년 개혁을 실
행한 후 적응 기간이 주어졌다. 정치인들은 전반적으로 세세한 참견을
피하고 문제가 생길 때마다 법규를 정비하거나 구조를 변경하는 작업을
계속했다. 다만 경제위기로 인해 보건정책이 쟁점으로 부각된 가운데서
도 이러한 불간섭 기조가 유지될 수 있을지는 좀 더 지켜보아야 한다.

커지는 비용 압박

네덜란드의 개혁 방향은 분명하지만 성공을 말하기에는 아직 좀 이르
다. 국제적 기준에 비추어 네덜란드의 보건의료제도는 훌륭하게 수행되
고 있고, 국민들의 만족도 또한 높다는 것은 사실이다. 그러나 GDP의

12.4%를 보건의료서비스에 할애한다는 점에서 유럽 국가들 중에서는 경제규모 대비 가장 많은 비용이 드는 것도 사실이다.[6] 재정 압박이 빠른 속도로 커지고 있지만, 유로존 전체적으로 예산 적자를 GDP의 3% 미만으로 유지해야 하는 상황에서 네덜란드는 더 이상 보건의료에 추가적으로 지출할 여력이 없다.

최근에 발표된 《네덜란드 보건의료성과 보고서Dutch Health Care Performance Report》에 따르면 의료공급자마다 의료 질과 비용이 현저하게 차이 난다. 비용이 2배 또는 3배까지 차이가 나는 경우가 허다하다. 의료 질과 관련해서는 임산부 관련 서비스가 의료공급자마다 큰 차이가 난다는 점이 지적되었다. 이제 개혁이 완수될 수 있을지 시험할 때가 왔다. 보건의료 지출이 계속 늘어날 때는 경쟁을 감수하는 것이 어렵지 않지만 예산이 한정된다면 완전히 다른 이야기가 되기 때문이다.

최근 정부가 실각할 위기까지 갔던 대대적인 정치적 공방을 통해 보건의료제도가 직면한 압력의 실체가 드러났다. 논쟁의 주제는 환자에게 의사를 자유롭게 선택할 권리를 부여할 것인가, 보험자가 지정된 의료공급자에게만 환자를 보낼 수 있도록 허용할 것인가에 대한 것이었다. 현재 환자들은 보험자가 지정하지 않은 의료공급자에게 갈 경우 비용의 75%만 환급받는다. 이 책을 집필하는 시점에서는 여전히 논쟁이 끝나지 않은 상황이며, 보험자와 환자의 힘의 균형을 결정한다는 점에서 중요한 논쟁이다. 환자의 선택권은 당연히 중요한 고려 요소이지만 의료비 지불자 입장에서 의료공급자를 선택할 수 없다면 제도 개선에 방해가 되기 때문이다.

지속불가능한 병원

네덜란드의 주요 건강보험자 및 의료공급자와 대화를 나눠 보면 소규모 병원의 상당수, 특히 지방에 있는 병원들이 지속불가능하고 그중 일부는 의료 질이 상당히 열악하다는 인식이 드러난다. 보험자들은 병원 간의 차이를 좁히기 위해 공격적인 수가 협상, 진료체계의 대규모 재설계, 환자흐름patient flows 개선 등의 노력을 했지만 변화를 만들고 진료체계를 통합할 수 있을 만큼 강력한 조치는 아니었다. 보험자들은 병원들이 너무 규모가 작아서 개선의 여지가 없다고 생각하고, 비교적 규모가 큰 병원들은 보험자의 협력이 부족해서 임상경로가 제대로 자리 잡지 못하고 비효율적으로 운영된다고 생각한다. 병원 간 의료 질 차이가 점점 벌어지고 있지만 네덜란드 사람들은 다른 유럽인들과 마찬가지로 지역병원을 소중하게 여긴다.

한동안 보험자들 간에 합병이 활발하게 진행된 결과, 2006년에 57개였던 보험자 수가 2015년에는 9개도 채 되지 않으며, 4대 보험자가 전체 시장의 90%를 차지하게 되었다.[7] 이에 따라 선택권 박탈에 대한 우려가 나온다. 이 문제를 해결하기 위해서는 시장을 외국 회사에 개방하는 방법을 고려해볼 수도 있다.

경쟁을 중심으로 한 제도가 도입된 이후 병원들, 주로 자선단체나 종교단체가 운영하는 비영리시설은 점차 자금압박에 시달리게 되었으며 결국 국내 병원의 절반에 달하는 병원들이 규합하여 새로운 보험 플랜을 만들겠다고 선언하기에 이르렀다. 이렇게 하여 일부 병원 문을 닫으려는 기존 보험자들의 방침을 '무력화하겠다'는 것이다. 병원들이 주도권을 잡는 것에 대해 네덜란드 경쟁당국이 어떻게 반응할지는 좀 더 지켜보아야 한다. 아직 새로운 보험 활용은 낮은 수준이다.

병원 합병에 대한 보험자들의 의견은 서로 엇갈린다. 보험자들은 병원이 손쓸 수 없을 만큼 커지거나 시장 지배적 지위를 차지하게 되는 것을 꺼려한다. 병원과 보험자 간의 매끄럽지 못한 관계를 더욱 악화시키는 것은 연단위로 재계약이 이루어지는 정책 때문이다. 해가 바뀔 때마다 시민들이 보험자를 변경할 수 있으므로 장기적인 계획 수립이 어렵다.

다른 유럽 국가들과 마찬가지로 네덜란드의 비스마르크식 사회건강보험제도 아래에서는 자율적으로 추가 보험에 가입하거나 환자의 개인부담금 및 공제금액을 늘리거나 하는 것이 가능하다. 금융위기로 인해 각국 정부가 건강보험료나 개인부담금을 증가시키는 추세이며 네덜란드도 예외가 아니다. 보험료 공제액을 2012년 220유로에서 2015년 375유로로 인상하는 법안이 의회에서 격론 끝에 통과되었다.

GP_{General Practitioner, 일반의}는 길잡이 역할과 보건의료제도의 문지기 역할을 하고 모든 국민은 정해진 GP가 있다. GP는 전문의에 환자를 이송하는 것을 적절히 조정하여 비용을 통제하는 역할도 한다. 보험자의 1차의료비 지불은 인두제가 3분의 2, 나머지는 행위별수가제를 통해 이루어진다. 최근에는 단독으로 활동하던 GP가 그룹을 형성하거나 여러 전문 분야를 합친 종합의료센터를 설립하는 등 1차의료계가 급속도로 통합되는 추세이며 따라서 의사들 간 협업이 점점 강조되는 분위기다.

보험자와의 긴장 관계

네덜란드의 1차의료는 많은 국가의 부러움의 대상이지만, 보험자와 GP 간의 긴장 관계가 점차 고조되고 있다. 2015년 3월에 의식 있는 GP 의 선언문이 작성되었는데, 관료주의 증가, 약물 조제 및 이송 행위 관련 제한, 경쟁법 때문에 보험자를 상대로 단체 협상을 할 수 없는 개인 GP 의 협상력 부족에 반대하는 내용이었다. 전체 GP의 절반 이상이 이 선언 문에 서명했다. 보험자들 입장에서는 자신들의 구매력을 더 많이 이용하여 유리한 계약을 맺고 싶을 수도 있다. 하지만 만성질환의 예방과 자가 관리에 점점 더 초점을 맞추려는 보험자들 전략의 핵심이 바로 1차의료 강화이므로 보험자와 GP 간의 관계 개선은 대단히 중요하다.

지금까지 예방에 더욱 초점을 맞추도록 유도하는 개혁 움직임은 그다지 성과를 내지 못했다. 보험자들은 환자들이 경쟁 보험자에게 옮겨갈지 모르는 상황에서 장기 투자를 꺼려하는 것 같다. 보건의료제도 개혁 정책이 비용 절감 측면에 성과를 내지 못했다는 것이 분명해지면서 보건 의료제도 내의 낭비 요소 등의 문제가 다시 정치권의 관심을 받고 있다.

비용과 관련하여 가장 단호하게 개혁이 이루어진 것은 2015년 1월에 정부가 장기요양 업무를 392개 지방자치단체에 위임하고, 전체적으로 예산을 삭감하기로 한 결정이다. 고령자 요양 비용이 최근 보건의료제도 운영비 증가의 주요 원인이었으며 67세 이상 인구 대비 생산가능인구 비율이 2010년 6.5:1에서 2030년 3:1까지 변화할 전망이다. 따라서 장기 요양이 제도의 지속가능성에 주요 위협 요소가 될 것으로 보인다. 그러나 이러한 개혁의 시행에는 위험이 따른다. 의료공급자들이 행정구역별로 적절히 분배되어 있는 것이 아니어서 소규모 지자체의 경우 직접 여기저기 흩어져 있는 의료공급자들과 복잡한 계약을 진행하는 등 장기요양 책임을 감당할 수 있는 능력이 될지에 대한 확신이 전혀 없기 때문이다. 장기요양 문제는 수년간 어렵고 복잡한 문제로 부각되었으며 정부의 개혁이 효과적인 성과로 이어질지는 아직 불투명하다.

맺음말

네덜란드는 여러 면에서 북유럽 비스마르크식 보건의료제도의 전형을 보여준다. 의료 질 수준이 높고 권한과 통제가 매우 균형 있게 분배되어 있다. 빠른 속도로 증가하는 비용 문제를 해결할 효과적인 방법을 찾아야 하는 숙제가 있긴 하지만 네덜란드가 사회연대와 민간 부문 경쟁, 그리고 정부의 관리감독을 혼합하여 보건의료제도를 운영하는 방식은 다른 국가가 장점과 단점을 각각 보고 배울 수 있는 훌륭한 실험의 장이다.

참고 문헌

1. Commonwealth Fund, Mirror mirror on the wall: How the performance of the US healthcare system performs internationally 2010 Update (Commonwealth Fund, New York, 2010).
2. Health Consumer Powerhouse, Euro Health Consumer Index 2014 (HCP, 2014).
3. Figures from KPMG in the Netherlands.
4. Health Consumer Powerhouse, Euro Health Consumer Index 2014 (HCP, 2014).
5. World Bank statistics, Life expectancy at birth (World Bank, 2012).
6. World Bank statistics, Total health expenditure (% of GDP) (World Bank, 2012).
7. Civitas, Healthcare systems: The Netherlands (Civitas, 2013).

제17장 독일

의사가 제일 잘 안다

독일은 세계 최초로 사회보험펀드라는 제도를 만든 국가다. 1883년에 오토 폰 비스마르크Oto von Bismarck 재상이 '질병금고sickness funds'를 만든 것이 시간이 흐르면서 보편적 보건의료제도로 확장되었다. 기본 원칙으로 내세운 연대의식, 보완성, 조합주의가 오늘날 독일 보건의료제도의 본질적인 특성을 규정한다. 이러한 원칙은 또한 보건의료제도 개혁에 당위성을 부여하는 강력한 동력으로 작용한다. 특히 기존의 수가체계로는 더 나은 임상경로가 필요한 고령인구의 압력을 견딜 수가 없고, 의사들은 각기 다른 의료체계 안에 틀어박힌 채 기존의 수가체계를 고수할 방법만 궁리하는 현실에서는 더욱 그렇다.

다른 국가들도 그렇지만 독일 고유의 문화와 전통이 보건의료제도에 그대로 녹아들어 있으므로, 독일의 법정건강보험제도Statutory Health Insurance, SHI 의 기반이 되는 원칙을 이해하는 것은 의미가 있다. 2009년 이후 모든 국민은 SHI 또는 민간 건강보험에 의무적으로 가입해야 한다. 현재 SHI 에 가입한 국민은 전체의 85%이다.[1]

독일인들은 자신들의 보편적 보건의료제도를 자랑스러워하면서 19세 기의 국가통합 시대까지 거슬러 올라가는 국민연대의 전통을 언급한다. 사회연대의 원칙을 국가 차원에서 보전하는 국가는 많이 있다. 독일도 그러한 국가이지만 고용주와 직원들이 어느 국가에서보다도 활발하게 보건의료제도에 참여하고 기여한다. 법정질병금고statutory sickness funds는 대부 분 근로소득세를 통해 자금을 조달하며 현재 14.6%로 고정되어 있는 보 험료를 고용주와 피고용인이 반반씩 부담한다.

주 단위 관리

보완성의 원칙 또한 독일 헌법에 명시되어 있다. 독일의 정치와 행정 제도는 분권화가 많이 되어서 16개 주Bundesländer에서 보건의료제도 운영의 상당 부분을 책임지고 연방정부는 전반적으로 규제와 감독 역할을 주로 담당한다. 보건의료제도 운영에 있어서 보완성이란 연방정부와 주정부 가 회원제로 운영되는 보험자, 의료공급자, 의사협회 등 '조합corporatist bodies' 으로 불리는 자율규제기구에 권한을 위임하는 것을 말한다. 그리고 다들 의무적으로 이러한 체계에 동참해야 한다.

독일 보건의료제도에서는 민주적으로 선출된 고용주 대표와 피고용인 대표가 질병금고 운영기구 및 기타 의사결정기구에 참여하는 등 조합주의가 매우 활발하다. 이러한 공동 의사결정체계는 어느 일방이 다른 이해관계자의 동의 없이 규칙을 변경하기 어렵도록 하기 위해 만든 것이다. 상황이 좋을 때는 이런 체계가 잘 작동하지만 경제적·사회적 또는 인구 구성 관련 압력이 있는 상황에서는 체계 자체가 경직되어버리거나 보호주의적으로 흐를 수 있다.

130개 이상의 질병금고에 모이는 분담금은 중앙재분배처Central Reallocation Pool로 보내지며, 중앙재분배처에서 2,000개가 넘는 병원과 외래진료소, 1차의료 의사에게 의료비를 지불한다. 이러한 지불체계는 의사들의 조직체계를 그대로 반영하는데, 이 시스템이 어떻게 지속가능한 보건의료 제도를 위한 개혁을 가로막는지는 뒤에서 살펴볼 것이다.

병원은 두 가지 방법으로 자금을 조달하는데 정부에서 자본을 대고 질병금고에서 의료비를 정산해주는 방식이다. SHI는 질병금고에 이환율 조정을 거친 인두제에 따라 예산을 책정하고, 이 예산에서 외래 및 일차진료 의사의 의료비를 지역 SHI 의사협회에 지불한다. 그러면 의사협회는 의료행위의 양에 따라 개별 의사에게 금액을 분배한다. 중요하게 짚고 넘어갈 점은 독일에서는 1차의료와 외래의료에서 담당하는 '외래환자'를 병원에서 진료하는 것이 기본적으로 허용되지 않는다는 것이다. 일부 의사를 제외하고는 이러한 분리가 오랫동안 이어져왔기 때문에 새로운 통합의료 모델을 발전시키는 것이 어렵다. 지역사회에서 활동하는 의사의 46%가 가정의이고, 54%가 전문의이며,[2] 의료시설의 규모는 매우 다양하다.

의료 산업단지

독일의 보건의료제도는 복잡하고 분권화되어 변화를 꾀하기 어렵다. 보건의료에 대한 국민의 관심도 높고 관련 산업 규모도 커서 국내 일자리의 11%(8,100만 인구 중 490만 명이 보건의료 분야에 종사한다.)와 3,300억 유로 규모의 경제를 책임진다.[3] 2,000개가 넘는 병원은 공공 부문, 비영리, 민간 부문이 각각 3분의 1씩 책임지고 있으며, 132개의 질병금고와 수많은 의사협회가 있다. 이러한 '의료 산업단지'를 개혁하기란 쉽지 않다. 의사들이 수가 협상에 들인 시간을 의료 질 향상에 썼다면 의료 질 차이가 지금보다는 현저하게 감소했을 것이고 유해 사례 발생도 훨씬 적었을 것이라는 분석도 있다.

독일 의료계 거물 오이겐 뮌히Eugen Münch는 그의 저서 《네트워크 메디신 Network Medicine》에서 전통적 보건의료 구조와 체계가 완전히 바뀌어야 한다고 역설했다.[4] 그는 병원의료공급자, 지역사회 의사, 질병금고 간에 대대적인 합병과 통합을 통해 전국적인 체인을 형성하여 보편적 보건의료제도를 보전하면서도 독일식 전담의료기관을 제공하도록 만들자고 주장했다. 뮌히는 현재 독일의 제도가 심각한 자원 부족과 비효율 문제를 겪고 있으며 인구가 고령화되어 질병 부담은 증가하는데 이를 떠받칠 세금납부 노동자 수는 감소하여 상황은 더 악화될 것이라고 지적했다.

또한 뮌히는 전국적인 병원 네트워크를 만들고 통원 및 외래환자 진료를 통합하고, 인구 구성 변화 및 경제 상황의 압박을 감당할 수 있는 규모, 적용 범위, 전문성을 갖춘 대규모 질병금고를 1개 이상 구축하자고 주장했다. 그렇게 되면 환자는 지역 기반의 가장 적절한 환경에서 체계적으로 진료를 받고 이헬스와 원격의료의 도움을 다양하게 받을 수 있게 된다는 것이다. 뮌히의 저서는 당연히 의료계 보수세력의 반발을 샀지만 그의 파격적인 제안이 현재 독일 보건의료제도의 심각한 문제를 제대로 짚어낸 것만은 분명하다.

독일의 보건의료제도가 전형적인 비스마르크식 제도인데도 경쟁이라는 요소가 강력한 특징으로 드러나지 않는 것은 의외다. 일부 병원 체인의 확장 움직임을 제외하면, 의료공급 시장은 특별히 경쟁적이지 않고 질병금고 간에 대단한 경쟁관계가 있는 것도 아니다. 인구의 12%에 해당하는 가입자를 안정적으로 보유하는 민간보험[5]도 공격적으로 마케팅을 하지 않기 때문에 보험자들이 좀 더 행동하는 모습을 보여줄 필요가 있다는 논란이 일어날 정도다. 그동안은 병원 쪽의 비용 증가를 억제하기 위해 주기적으로 구조 변화를 시도하면서도 의료의 질에는 별로 관심을 기울이지 않았는데, 2004년에 보건의료질과효율성관리기구Institute for Quality and Efficiency in Healthcare를 신설함으로써 매우 긍정적인 방향으로 한 걸음을 내딛었다. 이 기구는 보건의료제도의 리더십 역할을 하면서, 독일을 세계 최고 수준의 가격 경쟁력을 가진 제약시장으로 만들었다. 그러나 보건의료제도가 필요로 하는 보험자와 의료공급자 간의 파격적인 변화를 만들어내지는 못했다. 2015년에는 의료질관리기구Institute for Quality가 신설될 계획이다.

독일에서는 2013년에 환자의 권리에 대한 기본 법률General Law on Patients' Rights을 제정하여 환자의 권한 강화를 꾀하였다. 이 법률을 통해 의료공급자와 환자의 권리와 의무 관계가 민법에 포섭되었다.

독일은 현재 인구고령화가 가져오는 기회와 압력에 직면하고 있다. 세계 최저 출산율과 81세라는 높은 기대수명으로 인해, 2019년에는 전 국민의 23%가 65세 이상이 되어 일본 다음으로 고령인구 비율이 높은 국가로 자리매김할 전망이다.[6] 보건의료 분야 지출도 꾸준히 증가하여 현재 GDP의 11.3%에 달한다.[7]

노인의료개혁

노인의료제도 개혁은 정부에서도 그동안 우선순위를 두어왔고, 전반적인 보건의료제도에 비해 구조가 비교적 단순하여 어느 정도 진전이 있었다. 2015년 1월에 장기요양 강화 제1법률First Act to Strengthen Long-term Care, Erstes Pflegestärkungsgesetz이 제정되었다. 이 법률로 인한 주요 변화에는 시설 기반 지원 및 비시설 기반 지원 규모를 25억 유로 증액하고, 요양시설 근무 인력 비율을 개선(1:24에서 1:20으로)하는 내용 등이 있다. 또한 전문 자택간호인력 대신에 환자가 일반 요양인력을 유료로 이용할 수 있도록 정부의 지원을 확대하는 내용도 담겨 있다. 이러한 조치는 인력 부족을 해소하기 위한 참신한 방안이다. 이에 더하여 친지가 갑작스럽게 뇌졸중 등의 증상으로 간병이 필요할 경우 10일간 유급휴가를 사용할 수 있게 하는 내용도 새롭게 추가되었다. 장기요양 관련 추가적인 법 제정은 2017

년에 이루어질 전망이다.

독일의 노인요양 관련 자금조달 방안이 다른 국가에게 좋은 길잡이가 된다면, 독일의 1차의료비 정책을 반면교사로 삼을 수 있다. 2004년에 1차의료 진료에 10유로씩 환자 개인부담금Praxisgebühr을 부과하는 제도를 도입했었지만, 8년 만에 독일 연방의회에서 보기 드물게 만장일치로 폐지했다. 개인부담금으로 납부된 금액 대부분이 행정비로 소진되고 말았으며 일부 저소득층을 제외하고는 수요 억제 효과도 없어 정책의 목적을 달성하지 못한 것이다. 요즘에는 다른 국가에서 일반의GP 관련 개인부담금제도가 제안될 때마다 실패 사례로 "Praxisgebühr"가 자주 언급된다.

과거 동독과 서독 간 건강 불균형은 통일 이후 현저하게 감소하였다. 1990년에 서독 주민의 기대수명은 동독 주민보다 3년이 길었으나 지금은 남성의 경우 1년 정도이고, 여성의 경우 별다른 차이가 없다.[8] 오히려 이제는 과거 서독이었던 지역 내에 더 큰 불균형 문제가 생기고 있다. 따라서 독일의 건강 불균형을 논할 때는 북쪽 지역과 남쪽 지역으로 나누어 살펴보는 것이 더 의미가 있다고 말하는 이들도 있다.

인구고령화와 더불어 비만 문제도 심각하다. OECD에 따르면 2010년 기준으로 독일 20세 이상 국민의 8.9%가 당뇨병을 앓고 있었으며 이는 멕시코, 미국, 캐나다 다음으로 높은 비율이다.[9]

체계적인 조직과 수많은 이해관계자 외에 독일 보건의료제도가 굳건한 중요한 이유가 하나 더 있다면, 짧은 대기시간과 높은 환자만족도로 대변되는 효과적인 의료전달체계를 꼽을 수 있을 것이다. 지금까지 국민들은 현재 상태를 유지하기 위해 비용과 체계의 복잡성을 기꺼이 감수했다. 그러나 의료비와 의료 수요가 계속 증가하고 다른 국가들이 의료 질에서 독일을 앞지르게 되면 국민들도 생각이 바뀔 것이다.

맺음말

독일인은 사회연대에 기반을 둔 독일 보건의료제도를 매우 자랑스럽게 여기는 것으로 유명하지만, 내가 보기에는 미국의 저명한 경영학자 마이클 포터Michael Porter가 독일 보건의료의 현 수준을 가장 간결하게 잘 요약했다. "독일인들은 지구상의 다른 지역 주민들보다 더 많은 의료보장을 받지만 더 나은 의료 또는 최고 가치의 의료를 누린다고 볼 수는 없다. 앞으로도 개선해야 할 부분이 많이 있다." 포터는 2012년에 출간한 자신의 저서 《독일 보건의료제도 재정의Redefining German Healthcare》[10]에서 몇 가지 핵심적인 구조 변화를 제안했다. 출간 당시에는 환영을 받았으나 실제 변화로 이어진 것은 아직 없다. 그가 제안한 구조 변화에는 입원환자와 외래환자 간 서비스 구분 폐지, 의무적 진료성과 보고체계, 의료공급 시장 통합을 통한 공급과다 해소 및 의료공급자별 질 차이 감소 등이 있다.

포터의 처방은 독일의 보건의료가 안고 있는 문제에 잘 맞는다. 포터가 제시하는 개혁을 묘사하자면 '의사가 제일 잘 안다'는 방식에서 '환자가 제일 좋은 것을 누린다'는 방식으로의 전환이라고 말할 수 있을 것이다. 독일 보건의료제도의 문제들은 이제 만성적인 문제로 발전하는 초기 단계에 있으며 신속한 조치가 있어야 문제 해결 성공 확률을 높일 수 있을 것이다.

참고 문헌

1. Nadeem E., Health care lessons from Germany (Fraser Institute, May 2014) p. 15.
2. Busse R., Health Systems in Transition: Germany: Health systems review, (European Observatory on Health System and Policies, 2014).
3. Busse R., (2014).
4. Munch E., Netzwerkmedizin: *Ein unternehmerisches Konzept für die altersdominierte Gesundheitsversorgung*(Springer Gabler, Wiesbaden, 2014).
5. Economist Intelligence Unit, Industry Report, Healthcare (EIU, December 2014) p. 6.
6. EIU, (2014), p. 6.
7. World Bank statistics, Total health expenditure (% of GDP) (World Bank, 2013).
8. Kibele E.U.B., Changing patterns: regional mortality differences and the East–West divide in Germany (Demotrends, 15 March 2014).
9. EIU, (2014), p. 13.
10. Porter M. and Guth C., *Redefining German healthcare: Moving to a value-based system*(Springer: Heidelberg, 2012).

제18장 스위스

돈 낸 만큼 누린다

　스위스 국민 800만 명 중 한 사람이 되는 것은 대단한 행운이다. OECD 와 세계경제포럼에서 발표하는 일련의 보고서들을 보면, 스위스에는 지 구상에서 가장 행복하고, 건강하며, 교육 수준이 높은 사람들이 살고 있 다. 다른 자원이 별로 없는 스위스는 인적자원에 꾸준히 투자하여 보건, 복지, 교육, 고용 환경을 향상시켜왔으며, 세계에서 가장 좋은 혁신 환경 을 만든 덕분에 경제를 탄탄하게 성장시켰다. 또한 탄탄한 경제를 바탕 으로 더 많은 혁신과 성공을 이루는 선순환이 일어나게 되었다.

　나는 전 세계를 다니면서 스위스의 보건의료제도만큼 어려움 없이 운 영되는 제도를 본 적이 없다. 물론 여기에도 문제는 있고 재정 압박은 있 다. 내가 만난 여러 명의 스위스 건강보험 및 병원 운영자들은 의료 질을 타협할 수 없다 보니 비용이 많이 든다는 점은 인정하면서도 제도 자체 는 잘 설계되었고 지속가능하다고 평가하고 있었다.

미국의 커먼웰스펀드에서 발간한 최근 보고서에서는 보건제도 성과 면에서 (영국 다음으로) 스위스를 세계 2위로 평가했으며,[1] 기대수명 역시 82.7세로 일본, 홍콩, 아이슬란드 다음으로 높다.[2] 대기시간은 매우 짧고 시민들은 건강에 관심이 많으며 스위스보건연구소Swiss Health Observatory에서는 스위스가 (자살률은 좀 높지만) 심장질환, 뇌졸중, 암 분야 의료성과가 탁월하다는 것을 보여준다.

스위스의 보건의료제도는 여러 방면에서 '돈 낸 만큼 누린다'는 격언을 그대로 보여준다. 보건의료 관련 지출은 GDP의 11.5%로 세계에서 가장 높은 수준이다.[3] 1인당 보건의료비는 연간 미화 9,276달러로 미국보다 약간 높다.[4] 전체 보건의료비는 향후 수년간 매년 4~5%씩 증가할 것으로 전망되며 이는 스위스의 예상 경제성장률을 훨씬 상회한다. 이 때문에 이 제도를 지속할 수 없는 날이 올 것이라고 보는 일부 평론가도 있지만 최근 정치권의 논의나 여론을 보면 스위스 국민들은 아직 그렇게 결론짓기에는 이르다고 생각하는 것 같다.

주와 공동체

스위스의 보건의료제도에 대해서는 많은 연구가 진행되어왔지만, 늘 그렇듯이 역사적·문화적 배경이 대단히 중요하다. 스위스의 정치제도는 26개 주를 중심으로 상당히 분권화되어 있으며 각각의 주에서 사용하는 모국어 역시 독어나 불어, 이태리어 등으로 다양하다. 보건의료의 재원마련, 전달, 행정은 기본적으로 개별 주에서 담당하고 의료공급자

허가 및 병원 건립 계획 수립도 마찬가지다. 이 때문에 800만 명에 불과한 전체 국민에게 의료서비스를 공급하는 공공병원 및 민간병원이 총 300개가 넘는 등 보건의료제도가 분산될 수밖에 없다. 그나마 2009년부터는 개별 주에서 병원 건립 계획을 세울 때 의무적으로 다른 주와 조정을 거치도록 바뀌었으며, 2012년부터 환자가 자유롭게 어느 주에서 의료서비스를 받을지 선택할 수 있도록 허용되면서 개별 주 사이의 협업이 활발해지고 있다.

연방정부는 관련 규정을 감독하고 전국의 총 2,596개 '코뮌commune' 자치구는 각각 해당 지역의 노인요양서비스를 담당한다. 이렇게 분산화된 제도는 스위스의 역사를 반영하는데, 스위스에서는 언제나 주민의 합의를 중요하게 여겼으며 지금도 국민의 의견을 물어보자는 데 10만 명 이상이 서명하면 반드시 국민투표를 실시하도록 법으로 정해져 있다.

1996년에 연방건강보험법Federal Health Insurance Act은 모든 스위스 국민이 민간 비영리 건강보험에 가입하도록 의무화했다. 개인은 67개 보험운영자 중 하나를 선택하여 가입할 수 있고 보험자는 이를 거절할 수 없다. 일반 보장플랜 보험료는 보험자, 가입자 연령, 해당 주에 따라 차이가 있지만, 주 내에서 동일 연령대 주민들을 상대로 보험료를 차등 적용하는 것은 금지된다. 보험자는 '부가 플랜supplementary packages'을 이용해 수익을 얻을 수 있다. 소득이 적거나 국가보조금으로 생활하는 개인과 가정은 연방정부와 주정부에서 건강보험보조금을 받는다.

따라서 스위스의 보건의료 모델은 보험료를 통해 재원을 마련하는 방식으로 보편적 의료보장을 제공하며 보험자 및 보건의료공급자 간에 경쟁이라는 특징이 있다. 환자의 선택 및 높은 수준의 소비자의식과 책임 의식을 통해 활발하게 운영된다. 그러면 스위스는 모두가 그리는 완벽한 자유시장의 모습을 구현했을까? 꼭 그렇지만은 않다.

일반의들은 건강유지기구HMOs에 가입되어 있는 환자에 대해서는 행위 별수가 또는 묶음지불/인두제수가bundled/capitaion payment를 적용받는다. 하지 만 2012년부터 대부분의 병원들은 각각의 의료행위에 대해 질병군(DRG) 분류표에 기초한 포괄수가제에 따라 진료비를 받는다. 보험료와 개인부 담금이 상승하면서 이러한 방식이 인기를 얻고 있으며, 수가는 주에서 결정한다.

전체 보건의료 지출 중 정부가 감당하는 비율은 2013년 기준 66%에 불과하여 OECD 평균인 72%에 훨씬 못 미치는데,[5] 가장 큰 이유는 스위 스 건강보험이 처음부터 개인부담금을 포함하여 설계되었기 때문이다. 이 비용은 상한선이 있음에도 불구하고 상당히 증가했으며 제네바의사 협회Geneva Physicians Association는 지난 20년간 보험료가 125% 증가했다고 주장 했다.[6] 이에 더하여 국민의 40% 정도는 추가 보험에 가입해 있다.

정부는 비용 절감을 우선순위에 두고 각종 규제 및 복제약 사용 활성 화를 통해 보험료 인상폭을 일부 축소했다. 비평가들은 주 전역에 분산 된 소규모 병원의 수가 너무 많고 건강보험 시장도 너무 분산되어 있는 것이 문제라고 입을 모은다. 구조 및 자금조달을 개혁하려는 움직임은 여론의 반대, 개별 주의 작은 규모, 국민투표를 통한 법안 통과의 어려 움 때문에 도무지 진전될 기미가 보이지 않는다. 상당수의 주들이 자신들의 공공병원에 강한 애착을 갖고 있어 질병군 분류 기반 수가체계 때문에 병원별로 임상의 질과 비용이 차이가 많이 난다. 그럼에도 불구하고 주민의 접근성을 보장하기 위해 주정부보조금으로 이러한 수가체계를 떠받치고 있다.

의료 질을 지지하는 유권자

지난 10년간 비용을 통제하려는 시도는 모두 수포로 돌아갔다. 정부가 시도한 2004년 개혁은 실패했으며, 2012년에 비용 축소를 위한 '관리의료managed care'라는 접근 방식은 의료 질에 부정적인 영향을 줄 수 있다는 이유로 유권자들이 거부했다. 2014년 9월에 실시된 국민투표에서는 투표참여자의 62%가 민간건강보험제도를 공공건강보험제도로 전환하겠다는 계획을 거부했다.[7] 대부분의 일반 시민들이 건강보험료와 개인부담금으로 인해 부담을 느낀다고 밝혔는데도 이러한 결과가 나온 것이다. 국민투표를 통해 의료 질과 비용의 균형을 논하는 것은 전형적인 스위스 민주주의다. 이 결과가 더욱 놀라운 이유는 국민의 절반이 이미 의사네트워크 또는 HMOs를 통해 일종의 관리의료 체계에 속해 있다는 데 있다.

이 국민투표 이후 어떤 방향으로 나아갈지에 대해서는 아직 합의된 바가 없다. 건강보험자들은 인구 증가 및 고령자 증가로 인해 보험료 인상이 불가피하다고 주장하고 정부의 '보건2020전략Health 2020 Strategy'은 최고 20%까지 보험금 예치율을 늘릴 것을 제시한다.[8] 분야별 이해관계자가 너무 많으므로 합의점을 찾는 것이 쉽지 않다. 그러나 특정 증상에 대한 치료 전체에 대한 묶음지불제 도입, 의사들 간의 조정기능 활성화, 저가 서비스 이용 환자 대상 혜택 제공 등의 방향에 대해서는 점차적으로 합의가 이루어지고 있다. 최근까지도 환자의 역량 강화는 우선순위가 아니었으나 이제는 환자의 자기관리가 점점 더 강조되고 있다.

투명성 확보

스위스는 의료 질 개선을 위한 적절한 방식을 찾기 위해 고심하고 있다. 보건의료가 주 단위로 관리되므로 국가 차원의 보건 기준을 규정하기 어렵다. 그뿐만 아니라 주 단위로 실시하는 질병예방 프로그램은 꽤 효과가 있는 데 반해 국가에서 실시하는 보건 프로그램은 성과가 미미한 경우가 많다. 다른 선진국들에 비해 스위스는 보건의료 기준에 대한 국가 차원의 분명한 방향성이 없고 의료 질과 안전 개선에 초점을 맞추지 않는다. 제도 개선 계획도 주 단위로 실시하고 우수 사례가 전국적으로 공유되는 것도 더디다. 국가 차원의 방향이 없어서 생기는 부작용은 (비록 다른 OECD 회원국에 비해 심한 정도는 아니지만) 스위스 내 건강 불균형에 대해 정치권도 의료계도 관심을 갖지 않는다는 것이다.

스위스의 세련된 보건의료제도와 오랜 동안의 금융서비스 규제 관련 경험을 감안하면 보건의료의 질을 전통적으로 전문가들의 자율규제에 맡겨왔다는 것이 의외다. 의사들과 의료공급자들은 면허를 발급받고 그 이후 지속적인 교육을 받으면 된다. 최근에 와서야 '스위스보건의료제도

질관리전략Quality Strategy of the Swiss Health System'을 새로 도입하여 의료감염, 환자 안전, 투약과오에 대한 병원의 대응 방안을 챙기고 지원하기로 했다. 주 단위 지원을 바탕으로 전문가 네트워크가 점차 활성화되면서 완화치료, 치매, 정신보건 등의 분야도 다루어지고 있다.

다른 여러 국가들과 마찬가지로 스위스 역시 보건의료인력이 더 많이 필요한 상황이지만 의과대학에서 소수의 졸업생만을 배출하는 실정이다. 외국에서 유입된 의사가 전체의 5분의 1을 차지하게 되면서 어느 정도 도움은 되었지만 이 때문에 오히려 인력 부족의 심각성이 충분히 부각되지 않았다. 심지어 2013년부터는 국내 공급을 늘리기 위해 외국인에 대한 의사면허 발급에 제한을 두기 시작했다.

맺음말

스위스가 당면한 문제는 다른 국가에도 있다. 환자에게 더 많은 권한을 부여하고, 병원 간 의료성과 차이를 줄이고, 각 서비스 간에 조율 절차를 개선하고, 비용을 관리하는 문제가 그것이다. 그러나 스위스의 보건의료제도가 우리에게 던지는 분명한 메시지는 최고의 의료란 건강을 유지하고자 하는 개인의 책임의식과 경제 번영의 합작품이라는 사실이다.

참고 문헌

1. Commonwealth Fund, Mirror on the wall: How the performance of the US healthcare system performs internationally – 2014 Update (Commonwealth Fund: New York, 2014).

2. World Bank statistics, Life expectancy at birth (World Bank, 2013).

3. World Bank statistics, Total health expenditure (% of GDP) (World Bank, 2013).

4. World Bank statistics, Health expenditure per capita (World Bank, 2013).

5. World Bank, Public health expenditure (% of total health expenditure) (World Bank, 2012).

6. *Sun Daily*, Swiss reject switch from private to state health insurance (*Sun Daily*, 29 September 2014).

7. *Sun Daily*, Swiss reject switch from private to state health insurance (*Sun Daily*, 29 September 2014).

8. Federal Department of Home Affairs, The Federal Council's Health Policy Priorities: Health 2020 (Swiss Confederation, 2013).

제19장 이탈리아

'달콤한 인생'은 끝났다

밀라노의 호텔 프런트 데스크 직원은 나에게 거듭 깊이 사과하면서 매우 당황한 목소리로 국가의 어려운 경제를 돕기 위해 새로운 세금제도가 도입되었다고 설명했다. 호텔 투숙객은 숙박 일수만큼 1인당 얼마씩 호텔 등급에 따라 차등 적용되는 금액을 세금으로 납부해야 한다. 호텔 직원은 이 문제에 대해 호텔은 어떠한 권한도 없다는 것을 설명하느라 곤혹스러워하면서 정부를 탓했다.

이 간단한 세금제도로 이탈리아의 부채를 해결하고 보건의료제도를 짓누르는 압력을 해소할 수 있다면 좋았을 것이다. 1960년도에 제작된 펠리니Fellini 감독의 영화 〈달콤한 인생La dolce vita〉은 만성적 재정 문제 및 극도의 긴축 운영과 씨름해야 하는 이탈리아에게는 이제 더 이상 와 닿지 않는 좋은 시절의 초상이다.

20세기 초반에는 이탈리아에도 다른 유럽 국가들의 비스마르크식 제도와 유사한 사회보험제도가 있었다. 다양한 개별 기관을 통해 집행되는 노동자 보험플랜은 현금 지원 혜택 및 의사, 병원, 약사와의 계약을 통한 직접적 의료지원도 종합적으로 포함하는 형태였다. 그러다가 복잡한 정치적 절차를 거쳐 1978년, 영국의 NHS처럼 '윌리엄 베버리지 모델 Willian Beveridge's model'을 본받은 국가보건서비스National Health Service, Servizio Sanitario Nazionale, SSN를 창설하여 보편적 세금 기반 의료보장제도를 마련하였다. 보건의료서비스는 무료로 또는 최소한의 비용으로 공급하며 주요 서비스는 모두 보장된다.

SSN이 NHS를 모델로 한 단일 세금 기반 보험자이긴 하지만 NHS와 근본적으로 다른 부분은 운영 권한이 20개 지방으로 분산화되고 각각 위임된 정도에 차이가 있었다는 것이다. SSN은 1992년에서 1993년에 걸쳐 진행된 법률 제정 및 2001년 헌법 개정을 통해 큰 변화를 겪었으며 보건의료 관련 정치, 행정, 재정 책임의 대부분을 각 지역구로 넘겼다. 지금 같은 재정위기에는 이러한 제도가 심각한 결과를 초래할 수 있다.

보건의료 지출이 GDP의 9.1%를 차지하고[1] 평균 기대수명은 82.3세이므로[2] 이탈리아의 보건의료제도는 국제 기준으로 볼 때 우수한 수준이다. WHO에서 2000년에 발간한 《세계보건보고서World Health Report》에서 이탈리아의 보건의료제도는 191개 평가대상 국가들 중 프랑스에 이어 2위를 차지했다.[3] 또한 2014년 블룸버그는 각국의 보건의료 효율성 순위를 매기면서 이탈리아를 싱가포르와 홍콩에 이어 3위에 선정했다.[4] 특이한 것은 이러한 성과가 이탈리아 내에서는 거의 언급되지도 않으며, 프랑스나 영국의 일부 평론가들처럼 보건의료제도 운영 현황을 두 둔하기 위해 이러한 자료를 활용하지도 않는다는 것이다. 그 이유는 아마도 일련의 여론조사에서 보건의료제도에 대한 환자와 국민의 만족도가 매우 낮다는 사실이 드러났기 때문인지도 모른다. EU에서 정기적으로 실시하는 《여론조사 보고서Successive Eurobarometer》에서도 (특히) 역사적으로 의료서비스와 시설이 열악한 남부 빈곤지역에서 제기되는 불만을 계속해서 지적한다. 지방분권화가 강화될수록 지역 간 격차가 심해져서 결국 보건서비스의 근간이 되는 평등주의 원칙을 해치게 될 것이라고 믿는 사람들도 있다.

지방 정치권

이탈리아는 보건부가 전반적인 제도 운영을 담당하고 지방정부와 지방보건의료기관Local Healthcare Agencies, LHAs은 의료서비스 전달을 책임진다. 최근 실시된 개혁 방안에 따라 공공 및 민간의료공급자들은 비용과 의료질에 대해 서로 경쟁하게 되었으며 LHAs는 영국의 NHS처럼 준시장quasi-market의 감독관 역할을 담당한다. 그러나 서비스 전달의 각각의 단계에서 지방 정치권의 민주적인 통제가 이루어지며 LHAs 운영진도 지방정부에서 임기제로 지명한다. 이러한 운영 방식은 개혁 수행 능력에 중대한 영향을 미친다.

중앙정부와 지방정부는 보건의료 운영 재정과 지출 감축을 둘러싸고 불안한 교착상태에 빠져 있다. 유로존 위기 이후 마리오 몬티Mario Monti 정부는 1,080억 유로로 책정된 국가 보건예산에서 10억 유로를 삭감하겠다고 선언했다. 비율로는 얼마 되지 않지만 이탈리아의 국가보건서비스 운영에서 지출 감축이 계획된 것은 사상 처음 있는 일이며 누가 지출 삭감 책임을 떠맡게 될지는 아직 불투명하다.

기본적으로 각 지방에서 지출 삭감을 실행할 책임이 있지만, 지방정부는 여러 가지 정치적인 이유들로 인해 (일부는 지방세를 올릴 정도로) 상당한 적자에 시달리고 있으며 각 정당들은 비난의 화살을 상대방에게 돌리기 바쁘다.

과거에는 지방정부의 보건의료 예산 적자를 중앙정부에서 메꿔주려는 경향이 있었으므로 비용 절감 및 효율성 개선에 노력을 기울일 필요가 별로 없었지만, 1997년에 '회복 계획recovery plans'을 도입하는 법안이 통과되면서 이러한 관행이 사라졌다. 정치적 후원 및 LHAs 운영진 임명 등 현재의 보건의료제도는 기득권 보호에 최적화되어 있으며 임상적·구조적 개혁의 추진을 가로막는다.

시급한 개혁의 필요성

이탈리아의 의료제도는 변화가 절실하다. 의료인력이 65만 명에 달하여 OECD 회원국 중 환자 대 의사 비율이 제일 높은 편이다. 그뿐만 아니라 1,000개 이상의 병원이 6,100만 인구에게 의료서비스를 공급하는[5] 이탈리아의 보건의료 모델은 너무 병원 중심으로 치우쳐져 있다고 할 수 있다. 인구 대비 병상 비율도 유럽 기준으로 높은 편이어서 이제는 심각하게 분산된 1차의료와 지역사회서비스에 재정이 투자될 수 있도록 구조적인 합리화 작업이 필요하다.

병원 병상수가 1990년 인구 1,000명당 7.2개에서 2011년에는 3.4개로 감소하였으므로[6] 정부가 그동안 아무런 조치도 취하지 않았다고 말하는 것은 부당하지만 아직도 더 많은 변화가 필요하다. 병원시설을 통합하고 외래의료와 1차의료에 기초한 좀 더 진보적인 의료 모델을 개발하기에는 정부의 정치적 의지와 운영 기법이 부족한 경우가 많다. 흩어져 있는 일반의GP들을 모으고 장기요양서비스와도 효과적으로 연계할 수 있도록 재정비가 필요하다.

1차의료 개혁에 대한 평가는 엇갈린다. 환자가 전문의와 병원 진료를 받기 전에 만나는 GP들은 대부분 인두제와 행위별수가제가 혼합된 형태로 지불받는다. 원래는 대부분 개인진료소를 운영했었다. 그러나 최근 법령은 여러 GP들로 하여금 서로 연계하여 일반 진료지침을 개발하거나 전자기록시스템을 도입하는 등 통합 운영을 추진하는 방향으로 유도하고 있다. 일반적으로는 이러한 변화를 반기는 분위기지만 이에 반발하는 의사들도 있어서 부분적으로 실행되었으며, 특히 남부지역에서는 그 영향이 더욱 미미했다. 여기에 병원 운영비 문제를 해결할 방법도 없고, 비용 절감 능력도 없으며, 병원마다 의료 질 차이가 계속되는 상황에서는 의료서비스가 현대화되지 못할 가능성이 상당히 높다.

한편 2007년에 새로운 규제를 도입하여 각 지자체, LHAs, 병원을 대상으로 '회복 계획'을 실시하고 재정 현황을 정기적으로 보고하도록 의무화하면서 과거에 비해 자금운용 통제를 강화하는 효과를 얻었다. 이러한 변화는 제도의 지속가능성을 높였다는 데 의의가 있다. 다만 변화하는 환자의 요구를 만족시킬 수 있는 중장기 비전은 아직 마련되지 않았다. 인구 구성 변화(65세 이상 인구가 21%에 달해[7] 이미 유럽국가 중 고령국가에 속한다.)와 아동 보건 문제(OECD회원국 중 이탈리아의 아동들이 가장 활동량이 적고[8] 과체중 아동이 두 번째로 많다.[9])를 생각하면 중장기 해결책 마련이 시급하다.

재정 통제

정부가 지난 8년간 추진하고 있는 회복 계획은 눈에 띄는 변화를 가져왔다. 중앙정부 방침이 지방정부의 보건의료제도 운영 권한보다 우선하게 된 것이다. 회복 계획에는 적자폭 감소 및 병원과 지역사회 의료 간의 불균형 개선 등의 내용이 포함되어 있으며, 지방정부는 이 지침을 잘 실행해서 목표에 도달해야 비로소 회복 계획에서 풀려나 다시 권한을 되찾을 수 있다. 이 회복 계획에는 정치적으로 예민한 내용도 포함되어 있다. 적자가 개선되지 않을 경우, 자동으로 지방세를 올리도록 하여 의료 질과 비용 개선을 서두르도록 하였다. 만약 그러지 않을 경우 정치적으로 혹독한 대가를 치르게 된 것이다.

새로운 환자 개인부담금도 생겼다. 1차의료와 입원환자 진료는 무료이지만, 외래 전문의 진료와 영상 및 실험 서비스에는 개인부담금을 적용하고 외래환자의 약 처방 비용은 지방별로 부과하기로 했다. 이 밖에도 보건서비스 인력 연봉이 3년째 동결되었으며 지역별로 휴가 동결 등의 조치가 취해지고 있다.

　현재 보건과 사회복지를 통합하려는 움직임이 있으며 일부 지역에서는 GP와 전문의, 간호사, 사회복지사가 팀을 이루어 지역 주민들의 필요를 충족시키기 위한 통합적 접근을 시도하고 있다. 그러나 그 성과가 들쑥날쑥하며 목표 달성이 어려운 것으로 드러났다. 이렇게 환자 중심, 팀 기반 지역사회 의료를 내세운 "메디컬 홈medical home" 방식은 이탈리아 북부의 에밀리아-로마냐Emilia-Romagna 주에서 주민 70만 명을 대상으로 이미 적용하고 있으며 토스카나Tuscany 주 중심 지역에서도 구축하는 중이다.

　부유한 북부지역과 다소 덜 풍족한 남부지역 간의 보건서비스 및 성과 불균형 문제는 어제오늘 일이 아니다. 남부지역은 지역사회서비스도 더 열악하고 전문의를 만나는 3차의료 접근성도 더 취약하여 수많은 환자들이 북부지역까지 가서 진료를 받는다. 수요 기반 자원 분배 시도는 실질적인 변화를 이끌어내지 못했으며 지역 간 자금 분배에도 논란이 있다. 병원들은 대부분 지방정부 산하에 있지만 롬바디Lombardy 주 같은 부유한 북부지방에서는 병원 서비스의 3분의 1 정도를 민간 부문이 감당하며, 공공병원과 민간병원의 경쟁을 장려한다.

　유럽위원회European Commission는 이탈리아를 부패 수준이 높은 국가라고 분류하고 있으며, 이러한 상황은 보건의료에도 영향을 미친다. 의약품과 의료장비 가격 결정 및 지불 과정, 외주 계약 체결 과정 등이 투명하지 못하고, 대기시간 단축을 위해 의사가 뇌물을 받거나 환자안전 및 의료

질 최소 기준 미달 시설에 허가를 내주거나 잘못된 수가표를 기준으로 병원에 수가 지불을 하는 등의 사례가 있다. 한 연구조사에서는 "자금 마련은 중앙정부가 담당하고 지출은 지방정부가 담당하는 분리체계가 지방 보건의료제도의 방만한 운영을 부추겼다."고 지적한다.[10]

맺음말

이탈리아는 국내 경제 문제 해결에 진척을 보이고 있으며 보건의료 '회복 계획' 또한 비용을 통제하겠다는 결연한 의지를 보여주지만, 실제로 이탈리아의 보건의료제도 개선 방향은 임금 및 휴가 동결, 의약품 가격 축소 등 기존의 비용 절감 프로그램에서 크게 벗어나지 않는다. 물론 이러한 노력도 어느 정도 효과를 볼 수는 있겠지만 차별화된 보건의료 모델이 필요한 고령인구의 수요 증가를 따라가기엔 역부족이다. 현재의 난국을 타개하기 위해서는 정치계, 의료계, 경영계의 새로운 연합과 협력이 필요하다. 이탈리아에는 꽤 괜찮은 보건의료제도가 있으며 충분히 더 잘할 수 있다.

참고 문헌

1. World Bank statistics, Total health expenditure (% of GDP) (World Bank, 2013).

2. World Bank statistics, Life expectancy at birth (World Bank, 2013).

3. World Health Organization, The World Health Report 2000 Health systems: improving performance (World Health Organization: Geneva, 2000).

4. Bloomberg, Most efficient healthcare 2014: Countries (Bloomberg: New York, 2014).

5. Economic Intelligence Unit, Healthcare report (EIU, May 2014).

6. World Bank statistics, Hospital beds (per 1,000 people) (World Bank, 1990 and 2011).

7. World Bank statistics, Population ages 65 as a percentage of the total population (World Bank, 2013).

8. OECD, 'Physical activity among children' in Health at a Glance 2013: OECD Indicators (OECD Publishing, 2013).

9. OECD, Obesity Update June 2014 (OECD Publishing, 2014).

10. Lagravinese R. and Paradiso M., Corruption and health expenditure in Italy, *MPRA*, 43215 (11) (2012).

제20장 포르투갈

긴축정책이 치른 대가

포르투갈은 이탈리아, 아일랜드, 그리스, 스페인과 더불어 유로존euro-zone 내에서 심각한 경제적·정치적·사회적 불확실성을 안고 있는 국가에 속한다. 부채 위기가 닥친 후로는 유로존에서 이 국가들의 재정운영에 대해 엄격하게 바라보기 시작했으며 사회연대, 보건의료 재원마련 및 서비스 공급 원칙에 대하여 어려운 질문을 던졌다. 포르투갈 국민들에게 포르투갈의 보건의료제도에 대해 의문을 제기하는 것은 민주주의와 국가 안녕의 핵심을 건드리는 것과 같다.

포르투갈에 보건의료제도의 기틀이 놓인 것은 1946년 첫 번째 사회보장법이 제정되었을 때로 거슬러 올라간다. 그러다가 1974년 혁명 이후 보건의료서비스 구조조정이 시작되어 1979년에 국가보건서비스Serviç national de Saude, SNS가 창설되기에 이른다. SNS가 민주정부의 주요 업적으로 평가되어왔지만, 유럽재정안정체제European Financial Stabilisation Mechanism의 지원을 받아야 하는 상황이 되면서 이제 SNS도 압박을 받게 되었다. 이 긴급 구제금융으로 인해 포르투갈은 보건의료와 같은 민감한 영역을 포함하여 모든 부문에서 지출을 삭감해야 한다.

보편적 의료를 보장하는 SNS는 대부분 일반 세금을 통해 재원을 확보한다. 민간 자율 보험도 존재하긴 하지만 보건의료계 최대 고용주이자 의료공급자는 SNS다. 보건의료 지출이 국가 재정에서 비교적 높은 비중을 차지하고는 있지만 보건예산의 장기적인 추세가 국제금융위기 이후 역전되었다. 2009년에는 GDP의 10.8%에 달했던 보건의료 분야 지출이 2013년에는 9.7%로 감소했는데,[1] 같은 기간 포르투갈의 전체 GDP 역시 하락한 것을 감안하면 감소폭이 더욱 두드러진다. 공공 부문에서 큰 폭의 감축을 단행하면서 전체 보건의료 지출에서 정부가 담당하는 부분이 68%에서 64%로 감소했다.[2]

사회연대에 기초한 보편적 의료보장제도를 운영하는 다른 여러 국가들과 마찬가지로 포르투갈의 보건의료제도 또한 자금조달 및 의료공급에 공공 부문과 민간 부문이 혼합된 형태다. SNS 외에도 특정 직업군을 위한 보험제도가 따로 있어서 고용주와 피고용인이 분담금을 내는 형태로 운영된다. 또한 전체 국민의 15%는 민간건강보험에 가입되어 있는데[3] 주로 회사 단체 가입 형태를 띠고 있다. 많은 경우, 민간건강보험에 가입하는 것은 SNS를 보완하기 위한 것이지 대체하기 위한 것은 아니다.

보건의료제도 운영 계획 및 규제는 보건부와 산하기관에서 관장하며 SNS 운영은 지역별로 이루어진다. 현재 5개의 지역보건 행정기관이 운영되고 있으며 공공보건 관리, 병원 감독 및 통제, 1차의료 관리, 국가 정책 실행, 민간 부문 서비스 계약 등의 역할을 담당한다. 1차의료 비용은 지역별 행정기관이 담당하지만 병원 운영 재정은 보건부 소관이다.

성과와 질

보건의료 규제를 담당하는 기관은 여러 개로 나누어져 있다. 그중 핵심 기관은 보건규제청Health Regulation Authority, Entidade Reguladora da Saúde, ERS이며 여기서 모든 공공 및 민간의료공급자의 활동을 규제한다. 2003년에 세워진 ERS는 보건의료서비스 이용자의 이익을 보호하기 위한 목적으로 세워진 독립 규제기관이다. 구제금융 당시 이례적으로 국제통화기금IMF과 유럽연합EU 모두에서 구제금융의 조건으로 ERS에서 병원성과 기준 체계를 수립할 것을 요구했다.

이에 따라 ERS에서는 국가보건의료질평가시스템National System of Health Quality Assessment을 구축하고 임상적 우수성, 환자안전, 시설, 환자만족도, 환자중심의료 이렇게 다섯 개 분야에 기초한 의료 질 평가 방안을 발표했다. ERS는 "병원 운영자, 의사, 보건의료서비스 이용자가 포르투갈의 보건의료의 질에 대해 이제까지와는 전혀 다른 방식으로 접근하도록 유도하는 것"을 목표로 하고 있다.[4]

다른 개혁 방안으로는 건강증진, 장기요양, 1차의료, 외래 및 입원 진료, 병원운영 관련 내용이 있다. 장기 통합요양 프로그램 도입, 가정건강단위family health units 구축, 질관리체계 이용 증가 등 보건의료서비스를 더 나은 방향으로 조직화하려는 조치가 일부 취해지고 있다. 제약 업계도 비용 절감 압박을 받고 있으며 일부 의약품에 대해서는 접근이 제한되었다.

보건의료 질을 일관성 있게 담보하기 위해서는 할 일이 많다. 예를 들면 OECD 보고서에서는 포르투갈의 보건의료 활동 비율이 지역별로 큰 차이를 보이고 있으며 심장시술 비율은 일부 지역이 다른 지역의 2배에 달한다고 언급했다.[5]

지난 10년간 경제가 성장하면서 새로운 민관 협력 프로젝트가 다수 도입되었다. 2002년에 정부에서는 10개 병원 신축 민관합동 프로그램을 발표했다. 이 프로그램에는 그중 4개 병원(브라가braga, 카스카이스cascais, 로르스loures, 빌라프랑카드시라vila franca de xira)의 건립과 운영에 관한 복잡한 계획도 담겨 있었다. 각각의 병원들은 두 종류의 민관연합체가 운영하게 되는데 하나(InfraCo)는 30년간 고정 임차료를 받고 병원시설의 설계, 건설, 자금조달, 유지, 관리를 담당하며 다른 하나(CliniCo)는 10년 단위로 계약을 맺고 의료서비스를 운영한다. 국제 기준으로 보아도 민관합동기구가 의료서비스를 운영하는 예는 찾아보기 어렵다.

한 연합체(건설과 관리)가 다른 연합체(의료서비스)의 운영을 돕는 형태는 일단 복잡하다. 병원 하나를 운영하기 위해 참여하는 기업이 여러 개인데다가, 운영 계약 역시 여러 개 맺어야 하고, 지불체계도 두 가지로 가져가야 한다. 이러한 민관합동기구에 대해서는 논란이 많지만 정부 입장에서 실제로 어느 정도 가치를 창출한 것은 사실이다. 다른 국가에서도 참고할 만한 사례가 될 것이다.

긴축정책의 습격

이러한 변화에도 불구하고 보건의료제도의 전반적인 개혁을 향한 진행이 지지부진하고 지휘가 잘 되지 않고 있다는 것이 여러 평론가들의 의견이다. 운영체계에는 여러 단계를 거쳐야 하는 관료주의와 정치권의 지나친 개입이 여전하다. 어떤 이들은 EU와 IMF가 내건 조건을 통해서만 근본적인 변화가 가능할 것이라고 말한다. 엄청난 예산 삭감과 경제구조 개혁을 요구한 구제금융 양해각서에는 이러한 생각들이 고스란히 반영되어 있다. 이 양해각서에는 병원 운영비 삭감과 부채 축소를 위한 조치 실행, 복제약 사용 등 엄격한 통제를 통한 의약품 지출비 삭감, 경찰 및 군 공무원에 대한 보건혜택 대폭 축소, 민간의료공급자 간 경쟁 활성화 및 수가 축소, 의료물품 구입 중앙통제 등의 내용이 담겼다.

이 밖에도 국가 전역에 가정의family doctors 공급 증대, 병원에서 1차의료부문으로의 의료인력 재배치, 간호사의 역할 강화, 1차의료 담당 의사 1인당 최대 환자 수 20% 이상 상향 조정 등이 필수 이행 사항으로 포함되어 있다. 포르투갈 정부는 관리자 수 감축, 공공병원 집중화 및 합리화, 병상 수 축소 등을 통해 2012년에 병원 운영비를 최소 2억 유로 감축하는 목표에 합의했다.

따라서 포르투갈의 상황은 긴축정책과 EU 개입이 한 국가의 보건의료제도에 어떤 영향을 줄 것인지 알고 싶은 사람들에게는 더 없이 좋은 기회다. 안타깝게도 결과는 너무 예상한 대로 흘러갔다. 보건의료 주권 상실로 인해 장기적인 가치 창출보다는 단기적인 비용 절감에 급급해졌고, 신뢰를 얻기보다는 평판을 잃게 되었으며, 개인부담금 증가로 인해 사회연대라는 기본 원칙이 무너졌다. 파울로 마세도Paulo Macedo 보건부 장관은 2012년에 다음과 같이 말했다. "누구도 이런 예산으로 운영하고 싶지는 않을 것이다. 지금으로선 모든 지출을 통제할 수밖에 없다."[6] 그러나 2014년 6월에 포르투갈이 마침내 구제금융 프로그램인 유럽연합경제조정프로그램European Union Economic Adjustment Programme을 벗어나면서 최근 몇 개월간 다소 좋은 소식이 들려오기 시작했다.

경제 붕괴로 인해 보건의료가 치른 대가

경제가 어려워지면 자연히 보건의료 관련 수요가 증가하는데, 그때가 국가로서는 오히려 가장 그 수요를 충족해주기 어려운 때라는 것이 포르투갈의 경제 붕괴 사태에서 보여준 가장 안타까운 부분이다. 국민 대부분이 생활수준 하락을 경험했으며 전반적인 건강과 웰빙에도 영향을 받았을 것이다. 이로 인해 열악한 영양 상태와 약물중독 증가 등의 문제가 심화되었다. 기대수명은 꾸준히 증가하여 OECD 평균 이상인 80세 정도에 달했지만 유럽 국가들 중에서는 낮은 편이다.[7] 급격한 생활수준 하락은 기대수명 증가에 제동을 걸 수도 있다.

보건의료 분야의 생산성 문제는 포르투갈을 오랫동안 괴롭혀왔으나 이제는 고통이 수반된 노동개혁이 이루어지고 있다. 공공보건의료 종사자는 기존에 연 14회 월급을 받았으나(여름과 성탄절에 1회씩 추가 지급) 이제는 13회로 줄었으며 그나마도 월급의 10%가 삭감되었다. 다른 유럽

국가들과 마찬가지로 포르투갈의 법령 역시 정리해고와 저성과자 해고를 허용하고 있다.

여러 공공 보건의료기관이 문을 닫고 공공병원들이 합병되었으며, 취약한 재정 통제가 과다지출로 이어지는 문제를 해결하기 위해 민간 부문에서 공공병원 운영을 위한 프랜차이즈 계약을 맺는 경우가 증가하고 있다. 이러한 프랜차이즈 운영자들은 직원의 월급을 포함해서 상당한 수준의 비용 통제권을 갖는다. 몇몇 국영병원은 공기업에 눈을 돌려 유사한 형태로 병원 운영을 위탁했다. 이러한 변화 가운데 시골 지역사회는 보건의료서비스를 완전히 잃게 될까 걱정하고 있다.

맺음말

포르투갈의 재정위기는 상당한 괴로움을 안겨주었지만 이에 대응하는 과정에서 지속가능한 보건의료제도 구축 방안에 대한 논의가 전혀 이루어지지 않았다. 오히려 가혹한 예산 삭감, 개인부담금 증가, 권한 박탈 등으로 인해 대중의 신뢰를 잃었다. 포르투갈에 개인부담금제도 자체가 없었던 것은 아니지만 최소한 보건의료서비스에 관해서는 한 번도 언급된 적이 없었다. 이제 진료비, 약제비, 입원비 등 이용자 부담이 증가하면서 이 '스텔스 세금stealth tax'은 더 이상 몰래 뜯어가는 세금이 아니라 말 그대로 '부담스러운 부담금'이 되었다.

국가도 보건의료서비스도 지금 변화의 한가운데 있는 것은 분명하다.

그러나 당장의 불안감, 태산 같이 쌓인 당면 과제, 경제회복 숙제가 너무 커서 비전이나 가치, 비용 적절성 등에 대한 논의가 완전히 가로막혀 있다. 금융주권 상실로 인해 포르투갈은 보건의료 운명에 대한 자신들의 통제권을 잃어야 했다. 이제 작은 회복의 움직임들로부터 시작해 포르투갈의 보건의료제도가 다시 활기를 찾기를 바란다.

참고 문헌

1. World Bank statistics, Total health expenditure (% of GDP) (World Bank, 2013).

2. World Bank statistics, Public health expenditure (% of total health expenditure) (World Bank, 2013).

3. Economist Intelligence Unit, Industry Report, Healthcare (EIU, January 2013) p. 5.

4. Simoes J, The Portuguese healthcare system: Successes and challenges (Siemens, 2012).

5. OECD, Geographic Variations in Health Care: What do we know and what can be done to improve health system performance? (OECD Publishing, 2014).

6. Augusto, GF, 'Cuts in Portugal's NHS could compromise care' in *The Lancet*, 379 (9814) (2012).

7. World Bank statistics, Life expectancy at birth (World Bank, 2012).

제21장 프랑스

베버리지도 아니고
비스마르크도 아니고 공화국

프랑스와 프랑스의 공공서비스를 이해하려면 우선 공화국의 특성을 파악해야 한다. 나폴레옹 이래로 프랑스에서 공화국 수립과 국가의 역할을 분리하는 것은 거의 불가능하다. 프랑스의 공공서비스는 국가의 자부심과 얽혀 있으며 프랑스인이라는 자존감과도 긴밀하게 연결되어 있다. 프랑스의 보건의료제도는 '상호 의존 및 국가 책임 개념'에 기초한 국가 연대 철학으로 설명할 수 있다고 한다.[1] 좋게 보면 국가 의식과 공공서비스가 프랑스 시민의 권리와 책임의 위대함을 전형적으로 보여준다고 할 수 있지만, 반대로 현실에 안주하려는 배타성을 만들어낼 수도 있다. 그리고 이러한 특성은 보건의료에도 그대로 적용된다.

WHO가 2000년에 처음이자 유일하게 발간한 국가별 성과표에서 프랑스가 1위를 차지한 이래로 프랑스의 보건의료제도가 세계를 선도한다는 인식이 국민들 사이에 퍼져 있다.[2] 현재의 제도가 기본적으로 유지되어야 하는 이유를 설명할 때 이 보고서가 자주 인용된다. 그러나 해당 보고서는 방법론에 대한 의혹들로 인해 다시는 발간이 되지 않았고 지난 15년간 (다른 국가의 보건의료제도는 개선을 거듭하는 동안) 프랑스의 보건의료제도는 2004년에 병원 자금조달 관련 제한적인 개혁이 이루어진 것 외에는 거의 제자리에 머물렀다. 그리고 이제는 경제위기로 인해 국내 정치와 보건의료에 엄청난 압박이 가해지고 있다. 프랑스는 GDP의 11.7%를 보건의료에 지출하여 유럽에서도 높은 수준에 속하며,[3] 1인당 연간 지출금액도 미화 4,864달러에 육박하므로 지출을 더 늘려 문제를 해결할 여지는 거의 없다고 봐야 한다.[4] 2014년에 프랑스 국가보험공단Caisse Nationale de L'assurance Maladie, CNAM은 1,700억 유로 예산에 70억 유로 이상의 적자를 기록했다.[5] 개혁에 대한 논의가 다시 불거졌지만 정치권에서 어려움에 선뜻 맞설 충분한 의지를 갖고 있는지에 의문을 가지는 이들도 있다.

의료보험카드와 자유로운 의료

프랑스의 보건의료는 영국의 NHS와는 대조적으로 국가 차원에서 운영하는 사회건강보험NHI이 큰 특징이며 비용환급보다는 서비스 공급 자체에 초점을 맞추고 있다. NHI는 국가가 운영을 거의 전담하고 고용주와 피고용인 보험분담금 및 특별목적세를 통해 재원을 확보한다. 대부분의 환자들 입장에서는 의료품과 의료서비스가 전달되는 시점에는 비용을 지불하지만 혁신적으로 도입된 '의료보험카드carte vitale, 일종의 신용카드' 덕분에 비용 지불 후 거의 즉시 적정 금액(일반진료비의 70% 또는 중증진료비의 100% 등)을 상환받는다.

250

사회연대 원칙에 기초했다는 자부심을 가진 제도치고는 실제 NHI가 감당하는 보건의료 지출 규모가 전체의 77%에 불과할 정도로 적은 편이다. 나머지는 개인부담금과 민간자율보험제도에서 감당한다.[6] 민간보험 가입 비율은 1970년에 50%였으나[7] NHI 재원 부족을 민간보험이 점점 메꾸게 되면서 지금은 가입자가 전체 인구의 90%에 달한다.[8] 이제는 경제 약화와 실업률 상승 등으로 인해 보험료가 문제되고 있으며, 유럽 전역에 비슷한 흐름이 나타나고 있긴 하지만 특히 프랑스의 제도는 단일 주요 보험자가 재원확보체계의 기반을 형성하고 개인의 선택에 의해 '비용이 더 얹어진' 모양새다.

보건의료 자금조달은 여전히 대부분 공공 재원을 통해 이루어지지만 보건의료 공급은 훨씬 혼합된 형태이다. 병원의 3분의 1은 영리 목적으로 운영되고 5분의 1은 비영리병원이며 나머지는 공공병원, 특히 대도시에 있는 대학병원들이다. 프랑스 병원 병상 수의 40%가량을 민간 부문에서 공급하며(대부분 비응급의료), 환자들은 공공의료기관과 민간의료기관 중 자유롭게 선택이 가능하고, 모두 보험을 통해 상환받게 된다.

환자의 선택권은 프랑스 보건의료제도의 강점이며 개인은 심지어 일반의나 전문의 선택도 가능한데, 이 부분에 대해서는 일반의가 문지기 역할을 할 수 있도록 여러 개선 방안이 논의되고 있다. "자유로운 의료 medecine liberale"라는 개념으로 불리는 환자의 선택권은 프랑스 보건의료제도의 시금석이며 의료서비스 이용 시점에 환자가 의사에게 직접 비용을 지불하는 것을 의미하기도 한다. 이 제도는 환자의 선택의 자유와 의사의 의료행위 수행 및 처방의 자유를 보호하는 것으로 인식된다. 개인의 비용 지불, 환자의 선택권, 임상의 자유라는 세 가지 원칙은 프랑스 보건 의료제도의 세 기둥이다. 그러나 이들 기둥은 이제 너무 경직되어버릴 위험에 처했다. 프랑스 보건의료제도 개혁의 성공 여부는 좋은 것은 보존하는 동시에 통합과 비용효율성, 제도 강화의 방해 요소를 얼마나 제거하는지에 달려 있다.

공공과 민간 부문에서 공급하는 의료 질에 차이가 나기 마련인 유럽의 다른 지역들과 달리 프랑스에서는 동일한 수준의 의료 질을 요구한다. 따라서 경쟁보다는 환자의 선택을 강조한다. 이 부분은 중요하지만 종종 오해되는 측면이 있다. 원래 프랑스에서 공공병원은 통합수가제가 적용되고 민간병원은 행위별수가제가 적용되었다. 최근 모든 의료공급자들에게 동일한 수가 기준을 적용하자는 개혁적 움직임이 있었지만 정치적인 반발로 인해 중단되었다. 민간 부문이 더 낮은 비용으로 운영하므로 같은 수준의 수가를 적용하면 공공병원이 재정적으로 너무 어려워진다는 이유에서였다. 결국 프랑수아 올랑드François Hollande 대통령이 이끄는 사회당 정부에서 이 수가 기준 개혁안을 폐기했다.

더 우려스러운 것은 의사들의 낮은 수입과 환자의 개인부담금 증가일 것이다. 최근 프랑스에 방문했을 때 분명히 느낀 것은 환자들이 전문의에게 진료를 받기 위해 표준 이상의 비용을 직접 지불해야 하는 상황에 대한 불안감이 고조되고 있다는 것이다. 또한 진료 및 입원 대기시간은 매우 짧지만 일부 지역에는 의사가 너무 적어서 정치적인 문제로까지 번지고 있다. 2004년에 공공보건법에 의해 신설된 건강보험의 미래를 위한 최고위원회High Council for the Future of Health Insurance에서 발간한 보고서에 따르면 이렇게 의사가 부족한 지역에서는 '추가 금액'을 요구하지 않는 의사를 찾기가 점점 어려워지고 있다고 한다.[9]

훌륭한 선택, 취약한 조직

선택을 장려하는 것은 좋지만 여러 종류의 의료를 조직적으로 전달하는 것은 별로 성공적이지 못했다. 1차의료, 2차의료, 지역사회 의료는 여전히 따로 운영되고 있다. 2009년에 이 문제를 해결하기 위한 정책의 일환으로 지역보건기관Regional Health Agencies을 신설하여 외래의료와 2차의료를 통합적으로 운영하도록 권한을 위임하고 공공보건을 큰 그림으로 바라보려는 시도가 있었다.

그러나 진료 경로를 통합하거나 통합 책임자를 정하지는 못했다. 오히려 지역별로 기능이 분산되면서 비효율성과 비용이 증가하고 말았다. 이 문제를 개선하기 위해 보건및의료사회시설수행지원기관a National Support Agency for the Performance of Health and Medico-Social Facilities, ANAP이 신설되었다. 결국 기관들만 늘어나고 있는 것이다.

비용 상승 문제는 프랑스의 의료성과를 갉아먹고 있으며 실제로 제도의 지속가능성을 위협하는 가장 큰 이슈다. 전체 보건의료 지출은 2,000억 유로가 넘는데 수년간 몇 십억 유로씩 적자가 반복되고 있다. 이 적자 문제는 계속 방치되고 있으며 특히 현재 유럽의 경제위기 때문에 잠시 묻힌 상태이다.

개인부담금 문제와 더불어 보건의료 공급 방식에 대한 국민의 지지가 시들해진 것은 수천 명의 사업주와 자영업자가 비싼 보험분담금 납부에 대해 점점 반대하고 있다는 것을 보아도 알 수 있다. 실제로 이 문제는 소송으로까지 번졌다. 원고들은 국가에 비싼 보험료를 납부하지 않고 더 저렴한 민간보험에 가입하는 것을 허용해달라고 주장했다.

심각한 불평등

프랑스에서는 특히 남성의 경우 지역 간, 사회계층 간 건강 불균형이 심각하며 더 심화되고 있다. 남성의 기대수명은 사회계층 간에 최고 7년까지 차이가 난다.[10] 시골지역에서 근무하는 의사에게는 더 높은 월급이 지급되며, 정부는 시골지역의 산모서비스를 강화하려고 노력하는 동시에 추가 보험 가입 대상을 100만 가구 더 늘려 접근성 확장을 시도했다.

올랑드 대통령이 이끄는 정부가 내놓은 공공보건 개선 목표를 달성하기 위해 실시되는 일련의 개혁정책에 보건 불평등 해소가 포함되어 있으며, 2015년에는 관련 법안이 통과될 전망이다.

이 밖에 좀 더 논란이 된 정책에는 일명 "슈팅 갤러리shooting galleries"라고 불리는 안전한 마약투여센터 공급 장려, 과도한 음주를 유도하는 학생파티 주관자 대상 법적 제재, 식료품에 건강한 식품이라는 라벨을 명확히 표기하는 정책 등이 있다.

특히 장기적인 치료가 필요한 환자를 위해 의료서비스를 좀 더 조직화하고 1차의료를 강화하는 것도 개혁의 목표에 들어 있다. 개혁정책이 시행되면 지역보건기관들은 자원 분배와 국가 지침 실행에 더욱더 유연성을 가지게 될 것이다. 예를 들면 행위별수가제를 인두제로 전환하여 예방에 더욱 초점을 맞출 수도 있다. 1차의료의 역할 확대는 병원 관련 지출 증가를 통제하기 위한 것이지만 이것으로 충분할지는 아직 불투명하다.

2014년 후반에 정부에서 1차의료 개인부담금을 폐지하고 환자가 일반의에게 진료를 받을 때 비용을 지불할 필요가 없도록 하겠다는 과감한 제안을 내놓았다. 비용 상환 책임을 환자에서 의사로 옮기면서 불필요한 절차가 추가되는 것을 우려한 의료계는 즉각 반발하고 나섰다. 또한 사소한 건강 문제로 일반의를 찾는 일이 늘어날 것이며 영국식 NHS처럼 되는 것이라고 주장했다.[11] 의사 파업이 수개월간 지속되고 있으며 이 책을 집필하는 시점에서는 누가 이길지 알 수 없는 상황이다. 이 개혁안을 다듬고 실행하는 데는 오랜 시간이 필요할 것으로 보이며 논쟁이 쉽사리 사그라질 것 같지 않다.

OECD 전체적으로 나타나는 경향에 따라 프랑스의 알코올 소비량도 감소하는 추세이긴 하지만, OECD 회원국 중 1인당 알코올 소비량은 가장 많다.[12] 프랑스 여성의 기대수명이 남성보다 7년 더 긴데,[13] 이렇게 비정상적으로 큰 남녀 기대수명 차이의 원인 중 하나가 바로 알코올 오남용이다. 또 다른 원인으로는 교통사고 사망률이 남성의 경우 훨씬 더 높다는 점을 꼽을 수 있다.

프랑스는 포화지방 섭취 과다 등 위험한 생활방식에도 불구하고 관상동맥질환 발생률은 매우 낮아 '역학의 역설epidemiological paradox'이 있는 국가로 불리기도 한다. OECD 자료에 의하면 유럽에서 허혈성 심장질환으로 인한 사망률이 가장 낮은데, EU 평균은 인구 10만 명당 남성 285명, 여성 167명인 데 반해 프랑스는 남성 86명, 여성 35명에 불과하다.[14] 20년 넘게 이 현상을 설명하기 위해 적포도주부터 정부의 자료수집 방법에 이르기까지 각종 가설들이 동원되었다. 진실이 무엇이든, 프랑스에도 만성질환은 빠르게 증가하고 있으며 현재 350만 명으로 추산되는 당뇨병 환자수는 향후 5년 안에 3분의 1이 더 늘어날 것으로 정부는 예상하고 있다.

맺음말

프랑스의 보건의료제도는 사회건강보험과 환자의 선택권, 전문가의 자주권, 중앙 규제, 그리고 다양한 의료공급체계가 어우러져 우수한 성과를 창출한다고 말할 수 있다. 프랑스의 제도는 비스마르크를 따른 것도 아니고 베버리지를 따른 것도 아니며 오직 공화국에 그 뿌리를 두고 있다. 그러나 더 이상 적자 상태를 외면해서는 안 되며 효율성과 효과성을 개선하기 위해 좀 더 나은 방향으로 의료기관 및 의료서비스의 통합이 이루어질 필요가 있다.

참고 문헌

1. Wilsford D., *Doctors and the State: The politics of healthcare in France and the United States* (Duke University Press, 1991).

2. World Health Organization, The World Health Report 2000 Health systems: Improving performance (WHO: Geneva, 2000).

3. World Bank statistics, Total health expenditure (% of GDP) (World Bank, 2013).

4. World Bank statistics, Health expenditure per capita (World Bank, 2013).

5. Economist Intelligence Unit, Industry report: Healthcare France (EIU, 2015).

6. World Bank figures: Health expenditure, public (% of total health expenditure) (World Bank, 2012).

7. Civitas, Healthcare Systems: France (Civitas, 2013) p. 7.

8. EIU, (2014), p. 4.

9. HCAAM, Rapport annuel du Haut conseil pour l'avenir de l'assurance maladie (HCAAM, Paris, 2006).

10. Commonwealth Fund, International Profiles of Healthcare Systems (Commonwealth Fund, 2011) p. 53.

11. Henry S., French doctors strike in protest at 'NHS-style' reforms (*The Telegraph*, 23 December 2014).

12. OECD, Europe Health at a Glance 2012 (OECD Publishing, 2012) p. 4.

13. Eurostat figures, Life expectancy at birth (Eurostat, 2012).

14. OECD, Europe Health at a Glance 2014 (OECD Publishing, 2014).

NHS,
두려움이 있던 자리를 대신하다

이것은 지금까지 세계가 경험한 가장 큰 단 하나의 사회복지 실험이다.

– 영국의 정치가 어나이린 베번Aneurin Bevan, 1948년 7월 5일 –

영국의 국가보건서비스National Health Service, NHS는 제2차 세계대전 종전 이후 만들어진 최초의 보편적 보건의료제도이며 1948년 "두려움이 있던 자리에" 설립되었다. 전쟁 때문에 큰 희생을 치른 후 국민들은 여러 공공서비스와 프로그램들을 아우르는 새로운 시스템을 요구했다. 이에 영국은 국민의 필요에 따라 나이, 건강 상태, 인종, 종교, 사회적 지위, 비용 지불 능력과 상관없이 전 국민에게 무상으로 보건의료를 공급하고자 NHS를 설계하였다. 오늘날 영국에서 NHS는 여전히 현대사회의 가장 자랑스러운 성과로 인정받고 있으며, 영국 왕실보다 더 많은 인기를 누릴 뿐만 아니라, 더 높은 만족도를 기록하고 있다.[1] NHS는 영국인이 소중하게 여기는 공평과 평등이라는 가치의 상징물이다.

NHS가 삶을 설계하고 생명을 구하다

개인적으로 NHS는 나와 내 가족의 삶을 설계하고 나와 내 가족의 생명을 구했다. NHS를 이끄는 것은 정말 대단한 특권이자 영광이다. 나는 25년 전 학부졸업생 대상 속성 NHS관리자트레이닝제도NHS Graduate Management Training Scheme를 통해 NHS의 일원이 되었으며, 그 후 20대 후반에 미들섹스중앙병원Central Middlesex Hospital의 이사회에 참여하고, 30대에 버밍엄대학병원University Hospitals Birmingham을 운영하고, 옥스퍼드Oxford에서 아일오브와이트Isle of Wight에 이르기까지 지역 NHS 수장을 역임했다. 40대 초반에 보건부 사무총장Director-General이 되고, NHS 운영이사회의 일원으로서 매 36시간마다 100만 명의 환자를 돌보는[2] 140만 명의 직원들을 지원하면서 활발하게 활동할 수 있었던 것 모두 나에게는 대단한 행운이었다. NHS의 연간 매출이 거의 1,200억 파운드에 달하며 공공지출의 25% 가까이 담당하고 있다는 것은 대중, 환자, 의사, 언론, 정책 결정자, 정치인 모두 잘 알고 있는 사실이다.

42세가 되었을 때 나는 우연히 전립선암이 있다는 것을 알게 되었다. NHS는 정말 훌륭하게 나를 돌봐주었고 내 생명을 구해주었다. 여기서 근치적전립선절제술radical prostatectomy을 상세히 설명할 생각은 아니지만 이 이야기를 통해 NHS에 대한 나의 개인적인 감상을 나누고 싶다. 나는 세계적으로 유명한 대학병원에서 대단히 훌륭한 의료진에게 최소침습수술minimally invasive surgery을 받았으며 당일에 퇴원할 수 있었다. 직원들은 친절하고 효율적이고 유능했지만, 병원서비스와 퇴원 후 지역사회 간호서비스 간에는 종합적인 연계체계가 전혀 갖춰져 있지 않고 주먹구구식이었다. 병원에서 수술을 받을 때는 21세기 최첨단 기술을 이용한 의료서비스를 받았다면, 병원과 지역사회 및 1차의료팀 간의 의사소통은 19세기 말 즈음에 어울릴 만한 수준이었다. 이는 의료진의 잘못이 아니라 내 필요를 지속적으로 채워줄 수 있도록 여러 서비스를 연결할 역량이 없었던 시스템의 문제였다. 이제 71세가 되신 내 어머니도 비슷한 경험을 했다. NHS는 여러 번 어머니의 생명을 구했다. 하지만 다수의 동반질환에다가 거동도 불편하신 어머니는 병원, 1차의료시설, 지역 진료소, 사회복지시설 등을 계속 회전문 돌듯이 드나들어야 했다. 이러한 작은 불편함이 있긴 했지만, NHS는 우리 가족이 필요할 때마다 언제나 그 자리에 있었으며 재정 문제나 의료비 걱정 없이 또는 일부 다른 국가의 보험기반제도에서처럼 수많은 어지러운 절차를 밟을 필요 없이 서비스를 받을 수 있도록 해주었다. 이러한 NHS를 영국 국민들이 소중히 여기는 것은 당연하다.

효율과 형평

실제로 커먼웰스펀드는 11개 국가의 제도를 비교하면서 NHS를 여러 분야에서 수행 성과가 가장 뛰어난 제도로 선정했다.[3] 우선 효과, 안전성, 의료진 간의 조율, 환자중심 의료 등을 아우르는 의료 질 부분에서 최고로 꼽았다. 또한 효율적인 의료전달, 비용 대비 효과 면에서도 최고라고 평가했다. NHS는 시의적절성과 형평성에서는 각각 2위와 3위에 선정되었다. 나는 세계를 다니면서 국제적인 보건의료전문가들로부터 영국에서는 진료 대기시간이 너무 길고 비인간적인 의료배급제를 관장하는 '암살단death squads'*이 있지 않느냐는 질문을 받을 때마다 오해를 바로 잡느라 곤혹을 치른다. 성과를 통해 사람들의 인식을 바꾸는 데는 오랜 시간이 걸리지만 영국이 보건 분야에 막대한 투자를 하면서, 특히 2000년부터 2008년까지 NHS 플랜을 통해 지난 30년간 투자가 부진했던 것을 만회하고 NHS는 이제 다시 의료 질, 시의적절성, 대응력 향상을 향한 장기 궤도에 올랐다.

게다가 2004년에 커먼웰스펀드에서 국가 순위 보고서를 발간하기 시작한 이후 NHS는 한 번도 3위 밖으로 밀려난 적이 없으며, 이는 영국의 보편적 의료보장제도가 효율적이고 효과적이라는 사실을 증명해준다. 물론 건강한 삶 분야에서는 10위에 머물렀지만 이는 주도적인 의료와 예방의료 문제를 반영한 것이다. 영국은 GDP의 9.1%를 보건의료에 지출한다.[4] 이는 OECD 회원국 평균 수준이며 국민의 기대수명 또한 81세로[5] 역시 평균 수준이다. (일부 전문 분야 임상 성과는 평균 이하이긴 하다.) NHS가 순전히 누진세로만 운영된다고 믿는 사람이 많은데 사실 NHS는 일반과세(76%), 국가보험료 또는 근로소득세(18%), 그리고 처방 관련 소소한 개인부담금이 혼합된 형태로 재원을 충당한다.[6] 전반적으로 보면 NHS는 공공과 민간 부문 보건의료 비율에 있어서 OECD 국가 중 도드라진

---

* NHS 병원들이 의료인력과 자원 부족으로 환자를 방치하여 죽게 만든다고 하여 붙은 별명.

다. WHO에 따르면 영국의 정부지출이 전체의 83.5%를 차지하고 민간부문은 16.5%에 불과하여 결과적으로 선진국 중 개인부담금이 가장 적다.[7] 영국 국민의 12%가 민간의료보험에 가입되어 있지만 이 수치는 늘거나 줄지 않고 경제 상황과 상관없이 계속 일정하다. 실제로 OECD 회원국의 평균적인 공공과 민간의료 부문 비율은 72% 대 28%이며, 이와 비교했을 때 고용주와 피고용인 분담금도 상당히 낮은 수준인 NHS가 얼마나 효율적으로 세금을 운용하는지 알 수 있다. 그러나 인구 1,000명당 의사 수와 병상 수가 각각 2.2와 2.8로[8] 낮은 것은 앞으로 고령화와 비감염성질환 증가에 대비하기 위해 NHS가 주목해야 할 부분이다.

1차의료와 2차의료를 분리하고 보건과 복지를 분리하였다는 점만 제외하면 NHS는 실제로 영국이 만든 21세기의 가장 위대한 원칙 중 하나로 평가받고 있다. 다만 2020년에는 65세 이상 인구가 20%에 달할 것으로 전망되는[9] 고령화의 압력과 이미 1,700만 명에 달한 다중질환 및 만성질환 환자의 증가 추세[10]를 감안하면 보건과 복지가 더 잘 결합될 필요가 있다.

2015년 총선 직전에 연합정부와 그레이터맨체스터Greater Manchester 주정부 및 NHS가 공동성명을 내고 보건의료 예산 60억 파운드를 주정부 재량으로 집행하도록 이양하겠다는 "Devo Manc" 정책을 발표했다. 이 정책의 목적은 시설 간의 통합적 운영 강화, 주민보건 개선, 효과 개선 등이다. 운영권 이양 작업은 2017년에 이루어질 예정이며, 이러한 민주적인 책임 강화 시도가 어떠한 훌륭한 결과를 낳을지 기대된다.

영국의 NHS는 더 이상 하나가 아니라 4개의 시스템이라는 것을 기억할 필요가 있다. 1999년에 시작된 권력 이양의 결과로 잉글랜드, 스코틀랜드, 웨일즈, 북아일랜드는 점점 갈라졌다. 의료공급자 간의 경쟁을 분명한 정책으로 삼고 있는 곳은 잉글랜드뿐이다. 어느 한 시스템이 다른 곳보다 월등한 성과를 내는 것은 아니지만 1인당 비용은 잉글랜드의 경우 2012/13년도에 1,912파운드였으나 스코틀랜드, 북아일랜드, 웨일즈는 각각 2,115파운드, 2,109파운드, 1,954파운드였다.[11] 이 챕터의 나머지 부분은 잉글랜드에 초점을 맞추어 설명하겠다.

종합적인 의료 모색

의료서비스의 전략적 결합 모델을 개발하고자 가장 최근에 있었던 시도는 2014년 잉글랜드 NHS가 5개년전망보고서Five Year Forward View를 발표한 일이다.[12] 5개년전망보고서는 암, 심장질환 치료 및 기타 임상 성과 개선, 대기시간과 환자만족도 개선을 언급하면서 2020년까지 잉글랜드 앞에 놓인 과제를 있는 그대로 드러냈다. 지금 조치를 취하지 않으면 생활방식으로 인한 질병, 만성질환, 고령화는 의료 수요를 증가시킬 것이고 "자원과 환자수요 간의 격차는 2020/21년도가 되면 300억 파운드에 달할 것이다."[13] 보고서에서 제시한 해결 방안은 공공보건 관리 개선, 고용주가 후원하는 보건개선활동, 의료비에 대한 환자 선택권 강화, 요양인력 지원, '비만, 흡연, 음주 및 기타 주요 보건 위험에 대한 국가 차원의 강력한 조치' 등 국제적 트렌드를 잘 담아내고 있다.

이에 더하여 전망보고서에서는 의료전달체계 간의 연계를 강화하여 "가정의와 병원 간, 신체보건과 정신보건 간, 보건과 복지 간 장벽을 허물어야 한다."[14]고 말한다. 기존의 GP, 지역사회의료, 2차의료 및 요양복지 서비스를 통합하여 신설되는 종합지역의료공급자Multispecialty Community Providers, 그리고 미국의 책임의료조직Accountable Care Organisations에서 따온 1차의료와 급성의료체계가 현재와 미래의 인구 변화에 대응하게 될 것으로 예상된다.

참신한 전망보고서에도 위험은 있다. 첫째, 이 내용은 단순한 전망에 불과하며 계획이 수립된 것은 아니다. 둘째, 200개가 넘는 GP 중심의 클리니컬커미셔닝그룹Clinical Commissioning Groups이 주도하여 변화를 만들 수 있다고 가정하고 있다. 이 그룹은 2010~2015년 집권한 연합정부하에서 신설된 조직이나 아직 제대로 검증되지 않았다. 셋째, NHS의 생산성이 2020년까지 지금보다 2배 이상인 연간 3%씩 향상될 것이며 NHS가 지난 5년간 동결되었던 자금 2,00억 파운드를 추가로 지원할 수 있을 것이라고 가정하고 있다. 가장 경험 있고 자질이 탁월한 NHS의 리더라 하더라도 이 목표를 달성하는 것은 대단히 용감한 도전이다. 구소련의 스타하노프 노동자Stakhanovite* 정도가 아니면 안 된다.

전망보고서는 단호하게 다음과 같이 기술하고 있다. "이러한 변화를 지원하기 위해 NHS의 리더들이 함께 행동해야 하며, 의료급여 지불 방식 및 각종 규제 적용과 관련하여 지역별로 유연하게 운영할 수 있도록 보장해야 한다. 우리는 국가 차원의 구조조정 대신에 지역 차원의 다양

---

* 목표 초과 달성과 노동생산성 향상으로 스타하노프상을 받은 노동자를 일컬음.

한 실행 방안과 지역 리더십을 지지할 것이다."[15] 이 내용은 NHS의 장기적인 성공을 위해 필수적이다. NHS는 그동안 잦은 정책 및 구조 변경으로 유명하기 때문이다. 세계 각국에서 만나는 사람들이 나에게 묻는 세 가지 질문이 있다. 바로 국가 IT 프로그램인 커넥팅포헬스Connecting for Health는 어떻게 되었는가, 어떻게 하면 국립보건임상연구소NICE를 설립할 수 있는가, 왜 영국은 보건제도를 계속 재편성하고 구조조정을 하는가이다.

새로운 정책에 대한 집착

보건의료제도 재편성이 올림픽 종목이었다면 NHS가 금메달을 획득했을 것이다. 정부 주도로 지난 40년간 반복된 재편성 작업은 의료의 정치화가 가져오는 부정적인 결과를 드러냈다. 이것은 내가 지난 26년간 보건의료 분야에서 일하면서 계속 생각한 것이기도 하고 이 책을 집필하는 동안 연구한 것이기도 하다. 왜냐하면 나는 근본적으로 보건의료제도의 성공은 의사들을 포함한 리더들의 끈기와 연관이 있다고 믿기 때문이다. 또한 지난 6년간 KPMG에서 글로벌헬스케어 부문을 이끌면서 다양한 제도 운영 방식을 보고 기존의 여러 원칙을 새로운 시각으로 바라보게 되었기 때문이다.

내가 NHS에 들어간 것이 1989년 9월이었는데, 이 책을 집필하는 동안 우리 연구원들에게 1989년부터 지금까지 보건부 장관 숫자, 정부에서 발표하고 시행한 법령, 정책, NHS 전략적 플랜을 모두 조사해달라고 부탁했다. 상세한 개수는 조금 다를 수 있겠지만 결과는 거의 엽기 코미

디 수준이다. 1989년부터 지금까지 보건부 장관은 자그마치 12명이었으므로 평균 재임기간이 2년이 조금 넘는다. 주요 국가정책과 법령을 어떻게 셀 것인가에 따라 차이가 좀 있을 수는 있겠지만 보수적으로 세어도 12개는 족히 된다.(아래 상자 참조) NHS는 여기에 더하여 브리스톨로열병원Bristol Royal Infirmary과 미드스태포드셔병원Mid Staffordshire NHS Foundation Trust에서 터진 의료 스캔들(그리고 뒤이은 방대한 양의 로버트 프란시스QC 보고서)로 큰 타격을 입었고 건강 불균형과 장기 고령자 케어에 대해 광범위한 보고서가 각각 나왔다. 평균 2년에 한 번은 새로운 정책이 탄생한 셈이다. 게다가 내 경험에 비추어 보면 수립된 정책을 실행하기보다는 새로운 정책을 수립하는 데 더 많은 에너지를 쏟는다. (8년이나 지속된 NHS Plan은 예외로 하겠다.)

영국의 주요 보건 개혁: 26년간 발표된 12개 국가정책

Working for Patients (1989)

Health of the Nation (1991)

Patients Charter (1991)

A Service with Ambitions (1996)

The New NHS: Modern & Dependable (1997)

The NHS Plan (2000)

The National Health Service Reform
and Health Care Professions Act (2002)

Choosing Health (2004)

Our Health, Our Care, Our Say (2006)

High Quality Care for All (2008)

Liberating the NHS: Equity and Excellence (2010)

Five Year Forward View (2014)

당연히 이 정책은 모두 발표 당시에는 의미가 있었고(나도 이 중 4개에 관여했다.) 의료정책 실행 주체들에게 동기를 부여하는 효과도 있었지만, 돌아보면 이렇게 자주 변화가 일어나는 환경에서는 장기적이고 신중하며 지속가능한 변화를 기대하기는 어렵다. NHS는 정책갑상선항진증을 앓고 있어서 투약이 필요한 상황이다.

안타까운 것은 보건부 장관과 보건정책의 2년 기대수명이 NHS의 최고경영진의 임기에도 반영되었다는 사실이다. 지난 15년간 정치적인 압력과 환자들의 당연한 기대치가 쌓이면서 여러 CEO들이 관리책임자의 역할에 더 치중했으며, 따라서 CEO의 위치가 점차 정치적으로 변했고 문제가 많아졌다. 킹스펀드King's Fund는 최근 발간한 보고서에서 NHS 내 성과를 내는 조직의 5가지 특징을 열거하였는데, 리더십 지속성, 분명한 개선 방법, 리더십과 의료 질 개선 기술에 대한 지속적인 투자, 분명한 목표와 책임, 조직 안정성 등이 그것이다.[16] NHS의 정책국장이었던 나이절 에드워드Nigel Edwards는 그의 탁월한 연구를 바탕으로 한 저서, 《경험을 넘어 희망의 승리The Triumph of Hope Over Experience》에서 NHS 내 조직 재편성의 패턴과 영향을 살펴보았다.[17] 그동안 정치인들은 지역별 전략적 보건기관을 12개에서 8개로, 다시 32개로, 10개로, 심지어 완전히 폐지하고 재설치하기를 반복하여 오늘날 4개에 이르렀다. 전략적 위탁(구매) 기관의 경우에 상황은 더 심각하다. 지역보건기관에서 1차의료 그룹으로, 1차의료 트러스트로, 클리니컬커미셔닝그룹으로 바뀌면서 각각 99개에서 304개, 152개, 151개, 221개로 계속 바뀌었다. 이 와중에 응급의료기관과 전문병원 개수는 173개 정도로 꾸준히 유지된 것이 오히려 흥미로울 정도다. 조직적으로 불안정한 가운데서는 결코 지속가능한 변화를 만들어낼 수 없으며 구매체계를 계속 변경하는 것도 심각한 방해가 된다. 급성의료에 실질적인 변화가 대규모로 일어나려면 전 세계적으로 인정받는 일반의 서비스부터 개혁이 필요하기 때문이다.

새로운 정부

2015년 5월 총선은 '가장 막상막하'일 것이라던 여론조사기관의 예측과 달리 보수당이 압승하였으며 제레미 헌트Jeremy Hunt가 보건부 장관에 재임명되었다. 보건부 장관이 재임명된 것은 1981년에서 1987년까지 보건부 장관을 역임한 노먼 파울러Norman Fowler 이후 처음 있는 일이며, 이는 지속성을 통해 변화를 추구하려는 정부의 의지를 보여주는 대목이다.

실제로 2017년까지 장관직을 수행하고자 하는 제레미 헌트의 소원이 성취된다면,[18] 그는 노먼 파울러와 어나이린 베번에 이어 NHS 역사상 세 번째로 장기간 보건부 장관직을 역임한 인물이 된다.

이 책을 집필하는 시점에 새로운 정책이 또 발표되거나 한 것은 아니지만 보수당은 선거 유세 중에 5개년전망보고서에서 언급된 공급과 수요 간 300억 파운드의 격차를 줄이기 위해 효율성을 개선하여 80억 파운드의 현금을 조성하겠다고 선언한 바 있다. 또한 특히 주말 같은 때도 의료서비스를 동일하게 누릴 수 있도록 일주일 24시간 상시 운영 서비스를 도입하겠다고 약속했다. 게다가 정신보건과 치매치료 분야도 개선하겠다고 약속한 것은 반가운 일이다. 물론 자금조달 문제로 모든 일이 원활하지만은 않을 수도 있다. 위탁 업무는 5개년전망보고서와 'Devo Manc'에서 보듯이 더 자유롭게 운영할 수 있게 되었으며, 의료 공급은 집중화된 병원 체인이 부상하면서 오히려 통합되는 추세다.

강건한 기관

영국의 보건의료서비스가 강건한 이유 중 하나는 의학 연구와 임상 수행의 긴밀한 관계에서 찾을 수 있다. 2008년에 "모두를 위한 높은 수준의 의료High Quality Care for All" 정책이 나온 이후 6개의 NHS와 대학 간 파트너십을 선정하여 세계적인 모범 사례에 기초한 아카데믹보건과학센터 Academic Health Science Centers로 지정했다. 영국의 세계 대학 평가기관인 타임스 하이어에듀케이션Times Higher Education에 따르면 임상, 사전임상, 보건 분야에 세계 5대 대학교 중 3개가 영국 소재 대학교였으며 전 분야에 걸쳐 10대 대학교 중 4개가 영국 소재 대학교인 케임브리지Cambridge, 옥스퍼드Oxford, 임페리얼Imperial, 유니버시티칼리지런던University College London이었다.[19] 사실 영국은 미국 다음으로 가장 많은 임상실험이 진행되는 국가이며 보건연구 분야에 투자하는 금액 면에서는 미국(미화 1,190억 달러), 일본(미화 180억 달러), 독일(미화 130억 달러)에 이어 세계 4위다.[20]

맺음말

최근 KPMG에서는 6개 대륙의 30개 국가에서 보건의료 분야 리더 65명을 초청하여 성과가 우수한 보건의료제도의 핵심 요소에 대해 논의하였다. 그 논의를 정리한 《지구력Staying Power》이라는 제목의 보고서를 보면 지도자들이 다음과 같이 언급한 내용이 있다. "개선을 위한 끊임없는 탐구와 혁신에 대한 열정은 성공적인 변화와 적응을 위해 반드시 필요한 요소지만 결국 탁월한 인력, 성과, 진전을 만드는 것은 꾸준히 지속할 수 있는 능력에 달렸다."[21] 짐 콜린스Jim Collins가 그의 저서 《좋은 기업을 넘어 위대한 기업으로Good to Great》에서 1911년 로알 아문센Roald Amundsen과 로버트 팔콘 스콧Robert Falcon Scott을 예로 들면서 했던 이야기처럼, 성공은 가장 극한의 환경에서도 가장 잘 훈련되어 있고 적절한 통제 아래 꾸준함을 보여준 팀에게 돌아갔다.[22] 짐 콜린스가 기업 부문에서 진행했던 연구는 보건 분야에서 진행한 우리의 연구결과를 잘 뒷받침한다. 훈련된 인력, 훈련된 생각, 훈련된 행동이 좋은 조직들 가운데서 '훌륭한' 조직을 탄생시키는 것이다. 정책과 관리체계가 2년마다 변경된다면 지속가능한 높은 성과를 창출하는 것은 불가능하다. 의료진과 행정직원들이 이러한 변동과 상관없이 계속 근무하는 것이 그나마 다행이다.

참고 문헌

1. Ipsos MORI, State of the Nation 2013 (Ipsos MORI, 2013).

2. NHS Confederation, Key statistics on the NHS (NHS Confederation, 2015).

3. Commonwealth Fund, Mirror on the wall: How the performance of the US healthcare system performs internationally 2014 Update (Commonwealth Fund: New York, 2014).

4. World Bank statistics, Total health expenditure (% of GDP) (World Bank, 2013).

5. World Bank statistics, Life expectancy at birth (World Bank, 2013).

6. Commonwealth Fund, International Profiles of Healthcare Systems (Commonwealth Fund, 2011) p. 38.

7. World Bank statistics, Public health expenditure (% of total health expenditure) (World Bank, 2012).

8. OECD Statistics, Hospital bed and physician density, per 1,000 population (OECD, 2012).

9. House of Commons Library, Population Ageing Statistics: SN/SG/3228 (UK Parliament, 2012).

10. Department of Health, 10 things you need to know about long term conditions (DH, 2010).

11. Bevan G. et al., The four health systems of the United Kingdom: How do they compare? (Nuffield Trust, 2014).

12. NHS England, Five year forward view (NHS England, 2014) p. 5.

13. NHS England (2014) p. 5.

14. NHS England (2014) p. 3.

15. NHS England (2014) p. 4.

16. Ham C., Reforming the NHS from within (King's Fund, 2014).

17. Edwards N., The triumph of hope over experience (NHS Confederation, 2010).

18. West D., Hunt: I want five years as health secretary (Health Service Journal, 26 November 2014).

19. Times Higher Education, World University Rankings (THE, 2015).

20. All-Party Parliamentary Group on Global Health, The UK's contribution to health globally: Benefitting the country and the world, (APPG-GH, 2015).

21. KPMG International, Staying Power (KPMG, 2014).

22. Collins J., Good to Great (Random House Business: London, 2001).

아메리카

대륙

제23장 캐나다

기로에 서서

캐나다 국민들이 캐나다의 공공보건서비스에 대해 자부심을 느끼는 것은 당연하다. 1984년 캐나다 보건법Canada Health Act에 의해 설립된 보편적 보건의료제도는 일반 세금으로 재원을 마련하지만 운영은 각 지자체가 담당한다. 지방분권 구조는 그 역사가 깊은데, 1867년에 영국북미법British North America Act에서 보건의료를 각 지방에서 책임지도록 한 이래로 오늘에 이르렀다. 캐나다 국민의 권리는 어느 지역에 살든 상관없이 거의 동등하지만, 서비스 공급 방식은 각 지방에 따라 상당히 다양하다. 따라서 캐나다의 보건의료제도는 하나가 아니다. 각 주와 준주territories 단위 13개에 원주민시스템과 군대시스템까지 있다고 말하는 이들도 있다.

캐나다의 제도는 스스로 미국과 다르다는 점을 부각시키는 방식으로 정체성을 설명하는 경우가 많지만 캐나다에서도 공공재원이 전체 보건의료 지출에서 차지하는 비율은 70%에 불과하고[1] 나머지는 민간건강보험에서 감당한다. 캐나다 국민의 3분의 2가 치과보험, 요양보험, 개인병실을 위한 보험 등 보조적인 민간보험에 가입되어 있다.[2] 의사 절대 다수가 개원의이며 이들이 공급하는 의료서비스가 캐나다 의료서비스의 대부분을 차지한다. 병원은 대부분 공공병원이나 비영리병원이고 민간 클리닉도 몇 개 있다. 온타리오Ontario 주 외의 지역에서는 병원이사회를 폐지하고 의료서비스 전달 구조를 개별적으로 구축하였다. 보건의료, 특히 병원을 위한 기금 모금은 자본 프로젝트 및 연구에 상당히 중요한 수입원이다. 2013년에는 개인 모금으로 17억 캐나다달러(미화 14억 달러, 8억 8,000만 파운드)가 모였다.[3] 캐나다 대부분의 주에 강력한 공동체의식이 있는 것이 인정받을 만하다.

대서양을 사이에 두고 캐나다와 영국의 시각과 가치관은 극명한 대조를 이룬다. 캐나다는 제도적인 측면에서는 미국식 경쟁과 민간보험을 극렬하게 반대하면서도 막상 국민들은 자택요양과 '비의료서비스non-medical service', 재활 등을 위해 개인보험에 추가로 가입하는 것에 대해 (영국인들이 느끼듯이) '서서히 진행되는 민영화creeping privatisation'라고 생각하는 것 같지 않다. 오히려 캐나다 국민들은 영국 NHS의 선택적 수술 분야에 민간 부문이 참여하는 것을 대단히 불안한 시선으로 바라본다. 각기 다른 국가의 보건의료에서 '불변의 가치'란 보건의료정책과 그 실행에 있어서 국민들을 특정 방향으로 유도하거나 속이거나 했던 역사에 뿌리를 두고 있는 경우가 많다.

최근에 캐나다에서 주민 수가 가장 많은 온타리오 주를 방문했을 때 마침 민간 부문의 참여와 관련하여 거센 논란이 일고 있었다. 현실적인 목소리, 전문가적 입장, 정치적인 방향이 마구 혼재되어 있었고 나는 그 소용돌이를 바라보면서 2000년에 영국 노동당이 NHS 플랜을 도입했을 때를 떠올렸다. 당시 정부는 밀려 있는 수술 적체를 해소하고 민간 투자를 받아 병원 설립을 추진하려는 목적으로 민간 부문 진료센터를 허용하는 정책을 통과시키기 위해, 엄청난 반대와 논란을 이겨내야 했다. 현재 캐나다는 확실히 기로에 서 있으며 빠듯한 재정 부담을 생각하면 이제까지와는 다른 정책이 필요해 보인다.

그리고 곧 어려운 결정을 내려야 할 것이다. 온타리오 주만 해도 지난 3년간 병원 재정이 동결되었으며 이 상황은 앞으로도 한동안 계속될 것으로 예상된다. 현재 주 예산 누적적자가 109억 캐나다달러에 육박하고 주정부는 어떻게든 한 푼이라도 아끼려고 애쓰고 있다. 온타리오 주의 보건 예산은 약 501억 캐나다달러이며 이는 전체 공공지출의 42%를 담당한다. OECD 내에서 1인당 병상 수가 가장 낮은 편이고 당연히 병상점유율은 대단히 높으며, 장기요양시설과 가정요양시설에 병상이 부족해 환자들이 몰려 병원은 늘 혼잡하다. 한 보고서에 의하면 병원에서 환자를 돌보는 데 하루에 842캐나다달러가 들고 장기요양시설에서는 126캐나다달러, 자택요양에는 42캐나다달러가 든다고 한다.[4] 보건의료 재원 마련과 전달체계가 기존의 행위별수가 모델과 너무 밀접하게 연결되어 있으므로 이를 개선하기 위해 노력하고 있다.

드러먼드 자문 의뢰

온타리오 주정부는 과감한 변화를 꾀하기 위한 일환으로 저명한 경제학자 던 드러먼드Don Drummond에게 온타리오 주의 장기적인 재정 전망 검토를 의뢰하고 공공서비스 변화를 위한 자문을 요청하였다. 그리고 세금 인상이나 민영화를 대안으로 제시해서는 안 된다고 미리 밝혔다.

벌써 수년 전 일이지만 드러먼드는 정말 훌륭하게 자문을 수행했다. 2012년에 발간한 드러먼드의 보고서는 지금까지 내가 세계 어느 곳에서 본 것보다도 더 포괄적이고, 그 내용이 우수할 뿐만 아니라, 비판적인 의견 역시 감추지 않았다. 드러먼드는 보건의료 지출이 온타리오 주 전체 지출의 가장 큰 부분을 차지한다는 점을 지적하며 기존의 보건의료전달 구조와 모델은 지속가능하지 않다고 주장했다. 다른 선진국에도 시사점을 줄 만한 그의 주장 가운데는 다음과 같은 내용이 있다.

"최근 수십 년간 캐나다에서 보건의료개혁에 대한 논의가 제대로 되지 못한 이유는 전반적으로 무엇이 문제인지, 어떠한 타협이 이루어져야 하는지에 대한 이해도가 낮고, 변화를 이루기 위해 제시되는 다소 복잡하지만 가치 있는 아이디어에 생각 없이 반응하고, 정치인들과 여론은 국민들의 두려움에 편승하기만 좋아하고, 보건의료 관계자들은 기득권을 포기하기 싫어 변화를 거부하고, 국민들에게는 지금 당장 변화가 필요하며 돈만으로는 문제가 해결되지 않는다는 현실을 받아들이려는 열린 마음자세가 부족하기 때문이다."[5]

드러먼드는 보건의료제도가 실은 어떤 체계라기보다는 일관성 없는 서비스를 모아놓은 것에 불과했다고 지적하며 다음과 같은 단호한 결론을 내린다.

"사후 치료보다 건강증진에 초점을 두고, 병원보다 환자 중심의 제도를 수립하고, 급성의료보다 만성의료에 우선순위를 두고, 개별 서비스보다는 의료서비스 전반에 걸쳐 협력과 조율을 하고, 집중 치료가 필요한 소수의 환자를 다룰 수 있는 새로운 방법을 찾아야 한다."

드러먼드가 제시한 105개 권고 사항이 모두 실행되었다면 온타리오 주의 보건의료제도는 21세기형으로 탈바꿈하기에 부족함이 없었을 것이다. 여기에는 병원 통합, 1차의료와 지역의료 강화, 간호사의 역할 확대, 더 나은 정보기술, 성과기반 지불체계, 자택요양 활성화, 예방에 대한 투자, 의과대학의 관리 역량 교육, 공공-민간 혼합 촉진 등이 있었다.

그러나 혁명은 일어나지 않았다. 이러한 거시적 보고서가 보통 그렇듯이 이 경우에도 보고서 자체에만 온갖 주의가 집중되고 정작 실행에는 아무도 관심이 없었다. 보고서에 제안 사항이 너무 많다는 것이 문제가 되었지만 드러먼드의 처방에 타당한 반론을 제기한 사람은 아무도 없었다. 3년이 흘렀는데도 드러먼드의 제안 중 실행된 내용이 별로 없다는 것은 안타까운 일이다.

한편 연방정부는 주정부 및 준주정부와의 관계, 그리고 전체 보건의료 지출의 5분의 1에 달하는 연방정부보조금 등의 문제에 혼란을 가중시

컸다. 2004년에 연방정부와 각 지방정부가 조인한 캐나다보건협약Canada Health Accord은 전국적으로 보조금과 보건 효과를 강화하겠다는 10개년 계획이었다. 주 내용은 연방정부가 향후 10년간 매년 6%씩 보조금을 늘리고 지방정부는 대기시간, 자택요양, 의료서비스 통합, 처방조제약 구비 등의 개선 활동을 수행하기로 약속하는 것이었다.

그 이후 일반의의 4분의 3이 여러 전문의와 함께 일하게 되는 등 어느 정도 진전이 없었던 것은 아니다. 온타리오 주에서는 의사들이 가정보건팀family health teams으로 조직되어 최근 몇 년 사이 이 시스템에 등록한 환자가 100만 명이 넘는다. 이러한 팀들 중 상당수가 행위별수가제 이외의 지불제도non fee-for service를 선택했으며 지역보건센터에서 월급제로 일하는 의사도 쉽게 찾아볼 수 있다. 그럼에도 불구하고 정작 많은 사람들이 더욱 바랐던 분야의 개선은 이루어지지 않았다. 대기시간 문제도 여전하고, 처방조제약 조달을 위한 효과적인 전략도 나오지 않았으며, 구조 효율성 문제도 상당 부분 그대로다. 나는 최근 퀸스대학교Queen's University에서 주최한 보건 콘퍼런스에 강연자로 초청되었는데, 캐나다에 국가 차원의 보건 전략이 과연 필요한가에 대해 토론하는 자리였다. 다들 시대의 흐름을 거스를 생각은 없어보였으며 전반적으로 지역구 중심의 시각이 우세했다.

대부분의 주에서는 서비스 분산으로 인한 문제를 해결하기 위해 단일 관리구조 아래 모든 보건의료서비스를 표면적으로 통합한 지역별 시스템을 구축하기로 했다. 그러나 스칸디나비아 또는 영국의 북아일랜드나 스코틀랜드의 시스템과 달리 재원마련체계와 의료수가체계는 개혁이 이루어지지 않아 조율되지 않은 상태로 남아 있다. 캐나다의 정치가, 스티븐 루이스Steven Lewis가 〈뉴잉글랜드의학저널New England Journal of Medicine〉 기고문에서 지적한 대로 "의사들을 지역 시스템에 포함시키지 못한 것이 치명적이었으며, 이 때문에 의료행위 관리가 매우 제한되었다. 상당한 재원을 1차의료와 지역기반 의료에 할애하도록 유도하는 것은 지역 중심 보건의료의 오랜 목표이지만 매우 실행하기 어려운 것으로 드러났다."[6]

연방정부의 일방적인 정책

2014년에 이르러 연방정부는 일방적으로 보조금체계를 뒤엎고, 앞으로의 보조금은 보건의료 관련 수요와 상관없이 인구수에 비례하여 지급하겠다고 선언했다. 고령자가 많거나 인구가 적은 주는 타격을 입을 것으로 예상되는데, 평균연령이 낮고 인구가 성장하는 앨버타Alberta 주 같은 지역과 급속도로 고령화하는 뉴브런즈윅New brunswick 주 같은 곳의 격차가 심화될 수 있다.

대신 연방정부가 보조금을 지급하는 데 다른 조건이 붙지 않으므로 주정부와 준주정부는 자율적으로 예산 집행 우선순위를 결정할 수 있다. 일례로 오타와Ottawa 주는 예산 집행에 불만을 가진 주민들로부터 보건의료정책을 마련할 책임을 저버렸다는 비난을 받기도 했다. 2017년부터는 원래 매년 6%씩 보조금 증가분을 추가하도록 정했던 것을 바꾸어 기본 3%에 경제성장률을 연동하는 공식을 적용한다. 캐나다가 보건의료에 지출하는 총 금액은 GDP의 10.9%로 OECD 최상위권이다.[7]

캐나다보건법에서는 주별 의료보장체계에 따라 병원 치료 등 최소한의 의료에 대해 보장할 것을 명시하고 있지만 보건의료 접근성은 캐나다 내에서도 천차만별이다. 장기요양, 재활, 안과치료, 정신보건 포함 여부도 각 주마다 다르고 추가 보장을 허용하는 대상도 차이가 있다. 그중에서도 가장 차이가 많이 나는 것이 의료보장체계에 포함되는 약의 종류(고령자와 저소득층에 대한 보장 내용은 비슷함)와 주에서 부담하는 약제비다. 이제는 일부 주 간에 의료보장 내용과 구매 과정을 서로 조율하여 비용 절감과 접근성 향상을 도모하려는 움직임이 있다.

2014년에 커먼웰스펀드에서 발간한 보고서 《11개 선진국의 보건의료제도》에서 캐나다는 미국만 겨우 제치고 10위로 선정되었는데 안전성, 시의성, 효율성에서 낮은 점수를 받았다.[8] 2013년 기준으로 캐나다 국민들은 일반의로부터 진료의뢰서를 받은 후 평균 4개월 반을 기다려야 병원 진료를 받을 수 있었으며, 이 기간은 20년 전에 비해 2배 증가한 것이다.[9] 다른 여러 선진국들에 비해 당일 진료가 매우 어려우며 응급서비스 이용률이 매우 높다.

질병 부담

캐나다의 140만 원주민의 보건 상황은 전체 국민들의 평균 수준에 비해 현저히 낮으며, 특히 만성질환, 감염성질환, 사고, 자살 비율이 평균보다 더 높다. 연방정부 산하기관인 헬스캐나다Health Canada의 토착부족과 이누이트보건지부the First Nations and Inuit Health Branch에서는 원주민들을 위해 비보험 처방약 및 치과치료, 안과치료 등을 추가로 보장해준다. 최근에 연방 차원에서 시행된 정책으로는 원주민 당뇨퇴치 프로그램, 국가 원주민청소년 자살예방전략, 산모 및 아동 보건프로그램 등이 있다.

캐나다 국민 2,500만 명의 최대 사망 원인은 심장질환과 암이다. 지난 20년간 흡연율은 현저히 감소하였으나 그래도 여전히 높다. 다른 OECD 국가에 비해 특히 폐암으로 인한 여성의 사망률이 높다.[10]

연구, 교육, 원격의료에 강하다

캐나다가 혁신을 선도하는 분야로 원격의료가 있는데, 이는 방대한 국토라는 환경적 요인이 크다. 온타리오 주의 원격의료 네트워크는 세계 최대 수준이며 주 내 모든 병원과 여러 다른 시설을 연결한다. 중풍 환자의 신경계 검사 등 오지에 의료서비스를 전달하여 환자 수용력 향상과 환자의 이동 시간 절약이 가능하다. 울혈성심부전congestive heart failure 환자와 만성폐쇄성폐질환COPD 환자를 위한 프로그램은 응급실 방문과 병원 입원 건수 감소에 효과가 있었다. 이 밖에 정신과, 소아과, 피부과 프로그램도 있다.

캐나다는 또한 의학 및 임상교육, 연구, 훈련 기반이 탄탄하고 국제적인 면모를 갖추었다. 타임스하이어에듀케이션Times Higher Education에서 발표하는 세계 대학 순위에서는 지도, 연구, 논문인용, 혁신, 국제적 영향력 평가에 기초한 세계 20위 대학에 토론토대학교University of Toronto, 맥길대학교

Mcgill University, 맥마스터대학교McMaster University가 꾸준히 이름을 올리고 있다.[11] 보건 성과 면에서는 암, 호흡기질환, 순환기질환으로 인한 사망률이 국제 수준에 비해 낮고, 지역 차원에서도 온타리오 주에서는 대기시간 개선, 확대가족보건팀, 지역사회의료팀 등의 진척이 이루어지고 있다.

맺음말

캐나다 국민은 지금도 자신들의 보건의료제도를 소중히 여기고 있으며, 실제로도 많은 제도적 강점을 가지고 있다. 보편적 접근성, 잘 훈련된 전문 의료진, 세계적 수준의 연구 활동 등 이 모두는 지금까지 캐나다보건법이 잘 작동하고 있기에 가능한 것이다. 그러나 불확실한 경제 전망을 감안하면 얘기가 달라진다. 캐나다의 정치권에는 보건의료정책으로 선거에서 이길 수는 없지만 그 때문에 선거에서 패할 수는 있다는 말이 있다. 지난 연방선거에서는 보건의료가 거의 언급되지 않았으며 2014년 온타리오 주 선거에서도 주요 이슈는 아니었다.

캐나다의 보건의료제도, 아니 주와 준주 단위 13개 보건의료제도는 여러 위협 요소 가운데 지속가능성을 확보해야 한다는 긴박감을 가질 필요가 있다. 지켜야 할 가치는 보호하고 낡은 전달 모델은 과감하게 바꾸려면 아무리 소중해도 단호한 조치가 필요할 것이다. 캐나다는 지금 기로에 서 있으며 변화를 위해 기꺼이 연합하고자 하는 정치적인 의지를 가진 사람들과 관리기술 및 임상기술을 가진 사람들을 찾아 역량을 모아야 한다.

참고 문헌

1. World Bank statistics, Public health expenditure (% of total health expenditure) (World Bank, 2013).

2. Commonwealth Fund, International Profiles of Healthcare Systems (Commonwealth Fund, 2011).

3. Statistics Canada, Volunteering and charitable giving in Canada (Statistics Canada, 2015).

4. Boyle T., Budget will see tough decisions in health, (The Star, 22 April 2015).

5. Drummond D., Public services in Canada: A path for sustainability and excellence (Commission on the Reform of Ontario's Public Services, 2012).

6. Lewis S., 'A system in name onlyAccess, variation and reform in Canada's provinces' in New England Journal of Medicine 372 (2015) pp. 497–500.

7. World Bank statistics, Total health expenditure (% of GDP) (World Bank, 2013).

8. Commonwealth Fund, Mirror on the wall: How the performance of the US healthcare system performs internationally 2014 Update (Commonwealth Fund, 2014)

9. Roy A., If Universal Health Care Is The Goal, Don't Copy Canada (Forbes, 13 June 2014).

10. OECD, Health at a glance 2011: Mortality from cancer (OECD, 2011).

11. Times Higher Education World University Rankings (THE, 2015).

제24장 미국

Let's face the music and dance

1936년에 어빙 벌린Irving Berlin이 작곡한 이 노래는 현재 미국의 보건의료 계가 직면한 역설을 잘 표현해준다. KPMG에서 미국의 보건의료제도와 보건계획 및 생명과학기관 지도자 200명을 대상으로 조사한 바에 따르면, 다들 제도 변화의 필요성은 알고 있지만 누군가가 시작해주기만을 바라고 있는 것으로 보인다. 말하자면 '눈앞에 문제가 있고', 일부는 변화를 받아들이기도 하지만, 대부분의 기관들은 여전히 기존의 낡은 리듬에 맞춰 춤을 추고 있는 것이다.

중국의 보건의료제도가 감당해야 하는 변화의 정도가 규모 면에서 세계 최대라면, 미국의 경우에는 변화 관련 프로그램이 복잡하게 얽힌 정도가 다른 국가들보다 훨씬 심하다. 미국의 국토는 약 370만 제곱마일로 유럽 본토의 크기(약 390만 제곱마일)와 거의 맞먹는다는 사실을 잊기 쉬운데, 실제로 미국에서 보건의료제도의 변화를 만들어간다는 것은 유럽에 통합 관리되는 보건의료제도를 도입해야 한다고 말하는 것과 약간 비슷한 느낌이다.

개혁의 시급성

환자보호및부담적정보험법Patient Protection and Affordable Care Act, ACA(Obamacare)에 대한 맹렬한 정치적 논쟁은 제외하더라도, 미국의 보건의료제도에 대대적인 개혁이 필요하다는 데는 의심의 여지가 없다. 변화해야만 하는 몇 가지 이유를 들자면, 미국은 현재 국가부채가 미화 18조 달러에 육박하고,[1] 이 와중에 GDP의 17.1%가 보건의료에 지출되고 있으며,[2] 기대수명은 78.9세 정도로[3] OECD 평균인 80.2세보다 1년 반 정도 낮은 수준이다. 현재대로라면 2023년에는 보건의료 지출이 GDP의 20%를 초과할 것으로 전망된다. 일부 평론가들 사이에서는 계속 증가하는 보건의료 부담을 감당하기 위해 국방비까지 줄이는 것 아니냐는 이야기가 나오고 있다. 지금 개혁이 이루어지지 않으면 2025년에는 고령자를 위한 메디케어Medicare, 저소득층을 위한 메디케이드Medicaid, 사회보장제도 그리고 부채 이자를 감당하는 것에 연방 세수 전액을 쏟아 부어야 하는 상황이 된다.[4]

ACA 시행 전에 추정한 바로는 미국 내 3억 1,500만 명의 거주자 중 약 5,000만 명이 의료보험을 가지고 있지 않았다.[5] 2012년 6월에 연방 대법원이 ACA가 합헌이라고 결정하면서(개별 주의 메디케이드 추가부담 의무 제외) 약 1,600만 명이 의료보장제도권 내로 편입되었으나,[6] ACA가 완전히 시행되어도 약 2,000만 명은 의료보장 혜택을 누리지 못할 것이다.[7] OECD 추산으로는 현재 미국 정부가 전체 보건의료 지출의 46%를 책임지고 있으며[8](아이러니하게도 중국과 비슷한 수준이다.), 이는 대부분의 선진국 평균이 72%인 것에 비해 훨씬 낮은 비율이다. 미국은 세계 어느 국가보다도 보건의료에 많은 비용을 지출하면서도 선진국 중에서는 유일하게 의료보장 포함 인구가 95% 미만이다. 통계에 의하면 미국 국민의 35%는 의료비용 때문에 재정난을 겪은 경험이 있다.[9] 게다가 전체 인구의 절반가량은 직장 의료보험에 가입되어 있어 직장을 옮기는 데도 제약이 따른다.[10] 보험료 상승분도 노동자 임금에서 부담해야 하므로 지난 20년간 미국 국민 평균 임금이 정체된 주요 원인 중 하나로 보건의료비 상승이 지목될 정도다.

제도 운영에 엄청난 비용이 들어가는 것도 무리는 아니다. 2011년에 미국 의학원Institute of Medicine에서 발표한 내용에 따르면, 불필요하고 비효율적인 서비스, 과도한 원가와 행정비, 사기, 남용, 예방기회상실 비용 등으로 낭비되는 금액이 미화 7,650억 달러로 전체 지출액의 거의 3분의 1에 달한다.[11] 이 중 연간 행정비로 들어가는 금액이 자그마치 미화 3,600억 달러인데, 수많은 보험자와 의료공급자 간에 가치 기반이 아니라 행위별수가 기반으로 급여를 이체하는 데 소요되는 비용이 주요 원인으로 지목되고 있다. ACA가 시행되면서 책임의료조직Accountable Care Organisation, ACOs이 도입되었지만 아직 전체 계약의 20% 정도를 차지하는 데 그치고 있다.

미국의 보건의료비 상승 요소에는 처방약과 의사의 보수도 한몫하는데, 미국이 약제비에 소비하는 금액은 OECD 평균의 2배에 달하고[12] 미국

의사들은 세계에서 가장 많은 보수를 받는다. 미국의 의료전문지 〈메드스케이프Medscape〉가 2014년에 조사한 바에 따르면 병원 의사의 연봉이 보통 미화 26만 2,000달러 정도인 것으로 나타났다.[13] 커먼웰스펀드는 주요 선진국의 보건의료제도 순위에 미국을 늘 최하위로 두면서 열악한 접근성과 의료연계체계 결여를 그 이유로 꼽는다.[14] 일례로 병원에서 퇴원하는 고령환자 5명 중 1명은 30일 내에 다시 입원한다.[15] ACA에서는 이러한 문제를 해결하고자 하지만 제도 자체의 효율성을 현격하게 개선하지 않은 채 보건의료 접근성만 향상하는 것이 오히려 문제가 되고 있다.

오바마케어를 통한 개선

ACA 시행에 드는 추가비용이 예상 혜택보다 훨씬 많다고 생각하는 사람들은 ACA가 기대만 부풀리고 시행 전에 제대로 검토가 되지 않았다고 주장한다. 나는 여기에 동의하지 않는 편이다. 이미 언급한 것처럼 변화 프로그램은 복잡하고, 법 시행이 작동하기까지는 오래 걸리며, 상호작용하는 수많은 요소를 고려하여 계속 다듬어나가야 한다. 일단 초반 평가는 긍정적이다. 블루멘털Blumenthal과 콜린스Collins는 커먼웰스펀드 기고문을 통해 ACA에 대해 시작은 불안했지만 이제 연방의료보험거래소가 제대로 기능하고 있고, 1,600만 미국인들이 보험에 새로 가입하는 등 새로운 보험거래소제도와 메디케이드에 편입되는 사람도 늘고 있다고 평가했다.[16] 의료보장에서 제외되거나 보장 수준이 너무 낮았던 사람의 수도 감소했다. 최근 커먼웰스펀드에서 실시한 추적조사에 의하면 의료보장 신규 가입자의 60%가 혜택을 이용하였으며, 신규 가입자의 62%가 이전 같으면 이러한 서비스를 이용할 수 없었을 것이라고 응답했다고 한다. 블루멘털과 콜린스는 그러나 "비용과 의료 질 측면에서는 ACA와 보건의료제도 성과 간에 분명한 인과관계를 찾기 어려운 면이 있다."고 언급했다.

이 내용은 ACA의 근본적이고 핵심적인 측면에 대한 지적이다. 2010년에 ACA 법안이 통과될 때 정부의 목표는 더 적절한 비용으로 의료서비스를 공급하고 환자를 보호하는 것이었다. 정치적 쟁점이 정부 주도의 의무적 의료보장제도의 잘잘못에 치중하긴 했지만(2015년 7월 대법원에서 주 단위 보험구매창구가 없는 주 거주민도 연방 세제 혜택을 받을 수 있다고 결정한 사례 등), 핵심은 보건의료제도의 지속가능성에 대한 것이다. 이런 측면에서 ACA의 핵심 과제는 새로운 보건의료 지불 방식을 모색하고 의료공급자들이 더 조직적으로 연계하여 서비스를 전달할 수 있도록 만드는 것이다.

나는 이에 대해 미국의 여러 보건의료계 리더 및 기관 관계자들과 이야기를 나누었는데 크게 두 가지 대립되는 견해가 있었다. 어느 쪽이든 향후 보건의료 지형에서 우위를 점하게 될 가능성이 있다. 그중 하나는 ACA가 국가, 기업, 국민의 필요에 부응하였으며 메디케어와 메디케이드 등 지배적인 보험자의 지위, 보험거래소, 의료공급 패턴을 통해 모양이 갖추어져 간다고 보는 견해다. 보건의료 비용 상승세가 훨씬 둔화되어 지난 5년 연속 4% 미만이었다.[17] 향후 10년간 비용 상승도 ACA 시행 전에는 1990년에서 2008년까지 연 7.2%였던 것에 비해 5.7%에 그칠 것으로 전망된다.[18]

이에 대한 반대 견해는 세계 금융위기와 고용주에 대한 압박으로 인해 보건의료 비용 상승이 억제되고 보건의료제도 개혁이 활기를 띠게 된 것 뿐이라는 것이다. 이 견해를 지지하는 사람들은 변화가 무척 더디고 보장 수준도 너무 낮고 비용 절감이 거의 이루어지지 않았다고 말한다. 이제 경제가 다시 활성화되면 의료공급자들이 다시 연합하여 더 막강한 시장지배력을 이용해 가격을 올릴 것이라는 말이다. 말하자면 개혁은 무산되고 다 원점으로 되돌아갈 것이라는 의미다.

돌이킬 수 없는 변화

이 두 가지 견해 중 어느 것이 옳든지(둘 다 옳을 가능성이 높다.), ACA에 반대하는 사람들이 결코 돌이킬 수 없는 보다 근본적인 방식의 진짜 변화가 미국 보건의료제도를 휩쓸고 있다. 기존의 행위별수가 기반 계약을 통합수가체계로 대체하여 의료 질과 적절한 치료, 비용 조정을 유도하는 ACO 형태의 의료서비스에 대한 수요가 활발하게 일어나고 있는 것이다. 정부의 목표는 2018년까지 메디케어 지불 금액 중 가치기반지불 방식을 50%까지 끌어올리고, 2020년까지 민간보험자 지불 금액의 75%까지 가치기반지불 방식으로 전환하는 것이다.[19] 또한 유통 부문에서도 조용한 혁명이 일어나고 있다. 유통업체들과 약국 체인이 수백 개의 간이진료소walk-in clinics를 운영하기 시작한 것이다. 빠른 서비스, 투명한 가격정책, 저렴한 비용이 장점이며, 이는 점차 증가하는 보험회사의 보험 공제금을 이용해서 가능하다. 2007년에서 2015년 사이에 CVS헬스CVS Health에서 시작한 진료소가 1,000개 이상이며, 월그린Walgreen은 400개, 월

마트Walmart, 타겟Target, 크로거Kroger도 수백 개의 진료소를 운영하고 있다.[20]

〈뉴잉글랜드의학저널〉에서 맥윌리엄스McWilliams 등은 어떻게 ACO 프로그램이 환자의 경험을 향상시키는지 설명하면서 두 가지 중요한 요소를 들었다. 그것은 바로 시의적절하게 치료를 받는 것, 그리고 전문의 진료를 받은 환자에 대해 일반의가 정보를 잘 넘겨받는 것이었다.[21] 또한 메사추세츠 주 의사의 85%와 연계된 블루크로스블루쉴드Blue Cross Blue Shield 보험사는 '대체품질계약Alternative Quality Contract'이라는 프로그램을 통해 5.8%에서 많게는 9.1%까지 비용 절감을 달성했으며,[22] 메디케어와 메디케이드 서비스센터(연방감독기관)에서는 ACO를 통해 일부 비용도 절감하는 동시에 의료 질과 환자경험을 모두 향상하였다고 보고했다.

나는 뉴욕 브롱크스Bronx의 몬테피오레Montefiore 같은 사례를 보면 힘이 난다. 이곳은 2011년에 최초로 선정된 32개의 ACO 중 하나로 재정적으로 가장 성공한 곳이다. 나는 이곳의 경영진과 의사를 만나 열악한 지역의 주민을 돌보는 어려움을 직접 목도했다. 몬테피오레 ACO는 미국에서 가장 빈곤한 도시지구인 브롱크스에서 가장 큰 의료공급기관으로서 주민들이 병원에 가지 않고도 가능한 한 건강을 유지할 수 있도록 하는 것을 목표로 하고 있다. 원격의료와 더불어 환자자가학습 프로그램, 보건교실, 가정방문, 퇴원 후 회복간호 프로그램 등을 운영하고 1차의료공급자, 약사, 사회복지사 간에 연계프로그램도 운영한다. 가장 건강 상태가 좋지 않은 환자 3만 명에 대해서는 서비스 재검토를 실시하고 진료 경로를 재설계하여 좋은 성과를 얻었다.[23] 한 예로 당뇨병으로 입원하는 사례가 14% 감소하고 비용도 12% 절감되었다. 이러한 체계가 한번 자리를 잡은 이상 과거로 돌아갈 수는 없다.

수많은 정책과 개혁 프로그램이 기술 향상과 거래 측면, 즉 조직구조
와 지불체계에 집중하고 문화를 바꾸는 데는 관심이 덜하지만, 지속가능
한 변화를 위해서는 문화를 바꾸는 것이 필수적이다. 영리기관과 비영리
기관 모두 개혁이 이루어지고 있는 것은 확실하다. 그러나 이것만으로는
충분하지 않을 수도 있다. 사고방식과 문화는 여전히 발전 속도를 따라
가지 못할 수도 있으며 대단히 분산된 체계와 개혁의 규모, 그리고 복잡
성 때문에 지속적인 어려움이 있을 것이기 때문이다.

누가 변혁을 이끌 것인가?

2012년에 KPMG에서는 미국 전역의 의료공급기관, 의료보험사, 생
명과학(제약 및 생명과학) 관련 기관의 고위 경영진의 시각과 태도에 대해
조사를 실시했으며, 그 결과는《보건의료의 전환: 양에서 가치로Transforming
Healthcare: From Volume to Value》라는 제목의 보고서로 발간되었다.[24] 응답자는 향
후 5년간 보건의료 부문에 큰 변화가 일어나길 기대하면서도 자신이 속
해 있는 기관은 현재도 "지속가능하거나sustainable 어느 정도는 지속가능한
somewhat sustainable"운영 모델이라고 생각했다. 거의 모든 병원공급자가 어느
정도의 변화 또는 대대적인 변화가 일어날 것이라고 생각하는 반면 의
료보험사의 경우 그렇게 생각하는 비율이 94% 정도였다. 게다가 생명
과학 분야 응답자의 87%만이 변화가 일어날 것이라고 생각했으며, 그중
4분의 1만이 '대대적인' 변화를 예상했다. 이것은 일상에서 당장 대대적

인 변화가 필요하다고 느끼는 것과 차이가 있을 뿐만 아니라 일부 부채가 많은 국가들이 2년 동안이나 의약품비 지불을 지체하는 일도 벌어지는 유럽의 분위기와도 확연히 다를 것이다.

미국 보건의료제도가 이대로는 지속가능하지 않으므로 보건의료 부문의 서비스 연계 필요성, 양보다는 가치 중심(환자가 얻는 성과와 질을 비용으로 나누는 것으로 폭넓게 정의된다.)으로 초점을 옮겨야 하는 필요성이 있다는 데에는 응답자 전원이 공감했다. 그러나 어떻게 변혁을 해야 하는가, 어떻게 변혁을 할 수 있는가에 대해서는 의견이 분분했다. 지금과는 다른 미래를 상상하기는 하지만 너무 추상적이거나 현재 운영과 너무 동떨어지는 경향이 있었다.

대대적인 변화를 어떻게 준비하고 있느냐는 질문에 의료공급자의 86%는 메디케어 가격을 세분화할 수 있도록 가격구조를 관리하겠다고 답변했다. 병원의 절반은 이렇게 하면 비용을 11%에서 20% 정도 절감할 수 있을 것이라고 생각했다. 이 숫자는 업계에서 들어본 적이 없는 비용 절감률이다. 어떻게 비용 압박을 견딜 수 있을 것인가 하는 질문에는 응답자의 82%가 "시장지배력을 이용하거나 가격에 합당한 가치를 제공함으로써" 계속 고용주분담금, 의료보험사 지불금액, 환자 개인부담금 등을 늘릴 수 있을 것이라고 대답했다.

이러한 생각은 의료보험사들의 생각과 정면으로 대치된다. 의료보험사 응답자의 절반은 고용주 보험비가 감소할 것이라고 전망했다. 오히려 메디케이드와 메디케어 쪽이 성장할 것이므로 저비용 모델이 구축되어야 한다고 생각하고 있었다. 보험사들은 고용주들도 저비용 플랜을 요구할 것이므로 이에 맞추어 건강증진 프로그램 부분을 강화하고자 한다. 보험비가 상승하면 고용주 일부는 그냥 건강보험 책임을 포기할 수 있으며 그렇게 되면 유통 시장의 소비자 권한이 더욱 막강해질 것이다.

결국 서로 다른 견해가 있지만, 비용이 감소할 것이라는 기대는 공통적이다. 이렇게 큰 규모로 비용 절감 움직임이 있었던 적은 없었다. 그러나 영국의 사례를 보면 비용을 절감하면서 생산성을 향상하는 것이 얼마나 어려운지를 알 수 있다. 〈허핑턴포스트Huffington Post〉에서 인용한 존스 홉킨스병원Johns Hopkins Hospital 경영진의 말을 빌리자면, "비용 절감을 위해 이미 조치를 취해놓은 것이 아니라면, 상당히 어려운 입장에 처할 것이다."[25]

예상 가능한 일이지만, 비용 절감 필요성을 이유로 의료공급자 합병이 더 늘어났는데, 미 하원의장 존 베이너John Boehner 측 대변인을 지낸 브렌든 벅Brendan Buck은 이에 대해 "합병을 하면 효율성이 증대된다고 하지만, 결과적으로는 비용만 더 늘어난다."고 비판했다.[26] 더 최근에는 미국사회보험학회National Academy of Social Insurance에서 "병원과 의사 간 연계로 인해 의사 진료비, 병원비, 1인당 의료 소비액이 상승하는 결과를 초래했다."고 주장하면서[27] 병원과 보험자 간 통합의 경우에도 유사한 경향을 보인다고 말했다. 그러나 의료공급자 다수는 비용 절감을 위한 새로운 의료 모델을 만들어가는 과정에 있는 것이라고 반박할 것이다.

맺음말

미국에서는 언제나 그렇듯이, 보건의료 분야에서도 사실, 의견, 편견을 놓고 열띤 토론이 벌어지는 중이다. ACA가 미국 보건의료의 접근성, 비용, 의료 질 사이의 균형구도를 어떻게 바꿔놓을지는 아무도 모른다. 그러나 중대한 한 걸음을 내딛은 것만은 틀림없으며 다시 시간을 되돌릴 수는 없다. 냉정하게 봤을 때 앞으로 오는 세대에 이만큼의 정치자본을 또다시 투자하기는 어려울 것이므로 이번에 꼭 성공하기를 바라는 마음이다.

참고 문헌

1. http://www.usdebtclock.org/.
2. World Bank Statistics, Total health expenditure (% of GDP) (World Bank, 2013).
3. World Bank Statistics, Life expectancy at birth (World Bank, 2013).
4. National Commission on Fiscal Responsibility and Reform, The moment of truth (White House, 2010).
5. US Census Bureau, Health Insurance Highlights 2012 (US Census Bureau, 2012).
6. Bernstein L., Affordable Care Act adds 16.4 million to health insurance rolls (Washington Post, 15 March 2015).
7. Congressional Budget Office, Effects of the Affordable Care Act on health insurance coverage: March 2015 Update (CBO, March 2015).
8. World Bank Statistics, Public health expenditure (% of total health expenditure) (World Bank, 2012).
9. The Commonwealth Fund, The rise in health care coverage and affordability since health reform took effect (The Commonwealth Fund, 2015), p. 5.
10. Congressional Budget Office, Effects of the Affordable Care Act on health insurance coverage: March 2015 Update (CBO, March 2015).
11. Institute of Medicine, The healthcare imperative: Lowering costs and improving outcomes (IOM, 2011).
12. OECD Statistics, Pharmaceutical expenditure per capita (OECD, 2012).
13. Medscape, Physician compensation report 2014 (Medscape, 2014).
14. Commonwealth Fund, Mirror on the wall: How the performance of the US healthcare system performs internationally—2014 Update (Commonwealth Fund: New York, 2014).
15. Robert Wood Johnson Foundation, The revolving door: a report on US hospital readmissions (RWJF, 2013).
16. Blumenthal D. and Collins S., Assessing the Affordable Care Act: The record to date (Commonwealth Fund Blogs, 26 September 2014).
17. Hartman M. et al., National Health Spending in 2013: Growth slows, remains in step with the overall economy, in Health Affairs, 10 (1377) (December 2014).
18. Blumenthal D. and Collins S., Assessing the Affordable Care Act: The record to date (Commonwealth Fund Blogs, 26 September 2014).
19. The Economist, Shock treatment (The Economist, 7 March 2015).
20. The Economist (2015).
21. McWilliams J.M., et al., Changes in patients' experiences in Medicare Accountable Care Organizations in New England Journal of Medicine, 371, 1715-24 (2014).
22. Song Z. et al., 'Changes in health care spending and quality four years into global payment' in New England Journal of Medicine, 371 (18) 1704-14 (2014).
23. KPMG International, Pathways to population health (KPMG, 2015).
24. KPMG International, Transforming healthcare: From volume to value (KPMG, 2012).
25. Young J., Prognosis unclear (Huffington Post, 8 October 2012).
26. Japsen B., Insurers fight hospital mergers as ACA snubs fee for service medicine (Forbes, 14 September 2014).
27. Goldsmith J. et al., Integrated delivery networks: In search of benefits and market effects (National Academy of Social Insurance, 2015).

제25장 멕시코

끝나지 않은 사업

멕시코는 보건의료 분야에 큰 포부를 지닌 개발도상국이다. 만성질환과 극심한 빈부격차 및 의료 접근성 격차라는 큰 부담을 이겨내야 하는 상황이다. 현재 21세기 들어 시도한 두 번째 보건의료개혁의 초기 단계에 있다. 조금씩 진전이 있긴 하지만 1억 2,200만 멕시코 국민들이 넘어야 할 장애물의 크기는 어마어마하다.

멕시코가 지난 10년간 보편적 의료보장을 위해 단호한 걸음을 걸었던 것은 매우 인상적이다. 그동안 의료보험이 없거나 혜택이 너무 적었던 수백만 명이 새로운 공공보험제도 내로 흡수되는 성과가 있었다. 이제 숙제는 의료보장 아래서 더 나은 보건의료서비스를 받고 더 나은 의료성과를 창출해내는 것이다.

멕시코는 보건의료 지출이 GDP의 6.2%로[1] OECD 최하위권이다. 그

중 정부지출은 절반에 지나지 않고 나머지 절반은 환자의 개인부담금이 대부분이다. (민간보험 가입자는 4%에 불과하다.)[2] 그러나 2014년부터 2018년까지 보건의료 분야 지출이 매년 8.1% 증가할 것으로 전망되는 가운데[3] 보건의료 재원 또한 급속도로 불어날 것으로 예상되므로 정부가 보건의료 지출 상승분의 많은 부분을 감당할 수 있을 것이다.

멕시코가 지금 다루어야 하는 기존 제도의 가장 큰 약점은 노동자 지위에 기초한 제도라는 점이다. 월급을 받는 정규직 노동자 대부분은 두 가지 프로그램 중 하나에 속하여 보장을 받는다. 하나는 민간 부문 정규직 노동자와 그 가족을 위해 1943년에 설립된 멕시코사회보장기관Mexican Social Security Institute, IMSS에서 운영하는 프로그램이고, 다른 하나는 공무원과 그 가족을 위해 1959년에 설립된 공무원사회복지및보장기관Institute of Social Services and Security for Civil Servants, ISSSTE에서 운영하는 프로그램이다. 21세기에 들어서면서 이 두 프로그램에 따라 보장받는 인구는 전체의 47%에 불과하고,[4] 국민의 나머지 절반에 해당하는 월급을 받지 않는 자영업자나 실업자는 사회보험제도에서 제외되었다. 보험 가입이 되어 있지 않은 사람들은 연방 차원 또는 주 차원의 자금 지원을 일부 받고 대부분 직접 의료비를 지불하여 의료 수요를 충족시켰다. 결론적으로 국민 5,000만 명이 의료 수요를 직접 해결하는 수밖에 없게 되었으며 많은 경우 재정 파탄에 이르렀다.

6개의 제도

그러다가 2003년에 보건부 장관 훌리오 프렝크Julio Frenk의 비전 있는 리더십 아래 비정규직 노동자와 빈곤층을 대상으로 보건분야사회보호제도System for Social Protection in Health, SPSS라는 새로운 보험제도가 시행되었다. '서민보험Seguro Popular'이라는 이름으로 더 잘 알려져 있으며 보험료는 자산과 수입에 따라 차등 적용되었다. 서민보험의 목표는 보험이 없는 5,000만 명의 국민을 대상으로 기본적인 보건의료서비스 패키지에 대한 보장을 2010년까지 실현하겠다는 것이었다. 이 야심찬 목표는 실제로 거의 실현되었다. 가입자 목표는 2012년에 달성하였으며 계속해서 증가하는 추세다.[5] 이 제도는 산모와 아동 보건 등 예방 중심의 보건의료에 주안점을 두었으며 멕시코 원주민과 비원주민 간 의료보장 격차를 제거하는 데에도 성공을 거두었다.[6]

서민보험제도 시행에는 주요 정책적 지원과 대규모 공공투자가 동원되었다. 이는 프렝크 보건부 장관이 보건의료 분야가 부를 창출하는 산업이며, 보건의료에 투자하는 것이 경제성장의 저해요소가 아니라 원동력이 된다고 정부를 성공적으로 설득했기 때문에 가능했던 것도 있다.

서민보험은 그 자체로는 성공적이었지만, 그렇지 않아도 분산된 제도에 하나를 더 얹어 6개의 제도가 되는 데 일조한 것도 사실이다. 기존의 IMSS, ISSSTE 그리고 서민보험인 SPSS 외에도 석유공사, 육군, 해군에서 각각 PEMEX, SEDENA, SEMAR라고 불리는 제도를 운영하고 있다. 6개의 제도는 각각 별도의 기관, 별도의 병원, 진료소, 약국 네트워크를 보유하고 있으며 환자들은 다른 제도의 서비스를 이용할 수 없다.
결국 이러한 제도 분산은 큰 낭비로 이어져 공급과잉인 곳도 있고 공급
부족을 겪는 곳도 있다. 병원은 너무 많고 1차의료시설은 너무 부족하며
서비스의 질도 천차만별이다.

보장확대에서 질 향상으로

    2012년에 대통령으로 당선된 엔리케 페냐 니에토Enrique Pena Nieto는 진정한
보편적 의료보장을 이룩하기 위해 보건의료개혁을 한 번 더 실시하기로
약속했다. 뒤이어 나온 국가개발계획2013−2018Plan Nacional de Desarrollo 2013−2018
과 보건부문프로그램Programme for the Health Sector에서는 통합과 이동성이라는 핵
심 개념 전파에 나섰다. 통합은 6개 제도를 하나의 보편적 사회보장제도
안으로 편입시키는 것을 의미하고 이동성은 환자들이 각각의 제도 중 자
유롭게 선택할 수 있도록 하는 것을 의미한다.

    제도 간에 엄격한 분리가 없어지면 접근성이 매우 향상되고 전체 지
출의 11%를 차지하는 행정비용도 상당히 절감될 것이다.[7] 그러나 그러
한 제도를 구축하는 데 필요한 비용이 GDP의 3~5%에 달할 것으로 추
산되므로 현재로서는 불가능하다. 한편 '이동성portability' 요소는 과도기에
만 사용될 가능성이 높다.

    프렝크 보건부 장관이 주장한 바에 따르면 멕시코에서 보편적 의료보
장을 달성하는 과정에는 세 단계가 있다. 첫 번째 단계는 2012년에 이미

달성한 전 국민 보험 가입 단계이고 두 번째 단계는 보장 범위 확대인데, 멕시코는 이 두 번째 단계도 거의 달성했다. 세 번째이자 멕시코가 나아가야 할 다음 단계는 프렝크 장관이 "보장과 질"이라고 표현한 단계로, 보장된 서비스 전반에 걸쳐서 수준을 향상하는 데 초점을 맞추는 것이다. 각각의 제도 간 수준 차이도 크고 제도 운영 책임을 맡고 있는 31개 행정구역 간의 수준도 제각각이다. 2000년대 중반에 보건의료의 질을 측정하고 인증하는 프로그램이 도입되었지만 일정하게 합격 수준을 유지할 수 있도록 하기 위해서는 앞으로도 해야 할 일이 많다.

공공보건 문제

의료보장에 있어 훌륭한 성과를 거두었지만, 멕시코 국민의 '웰빙'은 아무리 잘 만들어진 제도라도 뒤흔들 수 있을 정도로 심각한 공공보건 문제에 가로막혀 있다. 평균 기대수명은 1990년 70.7세에서 2015년 77.4세로 증가했지만[8] 다른 국가들에 비하면 증가폭이 오히려 적은 상황이다. 주요 원인으로 비감염성질환, 폭력, 교통사고가 꼽힌다.

몇 가지 지수로 보자면(성인 과체중 비율 1위, 비만율 2위) 멕시코는 세계에서 가장 뚱뚱한 국가로 남성 및 여성, 아동의 3분의 1이 비만이다.[9] 이 때문에 당뇨병 및 고혈압이 지금도 큰 문제가 되고 있으며 앞으로도 큰 부담으로 작용할 것이다. 이 문제를 해결하기 위해 2013년에 정부에서는 과체중, 비만, 당뇨병 예방 및 억제 전략National Strategy for the Prevention and Control of Overweight, Obesity and Diabetes을 발표했다. 여기에는 건강증진 캠페인 실시, 가당 청량음료 및 정크푸드에 세금 부과 등의 조치가 포함되었다. 이 정책에 의해 추가로 징수되는 세금은 연간 미화 10억 달러에 달할 것으로 전망되며[10] 정책 시행 첫해에 이미 코카콜라와 기타 청량음료 매출이 7%까지 하락하는 등 수요 억제 측면에서는 초반에 성공을 거둔 것으로 보고되었다.[11]

공공보건을 위협하는 또 하나의 큰 문제는 일부 지역의 심각한 폭력 수준이다. 2010년 멕시코 국민의 사망 원인 중 12.2%를 차지한 것이 살인이며, 치와와Chihuahua 같은 지역에서는 남성 사망 원인의 45%가 살인이었다.[12] 이 문제는 통제 불능 상태이며 2007년에서 2012년까지 살인율이 2배로 증가했고 같은 기간 총 13만 6,234명이 살해당하고 3만 명 이상이 실종되었다.[13] 이 문제는 당연히 보건 문제라기보다는 치안 문제로 다루어지긴 하지만, 어찌되었든 정부가 국민에게 더 나은 안전과 질서를 보장해줄 방법을 찾아야 한다.

한 가지 좋은 소식은 멕시코의 흡연율이 OECD 최저 수준으로 12%도 채 되지 않는다는 것이다.[14]

저가 혁신

아직 초기 단계이긴 하지만 멕시코는 보건의료서비스 전달과 새로운 의료 모델에 혁신을 이룰 수 있는 비옥한 환경으로 점차 탈바꿈하고 있다. 우선, 통신 사업자와 의약품 유통업체들이 보건의료 시장에 진입하

기 시작했다. 월마트는 지역기관인 프레비타Previta와 손잡고 점포 내 약국
에서 1차의료서비스를 시작했으며, 병원들도 유통체인과 연합하여 전달
네트워크를 확장하고 비용을 절감하려는 움직임이 있다.[15]

또 다른 혁신 사례로 메디컬홈MedicalHome을 들 수 있다. 월 미화 5달러
의 서비스료를 내면 전화로 1차의료 상담을 해주는 상품인데, 현재 100
만 가구가 가입했다. 상담원은 의료보조인력이 맡고 있으며 통화만으로
문제 해결이 가능한 건이 전체 상담전화의 3분의 2 정도이다. 추가 진료
가 필요한 경우 메디컬홈과 연계된 의료공급자 네트워크로 연결해주고
진료비도 할인해준다.[16]

만성질환 문제를 전문적으로 다루는 의료공급자도 있다. 바로 아주카
클리닉Clinicas del Azúcar이라는 저가당뇨진료소 체인이다.[17] 여기서는 연간 미
화 70달러에서 260달러의 비용으로 검진과 상담 서비스를 공급하며 앞
으로 수년간 클리닉 50개를 설립하는 것이 목표다. 아주카클리닉에서
주장하는 바에 따르면, 환자가 클리닉에 가입하면 당뇨로 인한 합병증
발생률이 절반으로 줄고 따라서 클리닉의 서비스 비용도 3분의 2로 줄
어든다고 한다.

또한 멕시코에서는 지역사회 보건요원을 활용하여 고혈압, 당뇨 등 만
성질환을 앓고 있는 사람들을 지원하는 사업을 시범적으로 실시하고 있
다.[18] 동반자acompañantes라고 불리는 보건요원들은 현재 시골지역과 남부 벽
지에서 활동하고 있는데, 매주 찾아가 환자의 건강 상태를 확인하고 운
동 및 식이습관 변화 등에 관한 교육을 실시하며, 필요한 경우 의사에게

연결해준다. 지역사회 보건요원의 보수는 음식 등 현물로 지급한다. 집에 있는 여성을 남성이 방문하는 것보다는 여성이 남성을 방문하는 것이 사회통념상 자연스럽기 때문에 보건요원은 모두 여성이며, 따라서 보건요원제도는 여성의 교육과 고용 수준을 향상시키는 작은 발전을 의미하기도 한다. 이 제도는 운영비도 별로 들지 않고 지역사회의 기술과 자원도 잘 활용하는 동시에 공급이 부족한 의료진에 의존하지도 않는다. 이 프로그램은 비영리기관인 PIH_{Partners In Health}에서 주도하고 있으며 초기 성공에 힘입어 멕시코 내 다른 지역에서도 확장 요청이 쇄도하는 중이다.

마지막으로, 멕시코에서는 1997년 이후 빈곤 퇴치 방안으로 대규모 조건부 현금지원을 시행해왔다. 기회_{Oportunidades}라고 불리는 프로그램에서는 자녀에게 예방접종을 시키거나 자녀를 학교에 보내거나, 자녀에게 적절한 식사를 제공하는 조건으로 빈곤층 가정에 직접 현금을 보낸다.

의료관광

멕시코는 의료관광지로 떠오르고 있다. 미국에 거주하는 멕시코인들로 인해서 점차 활발해지고 있는 추세인데, 미국에 의료보험이 없는 멕시코인들이 치료를 받기 위해 고국으로 돌아오는 경우가 늘고 있다. 이뿐만 아니라 미국인들 역시 약 90%를 절감할 수 있을 정도로 저렴한 비용으로 양질의 치료를 받을 수 있다는 점에 끌려 멕시코를 방문하는 경우가 늘고 있다.[19] 치료 분야도 선택적 수술에서 성형, 치과 치료까지 다양하고 기타 관광 상품과 연계된 경우도 많다. 2011년 EIU에서 발표한 보고서에서 멕시코는 프랑스에 이어 의료관광지 2위를 차지했는데, 아마도 저렴한 비용과 뛰어나지는 않지만 미국과 동등한 평균 이상의 의료 질 덕분인 것 같다.[20]

맺음말

멕시코는 모든 국민에게 보건의료 혜택을 제공하기 위한 야심찬 개혁 프로그램을 착실하게 진행하고 있다. 지금까지의 성과는 매우 훌륭하지만 단순 보장에서 질 향상으로 발전시키고, 6개 제도를 하나로 모아 심각한 공공보건 상태를 극복하며 나아가야 하는 다음 단계는 훨씬 더 큰 시험대가 될 것이다. 공공정책을 창의적으로 활용하고 보건의료전달에서 혁신을 이룬 것을 보면 낙관적으로 전망해도 될 것 같지만, 이러한 혁신이 신속하게 확장되어야 점차 커져가는 문제를 조기에 해결할 수 있을 것이다. 보건의료 분야 지출 비중은 여전히 낮은 수준이고 빈곤층과 벽지의 의료 접근도 아직 너무 어려운 실정이다. 궁극적으로는 경제가 성장해야 진정한 보편적 의료보장 재원마련이 가능하다.

참고 문헌

1. World Bank statistics, Total health expenditure (% of GDP) (World Bank, 2013).

2. Economist Intelligence Unit, Healthcare industry briefing: Mexico (EIU, 2014).

3. EIU, 2014.

4. Manatt Jones Global Strategies, Mexican health system: Challenges and opportunities (MJGS, 2015).

5. Pharmaboardroom, Interview with Julio Frenk, Dean Harvard T.H. Chan School of Public Health (pharmaboardroom.com, 6 March 2015).

6. World Bank, Seguro Popular: Health coverage for all in Mexico (World Bank, 2015).

7. Economist Intelligence Unit, Healthcare industry briefing: Mexico (EIU, 2014).

8. World Bank statistics, Life expectancy at birth (World Bank, 1990 & 2013).

9. World Obesity Federation, World obesity map (WOF, 2012).

10. Martin E. & Cattan N., Mexico tackles obesity epidemic with tax on junk food (Bloomberg Business, 29 October 2013).

11. Guthrie A., Survey shows Mexicans drinking less soda after tax (Wall Street Journal, 13 October 2014).

12. Gamlin J., 'Violence and homicide in Mexico: A global health issue' in The Lancet, 385 (2015).

13. Human Rights Watch, Vanished: The disappeared of Mexico's drug war (HRW, 2014).

14. OECD Statistics, Tobacco consumption among adults (% daily smokers) (OECD, 2012).

15. Pharmaboardroom, Interview with Jose Alarcon Irigoyen, Partner & Leader of the Healthcare Practice PwC Mexico (pharmaboardroom.com, 6 March 2015).

16. Leadbeater C., The future of healthcare: Life-saving innovations for the bottom billion (The Guardian, 29 September 2014).

17. Center for Health Market Innovations, Clinicas del Azucar (CHMI, 2014).

18. Partners in Health, Community Health Worker programme expands in Mexico (PIH, 2014).

19. Manatt Jones Global Strategies, Mexican health system: Challenges and opportunities (MJGS, 2015).

20. Economist Intelligence Unit, Travelling for health: The potential for medical tourism, (EIU, 2011).

제26장 브라질

질서와 진보?

'질서와 진보Ordem e Progresso'라는 모토는 브라질 국기 중앙을 가로질러 써 있는 문구다. 브라질의 경제적 성공이 흔들리고 있지만, 이런 때일수록 여러 개발도상국 발전의 원동력이 되었던 보건의료제도 발전에 세심한 주의를 기울이고 초기의 성공이 약화되지 않도록 해야 한다.

1988년 헌법에 의해 제정된 통합보건의료제도Sistema Único de Saúde, SUS는 세계 최대 수준의 공공보건의료제도이다. 보건의료가 국민의 권리이자 국가의 의무라는 원칙에 기초하여 포괄적인 보편적 의료보장을 제공하는 것이 목표다. 보건의료서비스는 일반 세금을 통해 자금을 조달하며 사용자는 무료로 서비스를 이용한다. 정부는 의무적으로 세입의 일부를 보건 특별세로 할당해야 한다.

보건의료제도의 중추, 1차의료

SUS에서 중심 역할을 담당하는 것은 1차의료다. 가정보건프로그램 Programa Saúde da Família, PSF은 의사, 간호사, 간호조무사, 6명의 지역보건요원으로 구성된 가정보건팀을 통해 실행된다. 각 팀은 일정 수의 가구에 배정이 되어(팀당 약 1,000가구) 통합된 보건의료서비스와 건강증진서비스를 공급한다. 지난 30년간 가정보건팀의 수는 4,000개에서 35,000개 이상으로 증가했다.[1] 현재는 2억 인구의 57%를 대상으로 서비스를 공급하고 있으며, 특히 도시 변두리 빈민지역과 지방의 빈곤층을 지원하는 데 초점을 맞추고 있다.[2]

브라질 보건의료제도는 여러 면에서 실질적인 성공을 거두었다. 2000년 이후 영아 사망률은 절반 이하로 감소했고[3] 기대수명은 69에서 74세로 늘어났다.[4] 그뿐만 아니라 지역 간, 계층 간 보건 수준 격차가 줄어들었다는 점도 중요하다. 이러한 성과가 있기까지 SUS가 중요한 역할을 담당했다.

브라질이 추진한 국가 보건 프로그램 중 그 수준이나 영향도 면에서 국제적으로 인정받은 사례도 있다. 면역력 강화, 담배 제한, 에이즈퇴치를 위한 항레트로바이러스제 무상 제공 같은 프로그램 등이 그것이다. 브라질의 예방접종 비율은 세계에서 가장 높은 편이며[5] 이것이 영아 및 아동 사망률이 현저하게 감소하는 데 결정적인 역할을 했다.

1차의료가 급속하게 확장되면서, 의료서비스를 받지 못한다고 말하는 사람은 줄었지만 질병 진단을 위한 각종 검사와 첨단장비 접근성은 여전히 문제로 남아 있다.

브라질 내 주요 질환은 다른 선진국들과 다르지 않다. 순환기계, 호흡기계 질환과 암이 두드러지게 많고 비만, 심장질환, 당뇨병도 심각하게 증가하는 추세다. 국제당뇨병연맹International Diabetes Federation에 따르면 2014년 기준으로 브라질 인구 중 당뇨병 환자가 8.7%에 달하여 미국(9.4%)과 크게 차이나지 않았다.[6] 브라질이 유럽과 다른 점은 교통사고나 살인 같은 폭력과 트라우마로 사망하는 비율이 평균보다 높고 65세 이상 고령인구가 8%에 불과할 정도로 인구 구성이 젊다는 것이다.[7]

사회 불안

브라질이 더 이상 개발도상국이 아니라 큰 규모의 경제적인 힘을 갖춘 국가가 되었다는 것이 오히려 지금 브라질이 직면한 문제의 근원이다. 2010년에 7.5%에 달할 정도였던 경제성장 속도는 눈에 띄게 둔화되어 2015년에는 현상 유지에 그칠 것으로 전망된다. 따라서 기존의 보건의료제도 운영, 재원마련, 보건의료전달 방식에 부담이 가해지고 있으므로 환경의 변화에 맞게 새로운 시각으로 들여다보아야 할 때다.

월드컵에 국가재정을 마구 쏟아 부은 데서 촉발된 2013년 6월 대규모 시위에서 시민들이 요구한 것은 보건의료제도의 개선이었다. 최근 수년간 유권자 관심 사항 설문 조사에서 보건의료가 늘 1위를 차지했다. 가장 큰 문제는 의사가 너무 부족하다는 것이다. 특히 의사들이 열악한 장비와 시설을 이유로 꺼리는 도시 빈민지역이나 오지 아마존 지역에서는 문제가 더욱 심각하다. 의대생들도 가정의학이나 지역사회의료 분야 전공을 기피한다.

쿠바 출신 의사들

정부는 시위에 즉각 반응하여 "더 많은 의사Mais Médicos"라는 프로그램을 도입하고 빈곤지역과 벽오지에서 근무할 국내외 의사들을 모집했다. 2014년 말에 이르러서는 15,000명의 의사들이 새로 등록했으며, 이 중 4분의 3 이상이 쿠바 출신이었다.[8] 이 외에도 아르헨티나, 포르투갈, 스페인에서 의사들이 왔다. 2015년 1월, 정부는 소외지역을 대상으로 외국인 의사 고용을 확대하겠다고 발표했다.

해외 채용 움직임은 브라질 의료기관의 강력한 반대에 부딪쳤으며 비교적 낮은 수준의 보수와 근무지역 제한 조건에 대해서는 과장을 좀 보태서 노예들의 강제노동과 비교하기까지 하였다. 의사협회도 곧바로 정치적 영향력 행사에 나섰다. 과거에도 이런 식으로 영향력을 행사하여 간호사 육성을 방해하고 의사 외에는 약 처방을 하지 못하도록 막은 이력이 있다.

정부는 의사 해외 채용과 더불어 의과대학을 신설하여 수천 명의 의사들을 추가로 육성하고, 기존의 6년 과정을 8년으로 늘려 그중 2년은 공공의료서비스를 수행하는 방식을 도입하겠다고 발표했다. 그렇게 되면 2021년쯤에는 의대생 36,000명이 공공서비스 체계에 수혈될 것이다. 한 정부고위관계자는 공공병원 의무근무제는 NHS에서 아이디어를 얻었다고 말했지만, 이 정책에 반대하는 이들은 수련 기간이 너무 길어서 오히려 학생들이 의대를 외면하게 될 것이라고 주장한다.

보건의료 공급에는 여전히 격차가 크다. 상파울로 같은 도시에는 병원이 많다. 물론 공공병원은 너무 붐벼서 수술을 받기 위해 한참 대기해야 하는 문제는 있다. 그러나 아마존 같은 지역은 장비를 제대로 갖춘 병원은 고사하고 간이진료소조차 드문 실정이다.

정부에서는 시골지역까지 의사들을 공급할 수 있도록 의사를 많이 확보하는 것이 우선순위라고 주장하지만 의사의 의료 역량은 충분하지 않은 것으로 보인다. 2011년에 보건부에서 보건의료네트워크의료인력육성및의료질향상프로그램Health Care Network Training and Quality Improvement Programme, QualiSUS-Rede을 도입했지만 우수한 의료 질과 안전 체계를 갖추기 위해서는 갈 길이 멀다. 이러한 체계 개발에 동참하는 진료소나 병원이 거의 없어 연구, 교육, 실습이 원활하게 연결되지 않는다. 병원운영 미숙 문제도 해결해야 한다. 재정 및 행정 운영체계와 교육이 필요하다.

2012년 기준, 보건의료 분야 지출은 GDP의 9.7%로 라틴아메리카 평균보다 높았다.[9] EIU 추산으로는 브라질의 보건의료 지출이 2019년까지 미화 2,330억 달러로 매년 3%씩 증가할 것이라고 전망하고 있는데,

경제성장률이 연간 약 2% 정도인 것을 감안하면 재원마련이 곧 문제가 될 것으로 예상된다.[10]

SUS가 겪고 있는 문제를 생각하면 수많은 민간병원이 서로 경쟁하는 가운데 국민의 24%가 민간건강보험에 가입되어 있는 것이 전혀 이상하지 않다.[11] 증가 추세인 중산층에서는 건강보험을 부의 상징으로 여긴다. 민간보건의료 시장은 전체 보건의료 지출의 절반을 차지할 정도로 성장하여, 이제 정부가 책임지는 비율이 48%에 불과하다.[12] 이는 OECD 평균인 70%보다 훨씬 낮은 수준이다.

자금조달 압박과 민간 부문의 성장으로 보아 앞으로는 공공보건의료체계가 민간 부문과 협력하는 형태가 될 것으로 전망할 수 있다. 브라질 곳곳에서 이미 민관협력으로 진료시설 설립 등을 추진하고 있다. 물론 공공 부문은 이러한 관계와 계약의 운영 면에서 아직은 미숙한 모습이다.

20세기로의 회귀?

브라질 보건의료제도의 가장 큰 리스크는 급성의료 부문이 지배적으로 성장하여 진보적 보건의료 모델이 설자리를 잃게 되고 비싼 병원 중심의 20세기 의료 모델로 후퇴하는 것이다. 이를 막기 위해 향후 10년간 보건의료 발전을 위한 새로운 비전이 제시되어야 한다.

2014년 10월에 지우마 호세프Dilma Rousseff 대통령이 지난 12년간 집권해온 노동당의 지지를 등에 업고 근소한 차이로 재선에 성공했다. 호세프 대통령은 지역사회 기반 보건의료를 확장시키겠다고 약속했지만 현재 대통령의 최우선순위는 경제성장을 다시 활성화시키는 것이다. 예산정책과 현안에 정치적 논쟁이 집중되는 사이 보건의료 분야에 대한 투자를 지속하기 어려워지면서 브라질 보건의료제도의 취약한 부분이 드러날 가능성이 있다. 그렇게 되면 결국 장기적인 경제성장도 한계가 있을 것이다. 25년 전 위대한 보건 혁신이었던 SUS가 이제 새로운 비전을 만들어내야 한다. 1차의료와 예방에 초점을 둔 고유의 장점을 유지하면서도 접근성을 향상시키고 의료인력 부족, 육성, 질, 운영 문제를 계속해서 개선해나가야 한다.

실제 의료수행 차원에서는 무엇을 해야 할까? 브라질의 보건의료제도 개선은 정부의 의지와 더 많은 투자로 해결할 문제라고 주장하는 이들도 있다. 나는 그렇게 간단한 문제인지 잘 모르겠지만, 전통적인 유럽인의 시각으로 너무 많은 잔소리를 해서는 안 될 것이다. 우선은 가정 및 지역사회 보건의료를 향상시키고 독립적인 보험자가 더 적극적으로 활동할 수 있도록 만드는 것이 연방 및 주정부 보건기관의 핵심적인 우선순위가 되어야 한다.

민간 부문과의 관계를 재정립하는 것이 다음 발전 단계의 열쇠이다. 민간보건의료에 대한 본능적인 경계보다는 좀 더 협력적이고 투명한 관계가 형성되어야 할 것이다. 현재 민간보건의료 시장은 이미 너무 커져서 단순히 공공 부문과 병렬적인 체계로 볼 수 있는 수준을 넘어섰다. 여기에 미래지향적 비전과 정치적인 의지도 필요하다. 물론 이제 시작 단계이긴 하지만 2015년 1월에 병원, 진료소, 연구시설 등 보건의료 분야의 외국인 투자 제한을 완화하는 법안이 통과되었다. 정부는 이를 통해 새로운 기술과 노하우를 보건의료제도에 이식하고 자금도 조달하고자 한다.[13]

이와 동시에 정부는 민간건강보험 시장의 증가와 통합을 규제할 방안을 마련해야 한다. 이를 통해 더 낮은 비용으로 더 많은 가치를 창출하는 의료 모델이 형성되도록 유도해야 한다. 즉 비용 비효율적인 병원과 행위별수가체계에 기초한 20세기형 미국식 의료 모델이 아니라 "BRICS"라고 불리는 새로운 경제동력의 한 축인 브라질의 문화와 특징을 잘 반영한 미래형 의료 모델을 찾아야 한다. 과거 미국식 모델을 답습하는 것은 비용과 의료 설계 면에서 잘못된 방향으로 나아가는 것이다.

맺음말

브라질은 개발도상국을 넘어 세계의 주요 경제국으로 떠오르고 있으며, 보건의료제도 또한 많은 면에서 성공을 이루었다. 예방접종 프로그램과 담배 규제를 통해 놀라운 예방적 성과를 거두었으며 강력한 1차의료 기반을 구축하였다. 경제가 부흥하던 시기를 잘 이용하여 무상의료공급이라는 보편적 의료보장 목표에 가까이 다가갔지만 도시 빈민가와 벽오지의 의료 접근성 및 의료 수준은 아직 뒤떨어져 있다. 이제 경제성장이 둔화되고 보건의료 발전 역시 동력을 잃었다. 다시 앞으로 나아가기 위해서는 정치적인 비전을 새롭게 다져야 할 것이다.

참고 문헌

1. Gragnolati et al., Twenty years of health system reform in Brazil (World Bank, 2013) p. 2.

2. Araujo et al., Contracting for primary care in Brazil: The cases of Bahia and Rio de Janeiro (World Bank, 2014).

3. World Bank statistics, Infant mortality rate (per live 1000 births) (World Bank, 2013).

4. Economic Intelligence Unit data (January 2015).

5. World Bank statistics, Immunization: Measles (% of children ages 12–23 months) (World Bank, 2013).

6. International Diabetes Federation, IDF Diabetes Atlas: 6th edition (IDF, 2014).

7. World Bank statistics, Population aged 65 and above (% of total) (World Bank, 2013).

8. Whitney W.T., Cuban doctors attend to Brazil's underserved (People's World, 28 March 2014).

9. World Bank statistics, Total health expenditure (% of GDP) (World Bank, 2013).

10. Economic Intelligence Unit data (EIU, January 2015).

11. Economist Intelligence Unit, Healthcare briefing: Brazil (EIU, October 2014).

12. World Bank statistics, Health expenditure: Public (% of total health expenditure) (World Bank, 2013).

13. KPMG Brazil, Brazilian healthcare: Regulatory change results in investment opportunities for foreign organizations (KPMG, 2015).

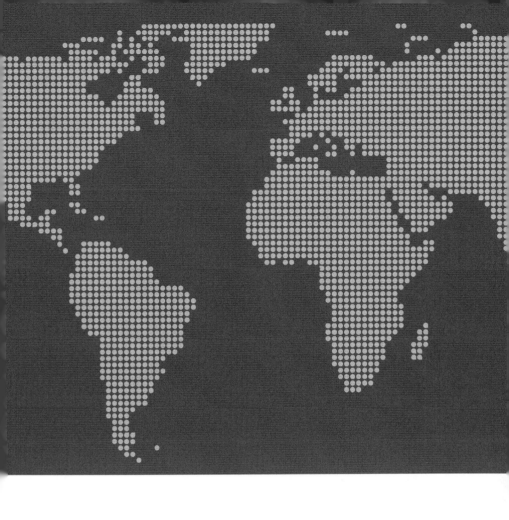

글로벌

챌린지

제27장 보편적 보건의료

정치적 의지의 승리

나는 인도의 판자촌과 남아프리카공화국의 흑인거주지역, 브라질의 빈민가에도 가보고 같은 국가 내 민간병원들의 대리석 깔린 복도를 거닐어보기도 하면서, 어떻게 이렇게 극과 극인 상태가 공존할 수 있는지 의문이 들었다. 개인적으로는 충격적이면서도 괴로운 경험이었으며 보편적 보건의료를 열정적으로 전파하기로 스스로 결심하는 계기가 되기도 했다. 의료 불균형으로 인해 사회 불안이 발생할 가능성은 대단히 높은데, 이 사실은 해당 국가 정치인들도 모르는 바가 아니다. 몇 개만 꼽더라도 브라질, 멕시코, 칠레에서 남아프리카공화국, 르완다, 가타, 터키, 사우디아라비아를 거쳐 인도, 중국, 인도네시아, 태국에 이르기까지 모든 대륙에 동일한 고민을 가진 국가들이 있다. 최근 채텀하우스Chatham House에서 발간한 보고서에 따르면 국민들에게 충분한 보건의료서비스를 공급하기 위해 최소한으로 필요한 공공지출은 연간 1인당 미화 86달러라고 한다.[1] 이보다 더 적은 금액으로 기적을 이루어낸 국가들도 있지만 각국 정치계에서도 점차 보건의료 분야 투자를 더 이상 비용으로 인식하지 않고 가치 창출로 생각하게 되었다.

여러 평론가들과 정책 결정자들도 보편적 보건의료의 시대가 마침내 왔다고 본다. WHO가 "모든 사람들이 적정 비용으로 건강증진, 질병예방, 치료, 재활 서비스에 접근할 수 있도록 접근 평등 실현"으로 정의하는 보편적 보건의료 아이디어의 도덕적·사회적·경제적·정치적 이익에 대해 세계은행World Bank에서 UN, WHO에 이르기까지 폭넓은 공감대가 형성되었다. WHO 사무총장은 공식석상에서 보편적 보건의료에 대해 "공공보건이 제공해야 할 단 하나의 가장 강력한 개념"이라고 언급했으며,[2] 세계은행 김용 총재는 최근 영국 경제전문지 〈파이낸셜타임즈Financial Times〉를 통해 "보편적 의료보장이 주는 경제적인 효과가 확실하다."고 말했다.[3] UN의 지속가능한개발목표Sustainable Development Goals에서도 보편적 보건의료가 중심축의 역할을 담당하고 있으므로 향후 10년 그리고 그 이후로도 세계 개발 계획의 중심에 보편적 보건의료가 자리할 것이다.

현재 전 세계 국가의 약 40%가 보편적 보건의료제도를 운영하고 있는데,[4] 이 수준이 계속 확대될 것으로 전망하는 이유는 두 가지 역설적이고 상반된 압력이 작용하고 있기 때문이다. 하나는 자본주의와 세계화의 확산으로 인해 역사상 유래 없는 수준으로 부가 증가하였으며 이에 따라 급속도로 확대되는 중산층의 정부에 대한 요구와 서비스에 대한 수요가 계속 늘어나고 있다는 점이다. 현재 미화 1만 달러에서 10만 달러 수준의 연소득이 있는 인구가 약 10억 명 정도이며, 이들이 중산층 범위에 해당된다. 그리고 다른 하나는 전 세계 인구의 70%에 가까운 사람들이 여

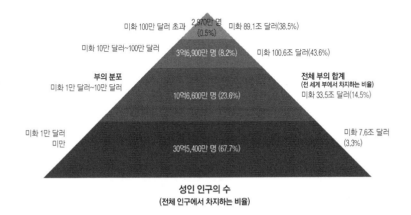

세계 부의 분포 피라미드

전히 연간 미화 1만 달러 이하의 소득으로 생활하고 있으며, 그중 10억
명은 기초 보건의료 접근이 어렵고, 막대한 보건의료 비용으로 인해 빈
곤층으로 전락하는 인구가 매년 1억 명에 달한다는 점이다.[5] 세계화라는
압력과 부의 불평등이라는 압력은 보편적 보건의료 발전을 위한 비옥한
환경을 조성하겠지만, 무조건 성공적으로 도입할 수 있는 것은 아니다.
무엇보다도 정치적 의지와 비전의 유무에 따라 사람들이 근본적인 인간
의 필요를 충족할 수 있을지 여부가 달려 있다. 여전히 우리는 부유국과
빈곤국의 평균 기대수명이 40년까지 차이 나는 세계에 살고 있으며, 이
는 잠재적 인적 자원의 끔찍한 낭비다.[6]

보건의료 지출은 비용이 아니라 가치창출이다

보편적 보건의료를 찬성하는 주장은 차고 넘친다. 그중에서도 특히 의

학 학술지 〈랜싯Lancet〉에서 조직한 보건투자위원회Commission on Investing for Health 에서 발간한 보고서는 보건 향상이 어떻게 국가의 GDP에 직접적인 영향을 미치는지 보여줌으로써 가장 설득력 있는 주장을 펼쳤다.[7] 보건 향상을 통해 생산성(건강 상태가 좋은 사람들이 생산성이 더 우수하며 병가를 덜 낸다.), 교육(더 건강한 아동이 학교에 더 잘 출석하여 실력이 향상된다.), 투자(사람들이 더 오래 살 것을 기대하게 되면 미래에 대해 더 많이 생각하고 건강관리에 힘쓰게 되어 보건의료에 들어가는 '막대한' 비용을 줄이게 된다.), 인구 구성(건강한 사람이 늘어나면 경제활동 인구가 늘어난다.)에 긍정적인 영향을 미친다는 것이다. 기대수명이 1년 연장될 때마다 1인당 GDP가 4% 증가하고, 노동 인구의 건강증진이 생산성을 자그마치 20~47% 향상시킨다는 연구결과가 있다.[8] 랜싯보건투자위원회는 저소득국가와 중저소득국가의 최근 경제성장분의 11%는 사망률 감소에 기인한 것이라고 지적했다. 국민의 평균기대수명 연장은 국가 경쟁력과 경제성과를 향상하여 국가 발전의 선순환을 이끌어낼 것이다.

의료보장을 확대하려면 자금이 필요하므로 급속도로 발전하는 경제가 있어야 보편적 보건의료를 실현할 수 있다는 고정관념이 있다. 그러나 정작 급속도로 발전 중인 개발도상국들은 보건의료 투자에 소극적이었다. 2012년에 보스턴컨설팅그룹BCG이 발표한 보고서에 따르면 개발도상국의 GDP 대비 보건의료 분야 지출은 약 5.6%로 선진국의 절반 정도에 그쳤다.[9] 그러나 보건의료 투자와 부의 창출 사이의 관계가 주목받으면서 개발도상국들도 보건의료 투자를 늘리기 시작했다. 앞으로 보건의료 분야 지출 증가 속도가 더 빨라져서 2022년까지 선진국에서는 연 3.7% 증가하는 동안 개발도상국에서는 연 10.7%씩 증가할 것으로 예상된다.

2022년이 되면 전 세계 보건의료 분야 지출은 미화 12조 달러를 넘을 것으로 전망되며, 그중 30%는 개발도상국에서 지출할 것으로 예상된다.

건강과 부의 상관관계가 널리 알려지면서 보건의료 관련 기부도 현저하게 늘어났다. 보건 분야 해외 원조는 2002년에서 2010년 사이 4배로 증가했고 미국 대통령직속에이즈구제긴급계획President's Emergency Plan for AIDS Relief, PEPFAR과 AIDS·결핵·말라리아퇴치를위한세계기금Global Fund to Fight AIDS, Tuberculosis and Malaria처럼 대규모 국제적 보건 관련 자금 흐름이 생겨났다. 이러한 프로그램의 증가 추세가 국제금융위기로 주춤하긴 하지만 보건 분야는 경제 기반시설 구축 프로젝트와 더불어 국제 기부자들이 특별히 선호하는 투자 분야다.

정치적 의지의 필요성

세계적 성장 기조에 대한 자신감이 생기면 개발도상국들의 보건 분야 투자도 활발해지겠지만, 결국 방향을 결정하는 것은 각국 정부의 정치적인 비전이다. 보편적 보건의료가 발달한 경우는 경제발전과 더불어 예외 없이 정부의 리더십, 의지, 비전이 있었다. 보건의료제도가 잘 실행되기 위해서는 다른 여러 요소가 있겠지만 자원 분배의 우선순위를 결정하기 위한 정치적 합의가 가장 중요하다. 비스마르크는 19세기 후반에 보편적 사회보험을 개척한 첫 번째 정치가였다. 제2차 세계대전 이후 1948년 영국의 애틀리Attlee 수상과 베번을 시작으로 수십 년간 여러 국가의 정치가들이 비스마르크의 뒤를 따랐다. 예를 들면 1950년대 스웨덴과 칠레, 1960년대 일본과 덴마크, 1970년대 한국과 이탈리아, 1980년대 스페인과 호주, 1990년대 이스라엘과 대만, 그리고 최근에는 2000년 태국, 2009년 중국, 2012년 미국, 그리고 2014년 인도네시아가 있다.

2015년 세계보건개혁정상회의World Innovation Summit for Health에서 발표된 데이비드 니콜슨David Nicholson 경과 아라 다르지Ara Darzi 경의 보고서에서는 보편적 보건의료제도로 전환하는 것이 보건의료 혜택과 재정 부담을 재분배한다는 점에서 매우 정치적인 행동이며 따라서 정치적인 의지가 핵심이라고 지적한다.[10] 남아프리카공화국과 브라질, 나이지리아, 중국 같은 국가의 의사단체 등 의료계의 여러 이익단체에서는 이러한 주장에 반대 입장을 표명했다.

개발도상국의 정치적 의지와 방향의 중심에는 부상하는 중산층이 있다. 다른 어떤 계층보다도 중산층의 인구가 보편적 보건의료 발전에서 힘의 균형을 맞출 수 있다. 그들이 가진 경제적·정치적·사회적 힘이 어디로 향하느냐에 따라 보수 또는 진보로 방향이 결정되기 때문이다. 중산층이 스스로 비용을 들여 보험에 가입하고 질병에 걸렸을 때 직접 의료비를 지불하는 국가에서는 보편적 보건의료제도 구축 노력이 무산되기 마련이다. 왜냐면 보편적 보건의료를 다른 계층으로 확장할 수 있는 추진력이 없기 때문이다. 이러한 방식이 치명적일 수 있다는 것은 인도, 브라질, 나이지리아 같은 국가에서 보편적 보건의료를 도입하겠다고 말은 하지만 정작 다른 계층의 5%만이 의료보장 혜택을 받는 현실을 보면 알 수 있다. 이와 반대로 르완다 같은 국가에서는 전체 인구의 90% 이상이 의료보장 혜택을 누리는데 이는 보험가입을 의무화하고 보험료를 대부분 보조해주는 방식을 택했기 때문에 가능했다.

깊이보다 넓이 먼저

세계 여러 사례들을 보면 수많은 사람들을 대상으로 보편적 보건의료를 실현하고 정치적인 지원을 얻기 위해서는 보장 범위 확대를 목표로 우선 설정하고 보장 내용을 나중으로 놓는 것이 성공의 열쇠로 보인다. 특정 인구를 대상으로 완전히 포괄적인 보장 혜택을 시범적으로 실시한 국가에서는 실행 자체가 복잡하고 오랜 기다림으로 인해 여론의 기대가 불안함으로 바뀌면서 전체 계획이 수포로 돌아가는 경우가 종종 있다. 따라서 비록 아주 약간의 혜택이라 할지라도 단시간 내에 전 국민을 대상으로 도입하고 지역사회 및 1차의료를 기반으로 대중의 지지를 얻어 여론의 격려와 정치적 자신감 증대가 선순환하도록 만드는 것이 훨씬 좋다. 이것이 중국에서 지금까지 성공적으로 보편적 보건의료를 구축해온 비결이다. 모두에게 기본 보장을 제공하고 그 다음에 보장 내용을 늘려가는 것이다.

이 시점에 정치인, 정책 결정자, 의사 모두 보건의료 공급과 관련하여 어려운 선택을 해야 한다. 저소득국가와 중소득국가에서는 서방국가와 마찬가지로 정부가 보건의료공급자로서 또는 재정지원자로서 어느 수준까지 책임을 져야 하는가에 대한 논쟁이 진행 중이다. 우파와 좌파 간 이념 논쟁으로 번질 수도 있겠지만, 내가 관찰한 바로는 대부분의 국가에서 보편적 보건의료를 구축하려면 공공 부문과 민간 부문 간의 협력이 더 많이 필요하다. 더불어 한편으로는 보장 대상 확대를 우선하는 접근 방식을 취한다면 처음 10년 정도는 1차의료와 지역사회의료 수준을 향상하는 데 중점적으로 투자해야 한다. 즉 공공 부문의 공급을 중점적으로 늘려야 한다.

어떤 식의 접근 방식을 선택하든, 정부는 어떤 보건의료 모델을 발전시킬지 관심을 가지게 될 것이며 발전 방향을 조종하고 싶을 수도 있다. 개발도상국에서 장애물(기반시설 부족, 이해관계 부족, 여론의 무관심) 부재, 기술의 신속한 보편화, '민중의 힘' 강화 덕분에 서방 보건의료제도를 건너뛰고 더욱 발전된 보건의료제도를 구축하는 사례가 세계 곳곳에서 나타난다.

아래 도표는 저소득 및 중소득 국가들이 고소득 국가의 모델과 시행착오를 답습하는 대신에 효율적이고 혁신적인 의료 모델을 개발하는 것이 얼마나 중요한지 보여준다.[11]

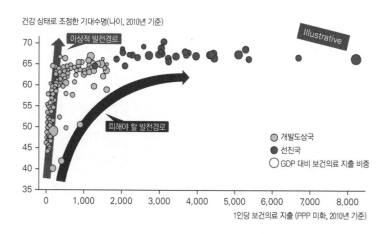

보통 개발도상국에서는 본능적으로 선진국의 보건의료제도를 답습하고 모방하고자 하는 생각이 강하지만, 신흥 국가들은 20세기 사고방식에 도전하며 국내 수요에 부합하는 저비용 혁신을 만들어내고 있다. 그리고 많은 경우, 고소득국가의 보건의료제도가 저비용으로 높은 수준의 의료를 실현하기 위해서는 이러한 혁신에서 배울 점이 많다.

KPMG는 최근 아프리카에서 콘퍼런스를 개최하였다. 아프리카의 공공 부문과 민간 부문 보건의료계 지도자 50명 이상이 모여 저비용 고품질의 의료 공급에 대해 논의했다. 이 자리에는 인도의 보건의료 지도자들도 초청되어 혁신 사례를 발표하였으며, 이 콘퍼런스에서 논의된 내용은 나중에《필요: 혁신의 어머니Necessity: the Mother of Innovation》라는 제목의 보고서로 출간되었다.[12]

콘퍼런스 참가자들은 저비용 고품질 보건의료제도가 갖추어야 할 주요 특징에 대해 다양한 의견을 제시하였다.(박스 참조)

아프리카 보건의료계 지도자들이 말하는 '저비용 혁신'의 주요 특징

- 소자본으로 수요에 최적화되어 설립된 시설과 IT
  (너무 고도화될 필요 없음)
- 유연하고, 다양한 역할을 소화하는 팀 기반 의료수행
- 1차 및 지역사회의료
- 환자가 직접 참여하는 간병 및 간호서비스
- 중앙집중된 전문의 서비스를 의료공급자 네트워크를 통해 전달

- 임상 진단 및 지원 서비스 중앙화와 효율적인 구매 경로

- 전문성 있는 관리와 운영

- 지역사회 주도 간호

- 여성을 위한 교육과 건강증진

　여기에 나열된 주제들은 선진국에서도 대단히 중요한 내용이지만 개발도상국에서 진행되는 변화의 규모, 범위, 속도는 정말 놀랍다. 개발도상국에서 구축한 의료 모델은 대부분 공급되는 서비스의 범위나 대상 인구, 질병군 등 그 서비스 대상이 명확하고 선이 분명하다. 이러한 경우 환자흐름을 간소화하고 표준화하는 것이 매우 중요하다.

　예를 들어 2010년에 설립된 인도의 글로컬헬스케어Glocal Healthcare에서는 인구의 95%를 괴롭히는 42개 질병에 대하여 표준화된 진단 기준과 운영 매뉴얼을 만들었다.[13] 이렇게 함으로써 저비용 또는 임대시설 설립이 가능하고, 서비스와 소모품 비용이 절감되며, 기존의 업무 패턴이 개선되고 간호사와 의료보조인력의 숙련도가 극대화되었다. 또한 글로컬헬스케어는 병원 운영 정보화 시스템과 연결된 표준 의학 진단 및 운영 시스템을 도입하였다. 이 시스템은 진단, 약 선택, 투약 부작용 예방 등을 도와주는 인공지능 시스템이다. 물론 여전히 판단은 의사가 하지만, 이 시스템을 통해 전체 진단 및 운영 프로세스가 투명하게 관리되고 기록으로 남는다. 불필요한 약 처방, 검사, 절차 없이 정확하고 신속한 진단이 내려지도록 함으로써 의료전달과 비용 관리가 간소하게 이루어진다. 이 외에도 나라야나병원, 아라빈드안과병원, 아폴로병원 등 표준화와 절차

간소화 관련 사례는 많이 있다.(제9장 인도 참조)

비용을 절감하려는 시도는 많이 있지만, 인도와 아프리카에서 시도되는 새로운 전략은 더 많은 인구를 대상으로 건강관리 등 의료의 연속선상에서 가치를 증대하는 데 초점을 둔다. 급성의료나 3차의료 중심의 제도에서 벗어나 더 나은 제도를 만들고자 하는 두 가지 사례를 소개하고자 한다. 첫 번째 모델은 인도에서 시도되고 있는 것으로 보험과 보건의료전달을 휴대폰과 연결시키는 것이다. 개인이 월정액이나 사용량에 따른 비용을 부담하고 콜센터에 있는 건강전문가에게 전화상담을 받는 방식이다. 콜센터에는 주요 증상에 대한 프로토콜이 있고 소수의 의사가 다수의 상담원을 지원한다. 이 콜센터들은 약국과 연계된 강력한 유통채널이 있다. 환자는 1차의료 및 병원을 건너뛰고 증상에 대한 진단과 자문을 받으며 전화상담만으로 충분치 않을 경우 지역 약국에서 약을 구한다. 전화와 강력한 유통 채널을 통한 진단과 치료 방식은 멕시코 같은 곳에서도 성공을 거두었다. 비용은 훨씬 낮아지고 환자만족도는 높다.

두 번째 모델은 첫 번째 모델에서 한 단계 더 나아간 것으로 특정 인구나 특정 네트워크에 대해 의료서비스를 공급하는 방식이다. 예를 들어 인도의 바아짤랴병원은 델리나 뭄바이보다 소규모인 2급 또는 3급 도시 주민과 시골지역 주민에게 저렴하고 효율적인 의료를 공급하기 위한 목적으로 2005년에 설립되었다.[14] 바아짤랴병원은 "인도 인구의 70%가 소도시와 시골지역에 사는데 인도 보건의료시설의 80%가 대도시에 집중되어 있다."고 지적한다. 바아짤랴병원은 지역 내 부유한 인구의 보조를 받아 저-중산층 주민과 빈곤선 이하 주민에게 의료서비스를 공급하는 것을 목표로 한다. 이를 위해 일차의료기관 네트워크가 뒷받침하고 외래 진료 시설 및 병원과도 연계된 지역기반 서비스 통합시스템을 구축하였다. 결국 바아짤랴병원이 추구하는 것은 지역사회에 진료와 치료를 가능한 한 많이 공급하는 것이다. 환자 입장에서 가장 큰 장점은 이동시간과 비용이 줄어들어 근무시간을 할애할 필요가 없으므로 시급이 줄어드는 걱정이 없어진 것이다. 세계적인 민간의료공급자들도 유사한 모델을 개발하고 있으며 개발도상국의 주요 도시 지역에서 시범적으로 실시할 계획이다.

인력 없이는 보건의료도 없다

보편적 보건의료를 구축하려는 국가는 반드시 숙련도 문제와 인력 부족 문제에 부딪칠 것이다. "인력 없이는 보건의료도 없다."는 말이 있듯이 보편적 의료보장을 지원할 자금이 충분히 있는 국가라 하더라도 실행할 의료인력은 충분하지 않을 수 있다. 예를 들어 사하라 이남 아프리카에는 전 세계 질병의 25%가 발생하지만 보건인력은 전 세계의 3%에 불과하다.[15] 반대로 미국과 영국 같은 국가에는 전 세계의 우수한 보건인력이 몰려들어 개발도상국의 인력난이 더 심해진다. 통계에 의하면 미국과 영국의 의사 4분의 1 내지 5분의 1은 외국 출신이다. 세계화, 도시화, 그리고 국가 간 기술, 전문성, 환자이동의 증가로 인해 이러한 압력은 더 심화될 것이다. WHO가 추산한 바에 따르면 현재 전 세계적으로 약 720만 명의 보건인력이 부족하다. 이 수치는 2035년이 되면 1,300만 명으로 늘어날 전망인데, 비율로는 약 15% 부족한 셈이다.[16] 미국에서도 의사가 부족하다면 개발도상국은 어떻겠는가?

해답은 전혀 다른 방식을 시도하는 데 있다. 전 NHS 의장, 나이절 크리스프 경은 자신의 영향력 있는 저서, 《세계를 위아래로 뒤집어보기 Turning the World Upside Down》에서 저소득 및 중소득 국가의 혁신적인 '업무 공유' 사례를 여러 개 소개한다.[17] 크리스프 경은 어떻게 숙련되지 않은 인력이 탁월하고 효율적으로 일반적인 절차를 수행하도록 훈련받고 소수의 의사는 전문 의술이 필요한 영역에 집중하는지 잘 설명해준다. 이러한 사례에서는 환자들과 지역사회 구성원들도 스스로 보건의료인력의 필수적인 부분으로 인식한다.

맺음말

이제 보편적 보건의료의 시대가 되었다. 보건의료 재원의 증가, 여론의 기대 상승은 정치적 포부를 부채질하고 있으며, 내 바람은 앞으로 10년 동안 수억 명의 사람들이 추가로 보건의료의 혜택을 누리는 것이다. 장애물은 많지만 이러한 장애물을 극복한 사례 또한 많다. 분명한 것은 앞으로 수십 억 인구를 위한 보건의료의 모습이 현재 우리가 보는 보건의료의 모습과는 많이 다를 것이라는 점이다. 통신회사들이 많이 참여할 것이며, 지역사회가 직접 보건 관리와 대형병원 운영을 주도할 것이다. 모든 것은 새로운 의료 모델에 달렸다. 절차 표준화, 환경 혁신, 구매 간소화, 보건인력의 권한 강화 및 IT기술을 통한 효율성 증대 등 새로운 모델이 가진 여러 장점들은 수십 년간 보편적 의료보장제도를 운영해온 국가들도 본받게 될 것이다.

참고 문헌

1. McIntyre D. and Meheus F., Fiscal space for domestic funding of health and other social services (Chatham House, 2014).

2. World Health Organization, Ministerial meeting on universal health coverage: Opening remarks of the Director-General (WHO, 2013).

3. Kim J.Y., There is a strong economic case for universal health coverage (*Financial Times*, 16 October 2014).

4. McKee M. et al., 'Universal health coverage: A quest for all countries but under threat in some' in *Value in Health*, (16) S39–S45 (2013).

5. World Health Organization. The World Health Report: Health systems financing: The path to universal coverage (WHO, 2010).

6. Shorrocks A., Davies J.B. and Lluberas R., The global wealth report 2014 (Credit Suisse AG, 2014).

7. Jamison D.T. et al., 'Global health 2035: a world converging within a generation' in *The Lancet*, 382 (9908) pp. 1898–1955.

8. Bloom D. et al., 'The effect of health on economic growth: A production function approach' in *World Development*, 32 (1) 1–13 (2004).

9. World Economic Forum and Boston Consulting Group, Health systems leapfrogging in emerging economies (WEF, 2014).

10. Nicholson D. et al., Delivering universal health coverage: A guide for policy makers (WISH, 2015).

11. WEF (2014) p. 6.

12. KPMG International, Necessity: The mother of innovation (KPMG, 2014).

13. Ibid., p. 35.

14. Ibid., p. 40

15. Crisp N. and Chen L., 'Global supply of health professionals' in *New England Journal of Medicine*, 370 (10) 2014.

16. World Health Organization, A universal truth: No health without a workforce (WHO, 2013).

17. Crisp N., *Turning the world upside down: The search for global health in the 21st century* (CRC Press: London, 2010).

제28장 같은 문제, 다른 국가

변화의 역설

전 세계가 전쟁, 정치 불안정, 경제 불안, 기후 변화, 세계화, 테러 위협의 문제를 안고 있는 오늘날, 세계경제포럼이 나서서 세계 지도자들이 직면한 중요하고 긴급하고 정치적으로 부담이 되는 문제를 검토하는 데 시간을 들이는 것은 매우 의미 있는 일이다. 건강과 웰빙은 어느 국가에서든 가장 중요한 일에 속하고, 국민들이 가장 염려하는 3대 문제에 늘 포함된다. 그러므로 의학 전문가 및 일반 시민들만큼이나 정치계에서도 그 중요성이 점점 부각되는 것은 당연하다. 오히려 그동안 지속가능한 보건의료 방안을 찾고 실행하는 데 있어서 국가 간 협력이 더 많이 이루어지지 않았다는 것이 이상한 일이다. 내부적인 혁신과 외부로부터의 도입은 지속가능한 보건의료라는 동전의 양면과도 같다.

세계경제포럼은《거대한 전환: 새로운 모델 형성The Great Transformation: Shaping New Models》라는 제목의 보고서에서 고령화, 생활방식, 대중의 기대로 인해 보건의료제도에 가해지는 재정 압박의 증가 문제를 다루면서 보다 지속가능한 방법을 찾아야 할 필요성에 대해 역설한다. 보고서는 다음과 같이 결론을 맺는다. "보건의료 재원 부담의 규모를 생각하면 단순히 금액을 더 늘리는 것만으로는 충분하지 않을 수 있다. 그러나 보건의료제도의 새로운 모델에 대해서는 아직 국제사회 차원에서 공유된 비전이 없다."[1]

보건 분야의 사업 및 의료 모델 혁신에 대해서는 더 많은 국제적인 연구개발과 협력이 필요하다. 나는 세계경제포럼글로벌어젠다카운슬World Economic Forum Global Agenda Council의 미래 보건의료 분과위원으로 활동하고 있다. 나를 포함한 15명의 보건의료 전문가가 세계 각지로부터 모여서 보건의료 분야의 지속가능한 변화가 왜 그렇게 더디고, 분산되고, 성취가 어려운지에 대해 고민한다. 우리가 찾아낸 사실은 지불자, 의료공급자, 환자, 의료진, 정책 입안자, 정치가, 대중, 언론이 서로 추구하는 방향이 달라 혁신과 진보에 심각한 장애물이 되고 있다는 것이다. 이 책의 제일 첫 번째 장, '완전한 보건의료제도'에서는 어느 국가도 완전함을 자랑할 수는 없지만 훌륭한 보건의료 사례는 여러 국가에서 찾아볼 수 있다고 기술하였다. 이러한 수많은 지역 단위의 성공 뒤에는 다양한 어려움을 극복하면서 직접 제도를 설계하고 구축하고 실행하고 유지한 사람들이 있었다. 이러한 사례들이 하나로 통합되고 더 많은 사람의 유익을 위해 대규모로 도입된다면 어떨지 그 무한한 가능성을 상상해보라.

이 질문은 지난 6년간 계속 나에게 영향을 미쳤다. 충격적인 것은 어느 기관이든 각자 소중하게 여기는 가치가 있고 높은 수준의 의료에 헌신하면서도 자신이 속한 지역이나 국가 내 다른 기관이 지닌 가치와 전략에 대해서는 별로 중요하게 생각하지 않는다는 점이다. 더욱 놀라운 것은 통신, 교통, 국방 등의 산업에서는 경쟁적인 환경에서도 협력 방안을 찾는 데 반해, 보건의료기관들은 경쟁관계가 아닌데도 협력하기를 대단히 꺼려한다는 점이다.

이러한 분산화로 인해 정책 차원이나 의료수행 차원에서 높은 수준의 의료나 보편적 보건의료를 성취하기 어려울 뿐만 아니라, 부족한 자원이 낭비되고, 결과적으로 환자 및 일반 대중과 납세자들에게 더 많은 비용이 전가된다. 분산화의 반대말은 통합이며, 보건의료 분야의 통합은 아마도 오늘날 보건의료계에서 가장 뜨거운 이슈로 논의되는 개념일 것이다.

고품질 보건의료제도의 4요소

미국 의학원의 명망 있는 주요 보고서, 《의료 질 차이의 극복Crossing the Quality Chasm》에서는 고품질 제도와 양질의 의료를 위한 4가지 요소를 설명한다.[2]

첫째, 핵심 요소는 비전이다. 좀 더 자세히 말하자면, 더 나은 의료 경험(환자안전, 효과적인 치료, 환자중심적 의료, 시의적절성, 비용효율성, 형평성), 더 나은 인구 보건, 더 낮은 1인당 비용이라는 '삼중 목표'를 말한다. 보고서에서는 이 고차원적인 목표를 표면적으로만 다루면 지속가능성을 담보할 수 없다고 지적한다.

둘째, 환자의 관점에서 진료 절차를 설계하는 데 초점을 맞추는 것이다. 개별 진료소 단위로 세분화된 체계는 불안정하고, 신뢰하기 어려우며, 비용과 환자안전 면에서도 차이가 크다. 의사들은 의료 질 향상 계획에 적극적으로 참여할 의무가 있다.

셋째, 의료기관을 서로 연결하고 통합하여 체계화할 필요가 있다. 〈뉴잉글랜드의학저널〉에서 던 버윅Don Berwick과 전문가들은 "보건의료서비스를 지속적으로 완전하게 수행하고 삼중 목표 달성을 책임질 수 있을 만큼 규모가 큰 기관이 필요하다."고 주장했다.[3] "통합된 전달체계가 구조적 설계의 중심이 되어야" 높은 성과를 창출하는 보건의료제도를 구축할 수 있다는 것이다.

미국 의학원이 설명한 네 번째 요소는 규제, 교육, 법체계, 금융체계를 포함하는 광범위한 생태계다. 국가의 여러 제도적 장치가 서로 연계되어 보건의료 전문가 및 보건의료 전반에 걸쳐 협력과 공조가 일어나도록 해야 한다는 당연하면서도 어려운 이야기다.

각 국가의 보건의료제도는 고유의 문화적·사회적·경제적·정치적 환경의 산물이지만, 상위 레벨의 정책적인 목표는 어느 국가나 비슷하다. 보건의료서비스에 대한 접근성 개선, 의료의 질 및 효율성 향상, 환자 및 소비자의 선택권 또는 권한 강화 모두 재정, 정치적 권한, 전문가들의 영향력과 맞물려 있다. 고품질, 저비용 보건의료의 4가지 요소를 충족시키는 데 도움이 되는 항목 중 반복적으로 등장하는 내용을 10가지로 추려보았다.

국가는 달라도 해결 방안은 비슷하다

1. 공공 부문과 민간 부문 전반에 걸쳐서 강력한 건강증진, 질병예방, 웰빙 정책 및 계획 실시.
2. 일반 주민과 환자의 분리 및 계층화를 효과적으로 수행하여 주민과 환자 모두 최신기술의 도움을 받아 능동적으로 삶을 영위할 수 있도록 지원.
3. 1차의료체계 확대를 통해 신속한 진단과 치료가 이루어지도록 접근성을 개선하고 지역사회와 의약 보건을 통합하여 1차의료체계를 지원하도록 조직 구성.
4. 지역사회 차원의 보건의료를 가능한 한 확대하고 일부 서비스는 분산화, 일부 서비스는 중앙집중화하며, 환자 치료 성과 및 효율성 개선을 위해 필요한 곳에 의료서비스를 집중.
5. 개선과학improvement science의 도움을 받아 의료진이 주도하여 믿을 수 있고 투명한 치료 계획과 경로 개발.
6. 의료공급자 입장이 아니라 환자 입장에서 의료인력 간에 적절한 역할 위임 및 업무 분장을 통해 동기부여 및 역량 개발.
7. 3차의료시설이 하나의 보건의료시스템의 역할을 하여 1차의료서비스와 2차의료서비스를 연결하고 첨단기술을 갖춘 준의료서비스를 통해 실시간으로 서비스를 공급.
8. 충분한 공공재원과 민간재원을 확보하여 가정간호 및 고령자 케어를 균일하게 통합적으로 운영.
9. 정신보건의 개인적·경제적 중요성을 인식하고 지역사회 기반 정신보건서비스를 공급.

10. 무엇보다도 환자를 의료서비스의 능동적인 파트너로, 지역사회를 보호자로 인식하고 개인과 보호자가 삶과 죽음에 대한 주도권을 가지도록 허용하는 제도 구축.

고품질 의료서비스를 가로막는 장애물

잘 교육받고 숙련도가 뛰어나며 동기부여가 충분히 된 사람들이 모였는데도 의료의 질이 더욱 훌륭하고, 통합이 잘되고, 덜 분산된, 궁극적으로는 더욱더 지속가능한 의료서비스를 공급하지 못하게 막는 것은 무엇일까? 아이러니하지만 간단히 말하면 그것은 바로 그들이 속한 조직이며, 그 조직에 가해지는 압력, 그리고 규제환경이다.

기본적으로, 대대적이고 지속가능한 변화를 가로막는 3가지 복합적인 문제가 있다. 첫째, 조직의 근시안적 태도다. 기관들은 대체로 자신들은 훌륭하나 제도가 문제라고 생각하는 경향이 있다.

둘째, 업무개혁이 전향적 변화를 가로막을 수 있다는 것이다. 업무개혁은 '일을 더 잘 하는 것'이고 전향적 변화는 '더 나은 일을 하는 것'이다. 더 나은 보건, 더 나은 의료, 더 나은 가치를 위해 개인과 조직과 제도에 전향적인 변화를 요구하는 것보다 소소한 변화를 추구하는 것이 더 쉽고 덜 위협적으로 느껴지기 마련이다.

셋째, 대대적인 변화는 기술적인 기반도 필요하지만 공감대 형성이 필요한데 이 부분이 간과된다는 점이다. 변화를 위한 에너지를 불어넣고 지속적으로 동기를 부여하기 위해서는 더 나은 미래에 대한 설득력 있는 비전을 공유하는 것이 반드시 필요하다. 말하자면, 일선의 의료인력들이 조직의 비전을 자신들에게 적용하고, 변화의 필요성을 공감하며, 위임된 권한을 통해 주도적으로 기존의 방식을 바꾸어나가려는 움직임이 있어야 하는 것이다. 절차와 구조는 그 변화를 뒷받침할 수 있도록 바꾸고 계속 변화를 주도해나갈 수 있도록 직원들에 대한 교육과 훈련도 실시되어야 한다. 말은 간단하지만 실행하기는 어렵다.

너무나 완고하여 변화가 어려운 산업이 보건의료 분야만은 아니라는 것이 약간의 위안이 될지도 모르겠다. 최근 KPMG에서 전 세계 20개 산업 분야의 리더 3,000명을 대상으로 실시한 설문 조사 결과에 따르면 단기 비용효율성에 초점을 맞춘다고 응답한 최고경영진이 주요 사업 구조 변화를 준비하는 데 초점을 맞춘다고 응답한 최고경영진보다 2배가량 많았다. 안타깝게도 보건 및 생명과학 리더들의 경우에는 당장 긴급한 문제에 초점을 맞춘다고 응답한 사람이 앞으로 중요한 일에 초점을 맞춘다고 응답한 사람보다 3배가량 많았다. 응답자들은 그 이유로 단기적인 정치권의 압박과 요구를 들었다. 정치인들은 보건의료제도를 만들거나 없앨 권한이 있지만, 일상적인 경영에까지 참여해서는 안 된다.

또 다른 연구조사에서는 보건의료계 지도자들에게 어디에 시간을 가장 많이 사용하는지 물었다. 그 결과 85%의 시간을 비용 절감, 소득 극대화, 내부 질 개선 방안, 보건 IT 투자 등 시설 운영에 사용하는 것으로 드러났다. 물론 이러한 활동을 통해서도 언젠가는 보다 전향적 변화를 향해 나아갈 수도 있겠지만 주로 업무개혁에 치우치기 마련이다.

아래 그림에서 보듯이, 기관 운영자들은 자신들의 조직에 변화가 필요하다는 생각보다는 제도 변화가 필요하다고 보는 경향이 있다.[4]

당신이 속한 국가의 보건의료 부문에
어느 정도의 변화가 필요합니까?

근본적 변화	73%
보통 수준의 변화	19%
점진적 변화	7%
아주 약간의 변화	1%
필요 없음	1%

0% 20% 40% 60% 80%

당신이 속한 조직에
어느 정도의 변화가 필요합니까?

근본적 변화	35%
보통 수준의 변화	36%
점진적 변화	16%
아주 약간의 변화	6%
필요 없음	6%

0% 20% 40% 60% 80%

보건의료 관계자들은 필요한 변화와 전환의 규모에 대해 인식은 하지만 자신들의 문제는 아니라고 생각한다. 내부적으로도 변화하려고 하지 않고 변화에 대해 공론화하지도 않으며, 보건의료 부문의 각계(구매, 1차 의료, 지역사회의료, 병원진료, 환자단체, 의료 감독기관) 고위 지도층이 함께 모여 지속가능한 변화가 어떠한 모습일지에 대해 논의하려고 하지도 않으므로 보건의료의 근본적 변화를 위한 제대로 된 움직임을 기대하기 어렵다. 다른 누군가가 변화해야 된다는 생각과 업무개혁 방식에 몰두하는 뿌리 깊은 문화가 결합할 때, 현재 상태를 유지하려는 힘이 매우 강력하게 작용한다.

30개국의 보건의료계 지도자들에게 더 나은 보건, 더 나은 의료, 더 나은 가치를 제공하기 위해 어떻게 조직과 제도의 이해관계를 조정할 수 있을지 물었을 때, 대부분 통합이라고 대답했다. 응답자의 90%가 통합을 통해 의료성과가 개선될 것이라고 생각했으며, 75%가 비용도 절감될 것이라고 대답했다. 또한 응답자 82%가 자신들의 보건의료제도가 향후 5년간 더 많이 통합될 것이라고 예상했다. 보건의료계 리더들도, 의사와 경영진도 모두 통합이 올바른 전략이라는 것을 알지만 노력과 초점이 단기에 맞춰져 있는 상황에서 어떻게 지속가능한 해결책을 실행할 수 있을지 모를 뿐이다.

가이징거-역설을 드러내다

통합을 향한 여정에서 일본, 싱가폴, 스페인, 뉴질랜드, 영국 등 훌륭한 진보 사례를 보여준 의료체계는 많이 있다. 그중에서도 내가 겪어본 최고의 시스템은 미국 펜실베니아 주의 '가이징거헬스시스템Geisinger Health System'이다. 앞에서 소개한 10가지 항목을 거의 모두 담고 있는 희망적인 사례일 뿐만 아니라 보건, 의료, 가치 향상에 위대한 성과를 거두었다. 1915년에 창설된 가이징거헬스시스템은 260만 명 이상의 주민에게 완전하고 지속적인 의료서비스를 공급한다. '미국 최우수 병원', '미국 최우수 의료진'으로 선정되기도 했다.[5] 병원과 요양시설을 모두 운영하고 독자적인 건강보험플랜도 있으며 1차의료와 2차의료 담당 의료진을 포함하여 의료 전문가 그룹을 보유하고 있다.

가이징거는 주민보건 혁신, 자료에 기초한 의료 재설계, 근거 기반 의료수행을 모토로 삼고 있다. 가이징거 시스템의 모든 구조, 과정, 절차는 가치 재창출, 안전과 질을 중시하는 문화, 환자의 주도적 참여를 바탕으로 만들어진다. 가이징거에서 세심한 연구조사를 바탕으로 개발한 '프루븐케어ProvenCare®' 프로그램은 고빈도 DRG 질환 환자에게 급성 치료를 수행하는 데 있어 최상의 근거 기반 의료를 지원한다. 이 프로그램은 당뇨병, 관상동맥질환, 고혈압, COPD 등의 만성질환에도 적용되었다. 통합수가제를 적용하므로 병원으로서는 처음부터 가장 적절한 곳에서 올바른 치료를 수행하는 유인이 된다.

가이징거는 같은 원칙을 1차의료와 가정의료에도 적용하기 위해 '프루븐헬스내비게이터ProvenHealthNavigator®'를 개발했다. 임상정보시스템을 개발하여 의료진과 환자 간에 진료기록이 공유되도록 한 것이다. 가이징거는 대담하게 미국 내 보건의료서비스 공급과 지불 방식의 변화를 시도했으며, 결과적으로 비용은 줄이고 의료 질은 향상시켰고, 병원 내 사망 사고도 개선했다. 인정받을 만하다.

가이징거는 펜실베니아 주 주민들에게 지난 100년간 양질의 의료서비스를 공급해왔다. 그러나 세계에서 가장 혁신적인 의료체계로 발돋움하는 계기가 된 것은 대부분 글렌 스틸Glenn Steele이 사장 및 최고경영자로 재직했던 2000년에서 2015년까지 15년간에 걸쳐 이루어진 일이다. 괄목할 만한 면을 몇 가지 소개하면 다음과 같다.

우선, 글렌 스틸과 가이징거의 놀라운 지구력이다. 1915년 설립 이래

글렌 스틸은 겨우 다섯 번째 최고경영자였으며, 글렌 스틸의 경영 전략도 15년 내내 놀라울 정도로 일관되게 유지되었다. 2003년에 첫 번째 전문 분야에 프루븐케어®를 도입한 후 가이징거는 지난 12년간 꾸준히 다른 전문 분야에 적용을 확대하여 현재는 20개 분야에 도입했다. 초반 성공과 짝을 이룬 일관성은 훌륭한 추진력으로 작용하여 더 광범위한 변화도 가능하게 만들었다. 또한 시간이 지남에 따라 실제로 변화로 인한 개선의 증거가 쌓이게 되었다. 글렌 스틸 자신도 변화의 기본 원칙을 세울 당시에는 더 나은 의료서비스가 어떤 모습인가에 대해 분명한 근거보다는 '종교에 가까운' 신념에 바탕을 두기도 했다고 인정했다. 그러나 몇 년 뒤에는 그의 신념이 옳았다는 것을 증명해주는 자료가 쌓이기 시작했으며 따라서 더 큰, 더 과감한 변화를 시도할 수 있었다.

이러한 변화를 만드는 데는 엄청나게 많은 역량, 의지, 시간이 들어갔다. 이것이 변화의 역설이다. 변화에는 지속성이 수반되어야 하는 것이다.

또 다른 측면은 가이징거의 서비스 개선과 확장에 위기의 시기 또는 형편없는 성과가 중요하게 작용했다는 것이다. 글렌 스틸이 2000년에 가이징거에 들어왔을 때는 오랫동안 골칫거리였던 합병 작업이 막 끝난 참이었다. 사업 영역 전반에 걸쳐 5%의 적자를 기록하여 10% 이상의 인원 감축이 필요한 상황이었다. 신기하게도 글렌 스틸은 이러한 위기 상황에 마음이 끌려 가이징거에 오게 되었다. 안락하고 잘 정비된 기관에서는 의료시스템의 근본적인 전환의 기회가 없다고 생각한 것이었다. 그 이후 가이징거가 55개 지역병원과 다수의 허브병원으로 확장할 수 있었던 핵심 동력은 기존의 성과에 대해 도전하는 것이었다. 다른 사람들에게는 의료공급자들에 대한 도전으로 보였을 수 있지만, 가이징거 입장에서는 가이징거 모델을 이용해서 업무 방식을 전환할 잠재적 파트너를 찾는 일이었다.

글렌 스틸은 문화가 가장 중요하다는 것을 알고 있었다. 그는 개선 작업이 시작되려면 먼저 가이징거의 직원들과 공감대를 형성하는 것이 기초가 되어야 한다고 보았다. 변화 초기 몇 년간은 해마다 직원 그룹 회의를 60회씩 개최하여 변화를 위한 활동에 어떠한 진전이 있었는지 공유하고 새로운 업무 방식의 원칙과 목적을 정기적으로 반복하여 설명했다. 혁신, 부당한 서비스 차이에 대한 무관용, 실패에 따른 무보상 등 그가 내세운 철학을 모두가 처음부터 환영한 것은 아니지만 글렌 스틸은 인내심을 갖고 나아갔으며 결국 많은 사람들이 미국에서 최초로 책임의료를 실시한 것으로 평가하는 가이징거 통합의료체계를 구축했다.

맺음말

보건의료계 지도자들은 서로 힘을 모아 전략적으로 미래를 준비하는 것에 충분한 시간과 노력을 쏟지 않으며, 자신들이 알고 있는 문제를 해결할 지속가능한 해결책을 개발하고 실행할 능력이 있다고 생각하지도 않는다. 비교적 근시안적인 운영성과 기반평가체계에서 살아남고 성공하기 위해서는 어쩔 수 없이 더 나은 일을 하기보다는 주어진 일을 더 나은 방식으로 하는 것에 초점을 맞추기가 쉬울 것이다. 누구에게도 더욱 더 지속가능한 보건의료제도를 구축할 책임이 주어지지는 않으며 보통은 기존의 제도하에서 살아남고 성공한 것으로 보상을 받는다.

보건의료계 리더들은 보건의료제도를 붙들고 고심하는 이들이 자신 외에도 많다는 것을 인지하고 두려움 없이 변화를 시도해야 한다. 어차피 정답은 없기 때문이다. 그리고 변화의 역설은 지속성에 있다는 사실 또한 기억해야 한다.

참고 문헌

1. World Economic Forum, The great transformation: Shaping new care models (WEF, 2011).
2. Institute of Medicine, Crossing the quality chasm: A new health system for the 21st century (IOM, 2001).
3. Fisher E.S. et al., 'Achieving health care reform: How physicians can help,' New *England Journal of Medicine*, 260, 2495–7 (2009).
4. KPMG International global crowdsourcing research, conducted June 2014.
5. *US News*, US News Best Hospitals 2014–15 (*US News*, 2014).

제29장 임상의 질質

알면 알수록
더욱 잠을 이룰 수 없다

"알면 알수록 더욱 잠을 이룰 수 없다."는 위대한 인용구는 과거 나의 동료이자 영국 버밍엄대학교 부속병원의 병원장인 데이비드 로서David Rosser 박사가 했던 말이며, 훌륭한 의료서비스를 공급하려는 사람에게 떼려야 뗄 수 없는 염려, 호기심, 투지를 잘 표현해준다.

매년 비행기, 기차, 자동차 사고로 사망하는 사람들을 다 합친 것보다 치료 중에 실수로 사망하는 사람들이 훨씬 많다. 예를 들어 〈환자안전저널Journal of Patient Safety〉에서 2013년에 검토한 바에 따르면 의료사고로 사망하는 환자가 미국에서만 한 해 40만 명 이상으로 추산된다.[1] 영국에서는 정부 추산으로 한 해 12,000명이 의료사고로 사망하는데,[2] 교통사고 사망자가 연간 1,700명에 불과한 것과 대조된다.[3]

현재와 같은 보건의료 분야의 마구잡이식 질관리체계가 항공 산업에 그대로 도입되었다면 우리는 하늘을 날지 못했을 것이다. 저렴한 가정용 자동차도 대다수의 의료시스템보다는 더 철저하게 관리된 품질 기준에 따라 제조된다. 필수적인 관리항목, 즉 품질, 책임, 표준화된 프로세스와 측정 기준이 다른 사업에서는 이미 수십 년 전에 도입되었다. 이제는 보건의료제도에도 이러한 관리항목을 조직적으로 도입하여 정확하게 성과를 보고함으로써 환자, 의료진, 의료공급기관, 납부기관, 규제기관에 모두 적용할 수 있는 기준을 마련해야 한다.

보건의료처럼 중요하고도 개인적인 영역에 널리 인정되거나 적용되는 감독, 보고, 개선 기준이 없다는 것이 이상한 일이다. 영국의 브리스톨 로열병원과 미드스태포드셔병원에서 터진 사건, 미국의 월터리드육군의료센터Walter Reed Army Medical Center에서 환자가 방치된 사건, 호주의 뉴사우스웨일스 주 공립병원 의료사고 실태 보고서 등을 보면 의료성과가 측정되거나 보고되거나 효과적으로 분석되지 않을 때 무슨 일이 일어날 수 있는지 잘 알 수 있다. 이 사건들은 조직적으로 은폐하려는 문화와 환자 복지에 대한 관심 결여로 인해 직원과 환자가 우려하는 것들이 무시되었다는 점에서 더욱 비극적이다. 다만 그런 사건이 터진 덕분에 전반적인 제도의 투명성 제고에는 다소 도움이 되었을 것이다.

21세기에 적합한 방식과는 전혀 상관없는 낡고 개별화되고 기술에 집착하는 문화로 고통당하는 보건의료제도 안에서도 나름 우수한 보건의료서비스를 공급하려는 움직임은 있다. 임상팀이 나서서 환자안전과 개선과학을 대대적으로 실행하는 것을 대표적으로 들 수 있다. 열악한 의료 환경을 개선하는 쉬운 방법을 찾자면 더 상세한 규제를 만드는 방식으로 정치인들과 공무원들을 안심시킬 수는 있겠지만 오히려 지속가능한 방식으로 높은 의료 질을 담보하는 데는 실패할 수 있다.

병원 경영진이 의료 질을 '잘 관리'하려면 우선 의료 질 향상에 헌신하는 문화를 형성하여 직원들이 책임감을 느껴야 하고, 거기에 더하여 표준화되고 최적화된 프로세스와 체계적인 실시간 측정 방안이 있어야 한다. 자신이 속한 기관이 의료 질을 '제대로 관리'하고 있다고 말할 수 있는 리더는 거의 없을 것이다. 최우수 사례로 널리 인정받는 기관의 경영진조차도 성과 창출 경로를 이해하고 의료 질 측정 방법을 고안하여 의료사고를 피할 방법을 찾아내기까지는 아직 더 노력해야 한다고 말한다. 미국 메이요클리닉Mayo Clinic의 진료부원장인 마이크 하퍼Mike Harper는 다음과 같이 설명한다. "평균에 비하면 우리는 매우 잘하고 있습니다. 순위 조사에도 늘 상위에 자리하지요. 하지만 우리가 '잘 관리'하고 있을까요? 아니요. 우리가 목표하는 지점에 이르렀나요? 아닙니다. 다만 계속 노력하고 있습니다. 여러 지표상으로 우리가 꽤 높은 점수를 받고 있긴 하지만 우리는 더 잘할 수 있습니다."

신뢰도 높은 보건의료공급자가 되는 길

보건의료 분야와 같이 위험도가 높은 환경에서는(항공, 화학, 원자력 분야도 그렇지만), 일관되게 우수한 성과와 더불어 실패를 예방하는 것에 초점을 맞춘 '신뢰도 높은' 보건의료공급자가 되는 것을 목표로 삼아야 한다. 신뢰도 높은 공급자는 리더십, 핵심 프로세스, 측정 시스템이 질서

정연하게 구축되어 있으며 말단 직원에서 최고경영진에 이르기까지 그 역할과 책임이 분명하고 목표에 대한 공감대가 형성되어 있다. KPMG가 보건의료공급자들을 대상으로 실시한 연구결과에 의하면 높은 신뢰도를 얻기까지 다음 4단계를 거친다.[4]

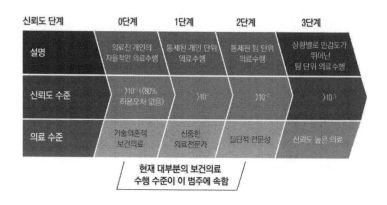

신뢰도 단계	0단계	1단계	2단계	3단계
설명	의료진 개인의 자율적인 의료수행	통제된 개인 단위 의료수행	통제된 팀 단위 의료수행	상황별로 만감도가 뛰어난 팀 단위 의료수행
신뢰도 수준	$>10^{-1}$ (⟨80% 허용오차 없음)	$>10^{-1}$	$>10^{-2}$	$>10^{-3}$
의료 수준	기술의존적 보건의료	신중한 의료전문가	집단적 전문성	신뢰도 높은 의료

현재 대부분의 보건의료
수행 수준이 이 범주에 속함

한 기관이 높은 신뢰도를 구축하는 과정에서 의사 개인은 다른 의사 개인과 연계되어야 하지만, 이것은 가장 우수한 기관에서도 그리 간단한 일이 아니다. 여전히 대다수의 의료기관에서 의사 개인의 자율에 맡기는 문화가 지배적이므로 임상적 우수성은 의료진에 달렸고, 경영진은 의료 질과 관련하여 아무런 영향력도 행사할 수 없다. 그 결과 의료사고가 발생하고, 의료성과가 들쑥날쑥하며, 환자들이 피해를 입는다. 열악한 의료 질 문제는 발견이 되지 않거나 일상적인 일로 받아들여진다.

반대로 환자안전과 임상적 우수성을 우선순위에 놓으면 의료 질에 대한 책임이 개인으로부터 복합적 기능을 담당할 수 있는 팀으로 넘어가면서 성과가 현저하게 개선되고 사고율이 감소한다. 일반 기관의 오류 발생률이 20%인 데 비해 신뢰도 높은 기관에서는 일반적으로 오류 발생률이 전체 의료 프로세스의 0.5% 미만이다.[5] 다음 표를 보면 아무리 신뢰도가 높아도 프로세스가 복잡해질수록 오류가 더 자주 일어난다는 것을 알 수 있다.

과정별 오류 발생 비율				
치료 과정 개수				
1	0.05	0.01	0.001	0.0001
5	0.33	0.05	0.005	0.002
25	0.72	0.22	0.02	0.003
50	0.92	0.39	0.05	0.005
100	0.99	0.63	0.1	0.01

작은 오류가 모여 신뢰도 저하를 불러올 수 있다: 과정별 오류 비율은 매우 낮지만, 여러 과정을 거치는 복잡한 프로세스에서는 수용불가능할 정도로 높은 오류 비율이 나타난다. 보건의료에서 과정별 오류 발생 비율이 1% 이상이라는 것은 의료 질이 '제대로 관리'되지 않는다는 증거다.[6]

의료 질을 중시하는 문화 조성

신뢰도 높은 기관의 경영진은 모든 곳에서 의료 질에 기초한 문화 조성의 중요성을 강조한다. '가치를 추구하는 기관'이 되는 것은 경영진이 적인 말그냥 하기 좋은 말처럼 들리지만 실제로 높은 성과 창출에 있어 핵심 이다. 가치를 추구하는 기관의 모습은 팀의 일원이라는 소속감, 탁월함 추구, 오류에 대해 개인을 비난하지 않는 건설적인 접근 방식, 특히 관리자와 의료진 간에 신뢰 및 상호 존중에서 찾을 수 있다. 지속적인 관리와 분명한 책임감은 의료 질 향상에 필수적이며, 의료 질이 열악한 기관에서는 이 모든 것이 부담스럽게 느껴진다.

그러나 다른 한편으로는 비난하지 않는 접근 방식과 더불어 규칙을 무시하는 개인의 안전 기준 위반에 대해서는 무관용 원칙을 적용해야 한다. 경영진은 의료진의 완고한 태도와 맞서야 할 때도 있을 것이며 환자 안전과 행동에 대한 의료진 개인의 의견에 의문을 제기해야 할 수도 있다. 문화를 의료 질 중심으로 바꾸는 데에는 시간이 걸리며 공동의 노력이 필요하다. 공유된 목표를 계속 강조하고 기념하여 우수한 직원을 붙잡아두는 동시에, 동기부여를 제공하고, 다른 사람들도 거기서 일하고 싶도록 만들어야 한다.

높은 성과를 창출하는 문화에서 항상 그렇듯이 경영진은 평범하게 되기를 거부하는 모습을 보여주어야 한다. 여기서 이사회의 역할이 매우 중요한데, 직원들이 의료전문가에 대한 전통적 존경심에서 벗어나 의료 질과 환자안전을 정의하고 측정하는 일에 직접적으로 개입하도록 해야 한다. 한편 의료진은 서로를 향해 도전해야 한다. 올바른 가치를 품는 일은 보고체계와 대시보드만큼이나 대단히 중요하며 기관 전체에 좋은 선례를 남길 수 있다.

소소한 기준 위반을 허용하기 시작하면 결국 더 큰 불이행이 따라올 것이다. '일탈의 일상화'가 불러온 결과는 미국항공우주국NASA의 챌린저호 폭발에서부터 영국의 미드스태포드셔병원 스캔들에 이르기까지 다양하다. 이 기관들의 내부 절차상으로는 그렇게 사소한 기준 위반이었지만, 아무도 곤란한 문제에 대해 의문을 제기하지 못하는 조직문화를 다들 모른 척했던 것이다.

진료기록은 의미 있게 작성되고 이용 가능해야 한다. 병원에서는 명확한 성과 보고체계를 갖추어야 하며, 누가 무슨 일에 대해 책임을 맡고 있는지에 대해 모든 사람이 알고 있어야 한다. 아무리 좋은 평가도구가 있더라도 사용 방법을 모르면 소용이 없다. 성공적인 보건의료기관들은 더 이상 위에서 평가 방법을 하달하지 않는다. 어떤 지표가 중요한지 일선의 직원들이 제일 잘 알기 때문이다.

영국 버밍엄대학교 부속병원에는 환자의 진료 경로의 각 부분마다 팀이 배정되어 있다. 각 팀의 활동은 시의적절하게 모니터링되고 평가되며, 책임이 분명하게 주어지므로 자체적인 개선 노력이 계속해서 이루어진다. 의료진과 관리직원으로 이루어진 이 팀들은 자신들의 수행 성과에 책임을 지며 조직 입장에서는 지속적인 의료 질 및 비용 개선의 근거를 갖게 된다. 이사회는 의료성과가 가장 중요한 목표라고 분명한 입장을 표명하고, 의료의 질관리 전략의 설계와 수행을 감독하며 경영진이 이 모든 과정의 책임을 지도록 한다.

독일의 헬리오스병원체인Helios Hospital Chain에서는 각각의 클리닉 책임자가 지역 대표에게 보고하고 지역대표는 본사에 보고하도록 되어 있다. 이러한 방식으로 뇌졸중 치료 성과가 '평균' 정도라는 것을 확인하였다. 이를 용납할 수 없었던 경영진은 성과가 제일 좋은 클리닉과 성과가 제일 나쁜 클리닉을 방문하여 문제의 원인을 찾아냄으로써 전반적인 수행 성과를 개선하였다. 변화는 어쩌면 '뇌졸중 응급처치 상자'를 전체적으로 도입하는 것처럼 단순하다. 뇌졸중 응급처치에 필요한 주사기, 항혈전제, 응급처치 체크리스트가 한곳에 들어 있도록 한 것이다. 이렇게 함으로써 프로세스를 자동화하고 가이드라인 준수를 유도할 수 있다.

헬리오스병원이 성과에 대해 조치를 취하면 모든 사람이 따라야 한다. 안전한 수술 체크리스트 같은 의료의 질관리 방안은 엄격하게 집행되며, 누가 무슨 일에 대해 책임을 지고 있는지 모든 사람이 알고 있다. 그리고 '반드시 해야 할 것'을 따르지 않는 사람은 조직에서 나가게 된다는 메시지도 분명하다.

표준화의 중심적인 역할

표준화는 신뢰도 형성의 핵심이다. 전체 의료진과 상관없이 의사 개인이 제각각 자신이 선호하는 치료 방식을 고집하면 오류 발생 가능성은 높아진다. 한편 신뢰도가 높은 기관에서는 평가, 역할, 문화가 모두 표준 진로 경로와 표준 수술 절차로 질서 있게 연결되어 복잡성과 변수를 줄이고, 협업과 소통을 늘리며, 의료 질을 향상시킨다. 철저한 검토와 확인을 통해 프로세스는 훨씬 더 탄력적이 된다. 일선에서 근무하는 직원은 가이드라인이 지켜지는지 확인할 책임이 있으며 위반 사항을 발견하면 즉시 개입할 수 있는 권한도 주어진다.

미국 유타 주의 인터마운틴병원Intermountain Healthcare에서는 프로세스 표준화를 통해 극적이고도 지속적인 개선 효과를 경험하였다. 인터마운틴병원은 프로세스 표준화와 성과 측정을 연계한 선구자로서, 쉽게 잊힐 수 있는 가이드라인을 엄격하게 실행하여 직원들이 자동적으로 표준화된 진료 경로를 따르도록 만들었다. 병상에서 수술실까지 병원 내 모든 업무 흐름은 표준화된 프로세스를 따라 구축되었다.

그 결과 급성호흡곤란증후군ARDS으로 중태에 빠진 환자의 경우, 4개월 사이 가이드라인과 실제 업무 수행의 편차가 59%에서 6%로 감소하였고,[7] 환자 생존율은 9.5%에서 44%로 증가하였으며, 의사가 소모하는 시간이 절반으로 줄었을 뿐만 아니라, 전체 의료비도 4분의 1만큼 감소하였다. 이러한 접근 방식은 인터마운틴병원에서 공급하는 의료서비스의 거의 대부분에 확대되어 현재까지 총 104개 임상 프로세스가 이러한 접근 방식을 적용하였으며, 비슷한 성공 사례를 만들어내고 있다. 인터마운틴병원은 이제 미국 내 최상의 의료공급자로 널리 인정받고 있으며 낮은 비용으로 훌륭한 성과를 창출하고 있다.

역사적으로 의사들 사이에서는 표준화에 대한 뿌리 깊은 반감이 있어왔다. 그러나 최고의 의사는 표준화된 프로세스가 임상적 전문성 및 판단과 서로 연결되어 있으며, 오히려 프로세스가 표준화됨으로써 의사의 판단이 꼭 필요한 부분에 임상적 전문성과 판단을 집중할 수 있다는 것을 잘 알고 있다.

측정에 대한 집착

최고의 기관들은 측정에 집착한다. 미국 메이요클리닉에는 예술품에 가까운 내부 대시보드를 병실에서 흔히 볼 수 있는데, 성과 측정, 예방 조치, 재입원, 입원 기간, 처리시간, 프로토콜 준수 등이 표시된다. 측정치는 상당 부분 자동적으로 직원들에게 실시간으로 전달되며 필요한 경우 관리자들과 이사회까지 보고된다. 이러한 기록은 임상경로 담당자에게 보고되어 지속적인 개선이 이루어진다.

높은 신뢰도는 도착 지점이라기보다는 여정이다. 시작 지점에서는 의료성과가 일관되지 않고, 이사회가 효과적으로 의료 질을 감독하거나 임상적 위험을 통제하지 못하는 상황일 수 있다. 또한 성과가 통일적으로 측정되거나 보고되지 않고 조직문화에도 의료 질이 중심이 아닐 수 있다. 성과에 대한 책임이 모호하고 환자 관련 프로토콜도 거의 없는 상황일 것이다.

높은 신뢰도를 향한 여정의 첫 번째 단계는 환자안전과 우수한 임상 성과를 조직의 최우선순위에 놓고 개인의 역량보다는 체계가 갖추어져야 발전이 가능하다는 공감대를 형성하는 단계다. 성과를 측정하는 것이 점점 일반화되어가지만 아직 표준은 아니다. 의료 질에 대한 관심이 이사회에서부터 말단 직원에 이르기까지 좀 더 체계화되고, 프로토콜 및 체크리스트를 더 잘 준수하려는 분위기가 형성되어간다.

가장 선진화된 조직만이 다음 단계로 나아갈 수 있다. 주요 의료성과와 그 요인이 규칙적으로 측정되고 보고되고 이사회의 의료 질 목표와 연계된다. 조직문화는 기본 규칙 위반에 대해 관용적으로 대하지 않으며 오류에 대해서는 비난하지 않고 교훈을 얻는 접근 방식을 취한다. 팀별로 의료경로에 대한 책임관계가 분명하며 환자의 치료 성과에 대한 팀별 업무 수행의 영향도를 모니터링한다.

실패를 예방하고 신뢰도 높은 의료를 실현하기 위해 이 모든 작업을 성공적으로 해낸 소수의 기관은 이제 흐름의 선도자가 되었다. 이러한 '실패방지' 접근 방식은 수술실이나 응급실처럼 고위험 환경에 초점을 맞출 것이다.

신뢰도 높은 기관이 되는 것은 어려운 목표지만 대중은 그러한 기관을 원하고 있으며, 실제로 의료서비스를 전달하든, 받든, 의료서비스를 위해 계약을 맺든지 간에 상관없이 신뢰도 높은 기관이 누리는 상업적인 이익도 확실하다. 그리고 대부분의 의료공급자와 직원들이 보건의료 분야에 발을 들여놓은 이유도 결국 양질의 의료서비스 전달인 것이다.

상관도 없고 신뢰할 수도 없는 지표에 집중

비용을 지불하는 입장에서 환자, 정부, 규제기관은 의료전달과 의료 질에 대해 더 많은 데이터를 요구한다. 내가 만난 의료기관 경영진들은 기관의 역할과 책임에 대해 스스로 느끼는 부분과 보건의료제도가 기관을 판단하는 기준이 서로 달라 긴장 관계가 있다고 말한다. 실제로 의료

공급자에게 부과되는 평가 기준은 점점 늘어가는데, 실제 의료수행 성과와 무관하거나 심지어 해롭기까지 한 경우가 많아 엄청난 문제가 되고 있다. 환자 및 비용지불자의 알 권리는 인정하지만 의료기관 관리자들과 의료진들이 느끼는 바에 의하면 규제기관, 주정부 또는 연방정부, 인증기관, 기타 전문기관에서 끊임없이 정보를 요구하는 것은 투명성과 책임의식에 도움이 되는 것이 아니라 오히려 방해가 된다. 잘못된 방향으로 평가하도록 요구하는 것은 단순히 귀찮은 정도가 아니라, 의료기관 직원들을 혼란스럽게 만들 뿐만 아니라, 사기까지 저하되게 만들어 결국 직원들이 오히려 관여하지 않으려 하게 되고, 이사회의 권위마저 땅에 떨어지게 된다.

바라건대 향후 몇 년간 의료공급자, 지불자, 정부가 환자에게 중요한 성과지표를 한데 모을 필요가 있다는 인식을 가지고 평가 기준과 방법에 대해 국제적 표준을 수립했으면 좋겠다. 그렇게 되면 전 세계적으로 지식과 혁신을 공유하는 활동도 더욱 활발해질 것이다.

보건의료계 전문가들과 연구기관들은 환자 입장에서 의미가 있는 '1차 평가지표primary endpoints'라고 부르는 의료성과에 대해 논의하는 것이 익숙하다. 예를 들면 뇌졸중 치료에서는 뇌졸중 발병 후 90일이 지난 시점의 상태가 최적의 회복 가능성을 가늠해볼 수 있는 1차 평가지표다. 류머티스성 관절염 환자에 대해서는 장기적 성과를 가늠해볼 수 있는 중요한 중간 목표가 질병 활성 억제인데, 이는 피검사와 몇 가지 질문으로 측정할 수 있다. 병원들이 자체적으로 이러한 성과를 신뢰성 있게 측정하고 보고할 수 있다면 그리고 시간이 지남에 따라 개선되는 것을 보여줄 수 있다면, 별도로 프로세스와 중간 조치에 대한 과다한 보고서를 제출할 필요가 없을 것이다.

이 방법은 새로운 접근 방식이고 의료계는 아직 주요 성과지표를 정의하고 측정 방법을 찾기 위해 노력하는 중이다. 그리고 벌써 바람직한 징후가 나타나고 있다. 종양학과 심혈관계 수술 분야에서는 국제적으로 조율된 임상기록등록시스템을 통해 표준화된 성과지표를 이용할 수 있게 되었고, 네덜란드 건강보험자협회에서는 우수한 의사들과 협업하여 뇌졸중과 파킨슨씨병 등의 증상에 대해 보험자 데이터베이스에 있는 자료를 활용한 주요 성과지표를 구축하였다.

물론 이해관계자가 그 보고서에 의지하여 행동하고 그 성과에 대해 비용을 지불하려면, 측정의 신뢰성이 담보되어야 한다. 자료 수집 방법이 표준화되지 않은 경우도 있고, 기록 및 보고 시스템이 뒤떨어져서 회계시스템의 이중 입력 방지 같은 기능도 없는 경우도 있다. 결과적으로 정부에 보고되는 성과 데이터는 신뢰할 수 없는 경우가 많으며, 보건의료기관의 재정 관리 정확성을 위한 내부 및 외부 통제시스템과 비교하면 더욱 그렇다.

자료 요구에만 급급한 나머지 정부, 지불자, 규제기관에서 종종 놓치는 것이 보고서의 신뢰성이다. 점수를 올리기 위해 데이터를 조작하는 경우도 있는데, 네덜란드 일부 병원에서 보고한 유방암 재발 빈도수가 임상기록등록시스템에 보낸 숫자보다 낮았던 사건이 한 예다. 이런 식의 '도박'은 데이터 수집 시점이 분명하지 않을 때 더욱 일반적으로 일어난다.

의료기관 중증도 보정 사망비Hospital Standardised Mortality Rate, HSMR는 신뢰도 문제도 있지만 '도박'으로 인해 유효성도 의심되는 또 하나의 사례다. 10년도 더 전에 개발된 이 평가시스템은 병원의 수준을 단 하나의 숫자로 평가한다. HSMR은 환자의 중증도를 고려한 예측 사망자 수와 실제 사망자 수의 비율을 본다. HSMR의 유효성에 대해서는 문제가 계속 제기되고 있다. 중증도를 어떻게 보는가에 따라 점수에 큰 차이가 날 뿐만 아니라 병원마다 환자의 상태와 진료방식도 너무 다양하기 때문이다. 그러나 여전히 영국에서도 이 점수를 대문짝만 하게 공개하고 평균보다 높은 HSMR을 기록한 병원들은 비난을 받는다. 이 평가 방식 자체에 회의적인 병원들로서는 원하는 점수를 받기 위해 수치를 조정하고 싶을 수도 있는 것이다.

그러나 많은 의료기관은 자료의 신뢰성을 소중하게 생각하여 회계 기록 관련 오랜 경력을 가진 감사인을 통해 보고의 정확성과 완전성을 평가받는다. 캐나다, 영국, 포르투갈, 미국 등에서는 자료의 정확성에 대한 새로운 의무규정이 생겼다. 영국에서는 모든 NHS 의료공급자가 의료 질 보고서Quality Accounts를 매년 보고해야 하는데, 독립기관의 확인을 받고 기관 책임자가 정확성을 확인한다는 진술도 첨부해야 한다.

맺음말

보건의료기관이 신뢰도를 향상하는 여정에서 의료 질을 통제하기 위해 노력하는 가운데, 점차 체계적으로 우수성과 안전성을 추구하게 되고 성과, 환자안전, 측정에 초점을 둔 문화가 형성될 것이다. 의료 질에 대한 책임도 개인에서 팀 단위로 넘어갈 것이다. 직원들이 표준화된 프로세스를 수용함으로써 성과가 개선되고 사고 역시 현저하게 줄어들 것이다.

현대 보건의료계 리더들이 잠 못 이루는 밤을 보내는 이유는 현실과 이상의 차이를 잘 알고 있기 때문이다. 그러나 이제 우리에게는 임상체계에 신뢰를 구축할 수 있는 개선과학이 있다. 다른 산업에 대해서 높은 수준을 기대하는 것처럼 이제는 우리 자신과 사랑하는 사람들을 위해서 보건의료 산업에도 동일한 높은 기준을 요구해야 한다.

참고 문헌

1. James J.T., 'A new, evidence-based estimate of patient harms associated with hospital care,' *Journal of Patient Safety*, 9 (3), pp. 122–8 (2013).
2. Hogan H. et al., 'Preventable deaths due to problems in care in English acute hospitals,' *British Medical Journal Quality & Safety*, 22 (2) (2013).
3. Department for Transport, Number of fatalities resulting from road accidents in Great Britain (UK Government, 2011).
4. KPMG International, The more I know the less I sleep: Global perspectives on clinical governance (KPMG, 2013).
5. Nolan T.W., 'System changes to improve patients safety,' *British Medical Journal*, 320, pp. 771–3 (2000).
6. Ibid.
7. KPMG International (2013).

제30장 사람이 가치다

인력 없이는 보건의료도 없다

직원들이 최선을 다해 최대로 업무를 해내도록 만들기 위해 고심하는 병원들이 세계 곳곳에 있다. 의료 수요 증가, 비용의 압박, 만성적인 직원 부족 때문에 지금처럼 직원들이 생산적이 되고 동기를 부여받는 것을 중요하게 생각했던 때가 없긴 하지만, 안타깝게도 많은 의료기관들이 첫 단추부터 잘못 끼우고 있다.

어느 보건의료제도에서든 인건비가 가장 큰 비용을 차지하지만, 의료 수요 증가에 대한 단순한 해결책으로 생산성 향상에만 치중하다가 정작 개선 활동의 주체인 직원들의 의욕 상실을 초래하는 경우가 있다. 또한 KPMG에서 조사한 바에 따르면 직원들을 가치의 원천이 아니라 비용으로만 취급하는 경우가 자주 있다고 한다.[1] '두 다리로 걷는 것은 비용이다.'라는 낡은 생각은 '사람이 가치다.'라는 새로운 생각으로 바뀌어야 한다.

수많은 산업 분야가 디지털 기술로 인한 처리 속도의 폭발적 증가(인텔 공동창업자 고든 무어Gordon Moor의 이름을 따 '무어의 법칙'이라고 부른다.)로 혜택을 누렸지만, 선진국 내 보건의료 분야의 생산성은 오히려 증가하기보다는 감소하는 쪽으로 돌아서는 경향이 있었다. 제조업에서 유통업에 이르기까지 중앙집중화, 표준화, 직원 숙련도 향상, 필요역량 하향 조정 등 생산성 향상을 위해 갖은 노력을 하는 동안, 보건의료 분야는 소비자의 필요에 초점을 맞추지도 않고 생산 방식에 대해 통제도 잘 되지 않는 주먹구구식 체계로 운영되고 있다.

영국의 보건의료가 좋은 예다. 영국의 너필드트러스트Nuffield Trust의 보고서에 따르면 1974년에서 1999년 사이 잉글랜드의 병원 생산성이 20% 향상되었으나, 1995년에서 2008년 사이에는 세기가 바뀌면서 큰 폭으로 비용이 증가한 탓에 생산성이 연평균 1.4%씩 저하되었다.[2] 그 이후 비용을 절감하기 위해 간호사 감원을 실시했으며, 의료 질 문제가 대두되자 다시 인원을 늘리기 시작했다.

보건의료서비스 수요의 급속한 증가와 의료인력의 점진적 감소로 수급 불균형이 점점 심해지는 것은 전 세계적으로 나타나는 현상이다. KPMG의 분석에 따르면 2022년에 OECD 회원국 모두 22~29%에 달하는 의료인력 부족 현상을 겪게 될 것이다.[3] 2008년 금융위기로 서방국가 내 직원 채용 사정이 더 어려워졌다.

더 적은 인원으로 더 많이 일하게

의료기관 운영자와 보건의료제도 지도자들 입장에서는 인력을 감축하고 남은 직원들을 더 많이 일하게 함으로써 생산성 문제를 해결하고 싶은 유혹이 강하게 들기 마련이다. 그러나 재정난을 타개하고자 많은 의료기관들이 간단한 해결책인 인력 감축을 단행한 이후 실제로 거의 예외 없이 생산성 저하를 경험했다. 직원들에게 매일 더 많은 환자를 보도록 지시하면 의료 질이 떨어지고, 오류가 증가하고, 직원만족도가 감소하고, 결국 직원 유지가 어려워질 수 있다. 또한 비용 절감 방식이 지속 가능하지 않을 경우 결국 절감되었던 비용은 어떻게든 다시 발생하게 되어 있다는 증거가 곳곳에 있다.

공급이라는 측면에서 볼 때 서방국가 내 고령화 같은 인구 구성 변화와 의료인력 감소가 무조건 대규모 인력 부족을 야기하지는 않는다. 이민자가 유입될 수도 있고 의료 수행 방법에 변화를 줄 수도 있다. 영국에서 호주에 이르기까지 선진국에서는 외국에서 의료인력을 영입하여 그 수를 늘렸지만 논쟁의 여지는 있다. 인력 부족 문제를 해결했다기보다는 문제를 선진국에서 보수 수준이 더 낮은 비선진국으로 옮기는 것에 불과할 뿐만 아니라, 비용을 많이 들여 육성한 얼마 없는 의료인력을 빼앗아 비선진국을 더 어려운 상황에 처하게 하는 결과를 낳는 것이기 때문이다.

보건의료인력 수급 문제를 해결할 수 있는 정책들이 많이 있다.[4] 예를 들어 OECD 회원국이 모두 일본의 높은 은퇴연령과 그리스의 긴 업무시간을 적용한다면 전체적으로 노동력이 35% 증가할 것이다. 또한 보건의료 분야에 여성 인력이 더 많이 참여하게 된다면 수급 상황이 많이 개선될 것이다. 여성 참여율은 국가별로 차이가 커서 OECD 회원국 평균이 북유럽국가 수준으로 올라온다면 노동력을 10% 더 확보할 수 있다. 전체 피고용 인구 중 의료인력이 차지하는 비중도 국가별로 차이가 크다. OECD 회원국 평균은 10%인데 그리스는 5%에 불과하고 노르웨이는 20%에 달하므로 여기에도 의료인력 증가 여력이 있다. 이러한 방법을 이용하면 현재 22~29%로 추정되는 수급 차이가 줄어들 수 있을 것이다. 문제는 서방국가에서 계속 더 많은 직원을 채용할 임금 지불 여력이 없다는 것이다.

개발도상국의 경우 문제는 더 심각하다. WHO 추산으로는 아프리카와 아시아의 57개 국가에서 조만간 심각한 보건의료인력 부족 문제에 당면하게 될 것이며 이를 해결할 경제적 여력이 없을 것으로 예상된다.[5]

그러므로 인력 수급 문제를 완전히 새로운 방식으로 해결할 필요가 있다. 의료의 질을 향상하고 업무에 대한 매력도를 높이면서도 생산성을 늘리는 방법을 찾아야 한다. 실제로 이 목표를 달성한 사례에서 공통적으로 발견되는 다섯 가지 특징이 있다. 환자에게 가치를 제공하는 것에 전략적으로 초점을 맞추고, 의료진의 권한을 강화하고, 프로세스를 고도화하는 방식으로 재설계하고, 운영정보를 효과적으로 이용하고, 직원수행 성과를 관리하는 것이다.

환자 가치

'가치'라는 단어를 비용 절감의 완곡한 표현으로 사용하는 의사가 많이 있다. 그러나 점차 많은 의료기관들이 환자의 가치 증대, 다른 말로 환자가 가장 중요하게 생각하는 것에 집중하는 것을 근본적인 목표로 삼는 추세다. 환자 가치를 시스템의 중심에 놓는 것은 더 나은 의료 질, 더 낮은 비용, 더 높은 생산성을 실현하기 위한 첫 번째 단추다.

보건의료기관으로 하여금 환자가 중요하게 여기는 것에 대해 관심을 갖게 하려면 의료진과 관리자가 같은 목표를 공유하여 업무 수행 성과, 업무 프로세스 재설계 등 다루기 어려운 주제에 대해서도 더 쉽고 건설적인 방향으로 논의할 수 있게 되어야 한다. 성공하는 기관들은 목표설정, 전략, 경영 정보, 채용 방법, 보상체계, 직원의 태도 등 모든 면에서 환자 가치를 추구할 방법을 찾는다.

네덜란드의 가정간호기관인 뷔르트조르흐Buurtzorg. 지역사회 케어는 어떻게 직원에게 더 많은 자율을 부여하고 생산성을 높이고 비용을 절감하면서 환자 가치를 제공할 수 있는지에 대해 훌륭한 사례를 보여준다. 네덜란드의 가정간호는 대단히 분산되어 있으며, 환자를 씻기고 옷을 갈아입히는 등 그 업무도 다양하다. 급여체계도 여러 개라 각기 다른 직원이 담당한다. 그 결과 의료행위가 조율되지 않고 환자의 증상이 변화하는 것에 적절히 대응하기가 어렵다. 또한 의료공급자들은 비용을 줄이기 위해 각각의 업무에 필요한 최소한의 숙련도 기준을 하향 조정했다. 따라서 상태 악화를 방지하기보다는 현재 상태에 대응하는 것에 급급하기 마련이다.

뷔르트조르흐의 경우에는 (간호조무사나 일반 직원이 아니라) 간호사에게 권한을 부여하여 환자에게 필요한 모든 의료서비스를 전달하도록 한다. 또한 더 경력이 많은(더 보수가 높은) 행정직원을 고용하여, 8,000명의 간호사를 50명 미만의 후방 행정직원이 지원하도록 하고 관리자는 극소수로 구성하는 등 수평적 구조로 운영한다.[6] 시간당으로는 더 많은 비용이 들지만 결과적으로 총 시간은 오히려 줄어들었다. 의료 모델을 변경함으로써 뷔르트조르흐는 시간을 절반으로 단축하고, 의료의 질은 개선했으며, 직원만족도도 높였다. 2011년에는 네덜란드 올해의 기업으로 선정되었다.

간호사들은 스스로 업무를 체계화하고 전문성을 이용하여 환자의 문제를 최대한 환자 스스로의 역량으로 감당할 수 있도록 돕는다. 간단하게 말하면 뷔르트조르흐 간호사들의 목표는 최단 시간 내에 자신들이 필요 없도록 만드는 것이다. 환자만족도는 네덜란드 국내 평균보다 30%나 높고, 비용이 많이 드는 갑작스러운 응급상황 발생 횟수는 줄었다.[7] 네덜란드의 가정간호체계 전체가 이렇게 효과적으로 운영된다면 풀타임 인력 7,000명으로도 충분할 것이다.

책임 있는 자율

뷔르트조르흐에서 주는 교훈은 직원들이 자신에게 권한이 주어졌다고 느낄 때 생산성이 향상된다는 것이다. 지시와 통제 방식은 복잡한 환경에서는 잘 작동하지 않는다. 재량권이 제한된 직원은 문제를 해결하거나 개선 사항을 찾아내거나 주도적으로 실행할 가능성이 낮아지기 때문이다. 더 나쁜 점은, 자율 수준이 낮을수록 직원 채용과 유지가 어렵고 환자 사망률은 증가한다는 것이다.[8]

직원에게 권한을 부여한다는 것은 자신의 업무를 스스로 관리할 자유를 주고, 자신의 업무를 더 잘하고 싶다는 욕구를 격려하며, 업무 수행에 있어 목적의식을 갖게 하는 것을 말한다. 의사가 리더로 성장하기 위해서는 팀워크, 리더십, 업무 개선 스킬을 배우면서 훌륭한 지도자가 될 수 있도록 계속 도움을 받아야 한다.

직원에게 권한을 부여하게 되면 업무 개선에 대한 개인적인 책임감을 갖게 된다. 더 생산적으로 일하고 싶지만 조직의 '시스템' 때문에 그러지 못한다고 말하는 의사가 셀 수 없이 많다. 결국 그들 스스로 변화를 만들기보다는 다른 것들이 변하길 기다리고 있을 뿐이다. 이러한 조직적 무기력증이 용납되어서는 안 된다.

조직이 직원에게 무엇을 기대하고 어떠한 책임을 줄 것인가에 대해 경영자와 의사들 간에 진지한 논의를 하는 것이 대단히 중요하고 또 필요하다. 이것은 의사와 경영자 간의 전통적인 관계에서 변화하는 것을 의미한다. 과거에는 자율의 의미가 비용 부담이나 책임감 없이 소신껏 의료행위를 하는 것으로 해석되기도 했다. 경영자들은 의사들을 상대로 리더십을 발휘할 자신감이나 용기가 없어서 현상 유지를 최상으로 여겼다. 이제 책임 있는 자율이라는 새로운 모델에서는 의료진이 의료행위를 더 잘 수행할 수 있도록 권한이 주어지고 성과에 대한 책임도 지게 된다. 다만, 이러한 자율권이 현재 의료공급자들을 괴롭히고 있는 주먹구구식 시스템으로까지 확장되어선 안 된다. 직원들은 합의된 근거 중심 임상경로 및 프로세스에 따라 업무를 수행해야 하고, 합의된 사항과 다르게 의사를 결정해야 할 때는 정확하게 논의되고 기록되어야 한다.

의사들이 적극적으로 참여하지 않으면 의료기관이 개선 계획을 제대로 이행할 수 없다. 의사들의 기대치도 시대가 흐르면서 변했지만, 한편으로는 책임감이 늘어나고 더 체계적으로 업무해야 하는 상황이 되면서 의사들이 병원과 오랫동안 관계를 맺어온 방식이 흔들리게 되었다. 이에 따라 많은 곳에서 문제가 발생하고 있다. 업무 방식의 자유, 다른 직원에게는 허용되지 않는 행동의 묵인 등 의사들이 누려온 특권이 위협받고 있다. 그러나 낡은 관행은 명백한 논의도 없이 교체되고 있다. 이는 의사들의 불만에도 불구하고 전 세계적으로 나타나는 현상이다.

해결 방안은 무엇이 바뀌고 그 이유는 무엇인지에 대해 의사들과 터놓고 소통을 하는 것이다. 그리고 비전에 대한 공감대를 형성하고 기관의 성공과 의사의 전문가적 만족을 모두 충족할 수 있는 분명한 목표를 세우는 것이다. 이러한 접근 방식은 '심리적 계약psychological contract'이라는 개념에 대한 연구조사에 그 바탕을 두고 있다.

가장 철저하게 직원 권한 강화를 실현한 사례는 모잠비크처럼 보건의료인력이 심각하게 부족한 개발도상국에서 많이 볼 수 있다.[9] 1975년에 독립했을 때 모잠비크에는 약 1,400만 명의 인구를 돌봐야 할 의사가 단 80명뿐이었으며 응급 산과 케어 간호사로 투입할 수 있는 직원도 거의 없었다. 1984년에 모잠비크는 직원의 권한을 강화하고 비의료직원을 훈련하여 산과 수술에 투입하는 등 새로운 방식을 시도하기 시작했다.

산과 수술은 전통적으로 부인과 전문의가 집도하지만, 제왕절개 등 수술 관련 처치 부분은 의사가 아니라도 훈련을 받으면 실시할 수 있다. 모잠비크에서는 이러한 역할을 담당할 보건의료인력을 시골지역에서 모집하기 시작했다. 지원자는 최소한 간호 또는 의료보조 과목을 공부하여 3년제 대학 학위를 보유하고 2년 이상 실습을 한 사람으로 제한했다. 합격자는 "테크니쿠스 지 시루르지아tecnicos de cirurgia"로 인정받게 되는데, 이는 수술 교육을 받은 보조의료원과 같은 역할이다.

테크니쿠스는 이제 시골지역 산과 케어의 핵심적인 부분이 되었다. 직원 유지율도 높아서 한 조사에 따르면, 시골지역에서 의사를 7년간 유지하는 비율은 0%인 데 반해 테크니쿠스가 졸업 후 7년간 시골지역에서 계속 근무하는 비율은 88%에 달했다.[10] 수술 후 사망과 주요 합병증 같은 지표로 측정되는 의사결정과 의료의 질에서도 산과 전문의와 비교하여 뒤지지 않는다. 테크니쿠스 전략은 비용적인 효과도 매우 크다. 의사 한 명을 육성하려면 미화 74,130달러가 드는데, 테크니쿠스 한 명을 육성하는 데는 미화 19,465달러밖에 들지 않는다.

보수가 더 낮고 훈련을 덜 받은 직원에게 업무를 이관하는 것은 여러 가지 장점이 있다. 하지만 이렇게 하면 다 해결된다고 생각하는 것은 오산이다. 응급의료의 경우에는 더 낮은 비용으로 더 나은 성과를 만들어 내기 위해 가장 숙련도가 높고 경험 많은 의사결정자가 최대한 초기에 개입하는 것이 필수적이다. 뷔르트조르흐 사례에서 숙련도가 높은 인력을 활용하여 얼마나 강력한 효과를 만들어낼 수 있는지 보여주듯이 말이다.

미국 시애틀의 버지니아메이슨의료센터Virginia Mason Medical Center는 보건의료에 토요타식 생산시스템을 적용한 것으로 잘 알려져 있는데, 그 과정에서 의료기관과 소속 의사들의 관계 변화(시스템의 인간적인 측면)를 어떻게 잘 다루었는지 보면 그저 놀랍기만 하다. 예를 들면, 의사들과 관리자들을 위한 수련회를 기획하여 의사들이 불만 및 권한과 자율의 상실에 대한 느낌 등을 스스럼없이 이야기할 수 있는 기회를 제공하였다. 수련회를 통해 관리자들과 의사들은 기관과 직원의 새로운 계약이 어떠한 모습이어야 하는지에 대해 토론하였으며, 결국 그 이후 옹호론자와 회의론자가 모두 참여하여 수개월간 최적의 계약을 만들기 위해 고심하였다. 계약서 초안을 놓고 부서별 토론이 이루어졌으며 수정을 거쳐 마침내 완성되었다. 최종 계약서에는 버지니아메이슨의료센터와 소속 의사들 간에 서로 기대하는 사항을 담았다. 일부는 결국 센터를 떠나기로 선택했지만 대다수의 사람들은 계약을 지지했으며, 이는 보건의료계에서 의료 질에서만큼은 선도자가 되겠다는 버지니아메이슨의료센터의 비전을 양쪽이 모두 원했기에 가능한 일이었다. 이렇게 목표를 통일함으로써 버지니아메이슨의료센터의 야심찬 개선 프로그램이 성공할 수 있었다.

버지니아메이슨의료센터의 CEO인 게리 캐플런Gary Kaplan은 기관이 하려고 하는 모든 일에 대해 투명하게 알리는 것이 필수적이었다고 말한다.

현재 상황이 어떤지, 어떠한 모습으로 가려고 하는지, 직원들에게 무엇을 기대하는지, 직원들은 기관에게서 무엇을 기대할 수 있는지 등이다. 소속 의사들이 기관의 가치에 공감하고 동기를 부여받기 위해서는 이것이 유일한 방법이다. 게리 캐플런은 계약이 성공적이었던 이유를 말하면서 '네마와시nemawhasi'라는 일본어를 사용했다. '땅을 일군다'는 뜻을 가진 이 단어는 버지니아메이슨의료센터에서 계약을 이끌어내기 위해 대화와 소통에 오랜 시간을 들인 것을 잘 나타내준다.

표준화와 체계적 재설계

보건의료 분야의 업무와 프로세스는 상당 부분 환자의 필요보다는 관행이나 직원의 편의와 관련 있는 경우가 많다. 그러므로 프로세스 표준화와 체계적인 의료 재설계를 통해 효율성을 개선하는 작업은 성공적인 기관의 핵심적인 습관이다. 최고의 기관은 한편으로는 업무를 지속적으로 개선하고 다른 한편으로는 직원의 역할과 프로세스를 더욱 혁신적으로 재설계한다. 효율성 개선은 단순히 더 많은 환자를 돌보는 것을 의미할 수도 있지만 고장 난 시스템을 고치거나, 사라진 장비를 찾거나, 처음부터 제대로 하지 않아서 발생한 오류를 바로잡느라 허비되는 시간과 의미 없는 업무를 제거하는 것을 의미하기도 한다. 이렇게 함으로써 직원들의 업무 만족도를 높일 수 있다.

임상경로는 체계적 재설계의 핵심이다. 재설계를 통해 업무와 기술이 제대로 짝을 이루게 하고, 낭비를 제거하고, 변수와 위험을 최소화하고, 임상 직원이 설계와 개선에 참여하게 한다. 선도적 기관들은 지식 관리를 기관의 주요 경쟁력으로 인식하고 가장 경험 많은 개인을 영입하는 대신에 프로세스에 우수 사례를 적용하여 재설계하는 방식을 도입하기 시작했다.

인도의 아라빈드안과병원시스템은 체계적 재설계로 유명한 사례다. 안과의사 고빈다파 벤카타스와미Govindappa Venkataswamy 박사는 1976년에 11개 병상으로 아라빈드안과병원을 설립했다. 오늘날 아라빈드는 세계 최대의 안과의료서비스 공급자이며 매년 260만 명 이상의 외래환자를 진료하고 30만 회 이상의 고빈도 안과 수술을 실시한다. 아라빈드의 목표는 예방 가능한 실명을 막는 것이다. 전 세계 4,500만 시각장애인들 중 약 900만 명이 인도 국민이다.

아라빈드의 시스템은 조립라인 방식을 도입하여 의사들의 역할과 책임을 진단과 시험결과 확인, 수술 집도로 제한함으로써 생산성을 최대로 끌어올린다. 의료 질은 광범위하게 모니터링되고 투명하게 보고된다. 아라빈드에서는 진료소별, 의사별 합병증 발병률이 매월 집계되는 등 '비밀 금지' 원칙을 적용함으로써 경영진이 개선 방안을 마련할 수 있도록 한다. 아라빈드에서는 환자흐름을 원활하게 하여 더 신속하게 진료하고 환자방문 빈도를 낮춘다. 인도 내 다른 의사들이 한 해 400건의 수술을 집도하는 반면 아라빈드의 의사들은 한 해 평균 2,000건의 수술을 집도하고 있으며, 성과 또한 세계적인 수준이다.

데이터의 힘

아라빈드의 사례는 의료인력 생산성 향상에 데이터가 얼마나 큰 힘을 갖고 있는지 보여준다. 최고의 기관은 프로세스와 성과에 대한 데이터를 수집하여 개선에 활용한다. 데이터는 개선 아이디어를 시험하는 데 활용할 수도 있고, 효과가 있는 방법을 개발하는 것에도 활용할 수 있으며, 그에 따라 의료수행 방법을 바꿀 수도 있다. 이를 위해서는 직원들이 가치에 대해 명확하게 이해해야 하고, 프로세스와 성과를 개선할 수 있도록 충분한 권한과 교육이 이루어져야 하며, 양질의 의료를 구체화하고 설계할 수 있는 도구도 주어져야 한다. 성과에 대한 측정과 피드백은 이러한 개선 문화를 강화한다. 최종 목표는 성과에 기초하여 기관을 움직이는 것이다. 예를 들면 손위생정책 준수율을 측정하는 대신 감염률을 측정하는 식이다. 이러한 방식이 상식으로 자리를 잡으려면 시간이 좀 더 필요할 것이다.

제대로 운영하기

많은 보건의료기관의 인사 운영은 사무적이고, 전통적이며, 위험 회피적일 뿐만 아니라, 전략적 관점도 결여되어 있고, 기존의 관행에 도전할 준비도 되어 있지 않다. 높은 성과를 창출하는 기관에서는 혁신을 기꺼이 수용하는 한편, 이 모든 활동들이 훌륭한 직원 운영이 바탕이 되어야 이루어진다는 것을 잘 알고 있다. 직원 운영에 실패하면 기관이 추구하는 가치에 직원들을 동참시킬 수 없으며 리더십에 대한 지지를 얻을 수도 없다. 세계 어디를 가든지 나는 병원 직원들에게 지난해에 업무 관련 평가를 받은 적이 있냐고 물어보는데 3분의 1 이상이 손을 드는 것을 보기 어렵다. 이것은 직원들을 소중하게 여기는 모습이 아닐뿐더러 자유 재량을 독려하는 최선의 방법도 아니다.

훌륭한 인사 운영은 채용 단계에서부터 시작해야 한다. 적절한 실력을 갖추고 기관이 추구하는 가치를 이해하고 지지하는 사람을 직원으로 채용해야 하는 것이다. 변화를 마주했을 때 탄력적으로 대응할 수 있는 사람을 채용하는 것도 중요하다. 기관에 사람을 새로 들이는 것은 신중하게 해야 한다. 직원에게는 명확하게 정의된 역할이 주어져야 하며, 보상 체계와 연동된 양질의 피드백과 평가를 의미 있는 지표에 근거하여 제공해야 한다. 훌륭한 기관에서는 우수한 성과를 칭찬하는 것과 동시에 부족한 성과, 가치에 반하는 행동, 잦은 결근에 대해 엄격한 태도를 취한다. 기관의 가치에 걸맞게 행동하지 않는 직원을 내보내는 것은 필수적이다. 그렇게 하지 않으면 가치를 지키는 것이 선택 사항이라는 메시지를 주게 된다.

맺음말

지금까지 설명한 다섯 가지 방안, 즉 환자에게 가치를 제공하는 것에 전략적으로 초점을 맞추고, 의료진의 권한을 강화하고, 프로세스를 고도화하는 방식으로 재설계하고, 운영정보를 효과적으로 이용하고, 직원 수행 성과를 관리하는 것을 통해 의료공급자는 의료 질, 업무 매력도, 생산성에서 다른 기관들보다 훨씬 뛰어난 성과를 얻을 수 있을 것이다. 또한 이렇게 할 만한 강력한 윤리적·사업적 당위성이 있다. 이러한 방안들은 한꺼번에 단호하고 지속적으로 실행해야 한다. 이를 잘 수행하면 이제 막 혁신이 시작된 사업 및 의료 모델의 근본적인 변화가 완성될 때까지 충분한 시간을 확보하고 직원들의 지지도 얻을 수 있다. 변화가 사람과의 접촉을 통해 이기는 경기라면 우리도 사람과 접촉해야만 한다.

참고 문헌

1. KPMG International, Value walks: Successful habits for improving workforce motivation (KPMG, 2013).
2. Hurst J. and Williams S., Can NHS hospitals do more with less? (Nuffield Trust, 2012).
3. KPMG International (2013), p. 7.
4. KPMG International (2013), p. 11.
5. Global Health Workforce Alliance Statistics (World Health Organization, 2009).
6. KPMG International, Staying power: Stories of success in global healthcare (KPMG, 2014).
7. KPMG International (2013), p. 20.
8. West M. et al., 'Reducing patient mortality in hospitals: The role of human resource management,' *Journal of Organizational Behaviour*, (27), pp. 983–1002 (2006).
9. KPMG International (2013), p. 28.
10. Kruk, M. et al., 'Economic evaluation of surgically trained assistant medical officers in performing major obstetric surgery in Mozambique' in *British Journal of Obstetrics and Gynaecology*, (114), pp.1253–60 (2007).

재생가능한 에너지

전 세계 보건의료제도가 더 많은 재원과 더 많은 직원을 확보하느라 힘겨워하는 가운데 유일하게 충분히 있으면서도 활용하지 못하는 자원이 바로 환자들이다. 보건의료제도가 환자와 진정한 파트너 관계를 맺는 것은 재생가능한 에너지원을 충분히 확보하는 것과 같다.

아쉽게도 환자가 원하는 것과 환자가 얻는 것이 일치하지 않는 경우가 많다. 치료 과정에서 환자가 목표로 하는 것이 무엇인지에 대해서는 충분히 인식되지 않고 있으며, 환자와 의사의 공동 의사결정과 환자 및 보호자의 권한 강화는 실현되지 않고 있다.

내가 42세 때 전립선암 진단을 받았던 경험은 아마도 갑자기 큰 병을 발견한 많은 환자들의 경험과 유사할 것이다. 처음에 내가 관심을 가졌던 유일한 '힘'은 암을 제거하는 것이었다. 그러나 매우 건강하고 근치적 전립선절제술을 받을 수 있을 정도였던 내 상태는 3주가 채 되지 않아 대소변 실금, 불임, 발기불능 상태가 되었다. 다행히 이 중 두 가지 상태는 시간이 지남에 따라 회복되었지만 신체적 불편함은 심리적 고통에 비하면 아무것도 아니었다. 암환자의 경우 기분 저하, 우울감을 겪는 경우가 드문 일이 아니며 나도 내 상황을 터놓고 이야기하지 못해 외로움을 느꼈던 것이 확실하다.

내가 받은 치료는 기술적인 면에서 세계적인 수준이었고 결국 내 목숨을 구해주었지만 수술 후 간호는 그러지 못했다. 일단 수술 당일에 퇴원하고 나서는 지속적인 간호도 거의 없었고 지역사회의료팀이나 내 주치의와 병원 간의 소통이 원활하지 않아 전문가도 아닌 내가 중간에서 열심히 조율을 해야 했다.

되돌아보면, 만일 병원에서 나를 치료 과정의 파트너로 삼아주었다면 나는 아마도 감정적인 부분과 육체적인 부작용에 대해 더 잘 준비되었을 것이고 더 빨리 회복될 수 있었을 것이라고 생각한다. 당시 나는 누구에게 가야할지 몰랐다. 병원 내 암 관련 헬프데스크가 오전 10시에서 오후 2시까지 여는 것을 보긴 했지만 나로서는 일 때문에 갈 수 없는 시간이었다. 아마 다른 환자들 대부분도 마찬가지일 것이다. 나는 나와 같은 상황에 있는 다른 환자들을 돕고 싶어 영국 전립선암협회에 동참하여 변화를 만들고자 노력하고 있다. 이 책에서 나오는 수익금 전액은 이 기관과 여기서 하는 훌륭한 일에 기부할 것이다.

기술적으로는 우수하지만 감정적으로는 열악하다

내 경험은 KPMG에서 4개 대륙 6개 국가의 27개 환자단체를 대상으로 조사를 진행하면서 우리가 받은 수많은 의견과 일치한다. 기술적인 면은 훌륭했지만 '버려졌다'고 느끼게 되고 건강이 더 나빠질 것이라고 느끼게 되는 특정 시점이 있었다는 의견이 반복적으로 나왔다. 진단 직후 시점도 특별히 정신적으로 연약해지는 시점이었지만, 급성의료 및 전문의 진료가 끝난 시점 또한 부각되었다. 전반적으로 환자들은 보건의료 인력들이 수행하는 어려운 업무를 인정하고 고마워했지만, 환자가 치료 과정에 보탤 수 있는 가치와 자원과 능력을 인정해주길, '처치가 필요한 곳'이라기보다는 사람으로 대해주길, 의사결정을 함께 내릴 수 있도록 정보를 더 잘 알려주길 바라는 의견 또한 공통적이었다.

'사람들의 힘'을 활용하지 못하는 것은 보건의료 분야가 다른 산업에서 교훈을 얻는 것에 소극적이라는 것을 보여주는 또 하나의 예다. 은행업이나 유통업에서는 과거 직원이 하던 역할을 지금은 고객이 직접 책임지는 경우가 많고, 고객은 그로 인해 생기는 통제권과 융통성을 오히려 가치 있게 여긴다. 그러나 보건의료기관에서 환자를 교육하기 위해 자원을 투자하는 경우는 거의 없다.

최근 영국 의회에서 실시한 연구조사에 의하면 전 세계적으로 만성질환 부담 가중, 건강한 생활방식에 대한 필요, 다중질환자를 위한 의료서비스 연계 문제 등 현재 보건의료계가 당면한 여러 문제를 해결하기 위해 환자의 권한 강화가 하나의 해결 방안으로 점차 인식되고 있다고 한다.[1] 환자의 의료 참여가 어떻게 환자경험, 이해, 행동, 안전 개선 및 서비스 과다이용 감소로 이어지는지에 대해서는 강력한 증거들이 있다.[2]

존엄성, 존중, 안전

환자에게 권한을 주는 것은 환자에게 가장 중요한 의료성과를 개선하고 새로운 의료 모델을 만들 수 있다는 면에서 효율적일 뿐만 아니라 존엄성, 존중, 안전이라는 핵심 가치도 구현한다. 환자, 보호자, 지역사회가 모두 각각의 필요와 목표를 가지고 있다는 것을 인정하는 것이다. 이러한 문화를 심기 위해서는 환자 개인 혹은 그룹과 지역사회의 태도, 욕구, 특성 등을 잘 이해해야 하며 경영진에서 임상팀에 이르기까지 모두 질 높은 의료성과와 환자경험을 만드는 것을 목표로 삼아야 한다. 그 다음 지속적인 개선을 추구하는 문화를 만들고 환자를 위한 가치보다는 의료진이나 부서 업무 중심으로 목표를 설정하는 관행에서도 단호하게 멀어져야 한다.

자신들은 이미 환자에게 권한을 부여하고 있다고 생각하는 기관이 많이 있는데, 정작 환자들 대다수는 그렇지 않다고 말한다. 여기에 대해 두 가지 접근 방식이 있다. 하나는 환자의 권한 강화가 보건의료제도의 경제적 지속가능성을 위해 필수적인 것이 아니라 그저 '올바른 방향'이라고만 여겨서 긴급하게 추진하지 않는 태도이고, 다른 하나는 의사와 환자 간의 역학관계에 변화를 주게 되므로 의사 입장에서 꺼려하는 태도이다.

소비자를 직접 접촉하는 세계 최고의 회사들은 고객의 권한을 강화하는 방식으로 제품을 설계하며, 일부 보건의료공급자들도 이와 비슷한 방식을 시도하고 있다. 직원들이 환자를 업무 중심에 두려면 어떻게 해야 할지 가르쳐주고자 전형적인 환자의 사례를 소재로 이야기를 꾸미는 방식을 택하기도 한다.

스웨덴의 옌셰핑Jönköping 주에서는 병원 직원들이 만성질환을 앓는 여자 노인을 대표하는 '에스더Esther'라는 가상의 인물을 만들어 서비스를 더 잘 조율하고 환자흐름을 개선하는 변화를 이끌어내는 방법으로 활용한다. 이제는 이것이 전체 업무 방식에 대단히 중요한 부분을 차지하게 되어 특정 진로 경로에 에스더라는 이름이 붙을 정도다. 예를 들면 보통 간호 조무사로 구성된 에스더 코치는 일상적 업무를 환자의 관점으로 바라볼 수 있도록 돕는 업무를 수행하는 사람을 일컫는 말이다.

의료서비스 설계 과정에 환자를 참여시키는 방식

환자와 보호자가 어떻게 의료서비스의 각 단계를 인식하는지, 그리고 그 각 단계에서 어떠한 가치를 얻는지 알기 위해서는 서비스를 설계 과정에 환자와 보호자를 참여시켜야 한다. 환자와 대화를 하면 어떤 과정을 제외해야 하는지를 파악하는 데 도움이 되어 생산성을 향상시키면서도 환자경험을 개선할 수 있다. 서비스 설계에 환자와 보호자의 경험을 활용하는 방법은 인터뷰, 관찰, 일지, 사례분석, 문화기술학 등 다양하다.

서비스 설계 과정에 환자를 참여시키는 것을 추가적인 프로세스로 여겨서는 안 된다. 오히려 팀, 기관, 구조, 흐름, 생산성, 성과를 다른 방식으로 바라보는 것이다. 전체 시스템을 환자의 눈을 통해 바라보면 임상적 상하관계에 도전하게 될 것이고, 각기 다른 역량이 어떤 가치가 있는지 의문을 가지게 될 것이며, 오랜 관행으로 자리 잡은 행동 패턴을 뒤집게 될 것이다. 따라서 제대로 하려면 시간이 걸리는 어려운 작업이 되겠지만 환자경험, 의료 질, 체계 효율성에 엄청난 효과가 있을 것이다.

이른바 "선호 오진preference misdiagnosis*"은 환자의 권한을 바라보는 또 다른 중요한 렌즈다. 시스템은 낭비되고 환자는 불만족스러운, 둘 다 지는 시나리오를 보여주기 때문이다. 미국의 다트머스헬스케어전달과학센터 Dartmouth Center for Healthcare Delivery Science의 책임자인 앨버트 뮬리Albert Mulley 박사는 환자가 무엇을 더 선호하는지, 의사가 제시하는 치료가 환자의 삶에 어떠한 영향을 미칠지에 대해 의사들이 전반적으로 이해하지 못하고 있다고 말한다. 일부 국가에서는 환자를 과잉 검사하고 조사하고 심지어 해를 끼치는 '과잉진료over-diagnosis' 문제가 대두되고 있다. 여러 치료 방법 및 대안에 대해 충분히 설명을 들은 환자는 의사가 제안하는 것보다 더 보수적이고 더 비용이 낮은 방법을 선택하는 경우가 자주 있으며, 이는 환자가 스스로 만족하는 결과를 얻으면서도 시스템은 비용을 절약할 수 있는 가능성이 있다는 뜻이다. 예를 들면 환자가 의사결정에 대해 별도의 지원을 받은 경우 선택적 절차에 동의하는 비율이 21% 감소하였으며 환자

---

* 의학적으로 올바른 진단이 내려지고 적절한 치료가 행해졌다 하더라도, 해당 질환 및 치료 옵션에 관한 모든 정보를 환자가 충분히 이해했을 경우 다른 치료 방법을 선택했을 것으로 생각된다면, 이 또한 넓은 의미에서 오진이나 의료과오로 보아야 한다는 의미로 사용되는 용어.

경험은 오히려 개선되고 의료성과는 동일했다.[3]

환자의 권한 강화를 가로막는 장애물에는 의사들이 이 개념에 찬성하면서도 충분한 시간이 없다고 느낀다는 문제가 있다. 환자들이 자신의 상태와 치료 대안을 충분히 이해하고 원하는 것을 표현할 수 있도록 하려면 우선 이를 돕는 직원들에게 먼저 투자하고 교육하여 역량을 갖추도록 해야 한다. 환자 곁에서 의사결정 관련 도움을 주고 원하는 것을 기록할 의료 코치들이 필요하다.

반드시 따르라는 의사소통 방식

치료 목표에 대한 공통의 이해라는 측면에서 환자와 의사 간 가장 큰 의견 차이를 보이는 때는 바로 환자가 처방된 약을 복용하지 않기로 하는 때이다. 장기적 증상을 위해 처방되는 약의 3분의 1에서 절반가량이 지침에 따라 복용되지 않는다고 한다.[4] 이는 불충분한 성과를 야기하는 주요 원인임과 동시에 보건의료제도에 막대한 비용 부담을 안긴다. 한 통계에 의하면 이 때문에 발생하는 추가 비용이 2009년 기준으로 미국 내에서만 2,900억 달러에 달하며 전체 보건의료 지출의 13%에 해당한다.

그러나 의사들은 이 문제에 대해서 "반드시 준수해야 한다."거나 "따라야 한다."는 식으로만 이야기하고 환자를 서비스와 의약품의 소비자로 전혀 인식하지 않는다. 소비자 중심 산업에서는 절대 소비자가 자신들의 희망에 '따라줄 것'을 기대하지 않으며 반대로 소비자의 선택을 인정하는 방식으로 접근한다.

영국의 국립보건임상연구소에서는 환자가 주치의와 약에 대해 논의를 많이 할수록 약을 더 잘 복용한다는 연구결과를 내놓았다. 이 연구소에서는 2009년에 약 처방 시 환자 참여를 위한 가이드라인을 새로 발표하면서 다음과 같이 지적했다. "약 복용은 복잡한 인간 행동이며 환자는 주어진 정보에 따라 약을 평가하고 약의 위험과 혜택을 평가한다. 원하지 않는 약, 복용되지 않는 약이 있다는 것은 환자의 건강 문제와 치료 방법에 대하여 의사와 환자 간에 충분한 의사소통이 이루어지지 않았다는 뜻이다."[5]

약이 어떻게 작용하는지, 질병에 어떻게 효과를 발휘하는지, 다른 약과 어떻게 상호작용을 하는지, 약을 복용하지 않으면 어떤 결과가 있는지를 알려주는 등 약 처방에 대한 환자의 이해를 개선할 방법을 찾는 것은 약의 가치를 향상시키는 동시에 환자의 이해와 의사결정을 일치시키는 가장 효과적인 방법이다.

공동 의사결정이 환자와 보건의료 경제에 가장 큰 영향을 미치는 영역은 아마도 말기의료일 것이다. 고품질, 고생산성 의료기관의 특징은 환자가 앞날을 말기의료까지 포함해서 미리 계획할 수 있도록 돕기 위해 기꺼이 불편을 감수한다는 것이다. 의사들은 그저 사전에 제대로 대화하지 않았다는 이유만으로 죽어가는 환자에게 무의미하고 고통스럽기까지 한 치료를 실시하느라 많은 비용을 발생시킬 수도 있다.

자가간호

그러나 의사가 환자에게 충분한 정보를 제공하고 환자를 참여시키는 것은 이야기의 절반에 불과하다. 환자의 질병을 간호하는 일에 가장 많은 시간과 노력을 쏟는 것은 대부분 자기 자신과 가족 또는 보호자다. 환자가 의사와 함께 보내는 시간은 연간 평균 10시간 미만이지만 깨어 있는 약 5,800시간 동안은 스스로 자신의 상태를 관리해야 한다.[6] 하지만 어떻게 의사가 자가간호의 가치를 향상시킬 수 있는지 깨달은 의사들은 소수에 불과하다. 이 또한 미개척 재생가능 에너지다.

자가간호를 지원하기 위해 환자와 보호자, 지역사회의 기술과 역량에 투자하는 것은 전통 방식을 따르는 의료공급자와 지불자에게는 도전적인 과제다. 코칭이나 동기를 부여하는 인터뷰 스킬 등 새로운 기술과 역할이 필요할 수도 있고, 환자가 가진 자원을 파악하고 환자에게 주어진 대안을 발굴하기 위해 환자와 소통하는 새로운 방식이 필요할 수도 있다. '사회적 처방social prescribing', 즉 환자를 사회적으로 고립되지 않게 지역사회 공동체에 참여시키는 등 비의료적 서비스를 제공하는 것도 중요해지고 있다.

나는 환자가 스스로 간호할 수 있도록 지원하는 것이 보건의료기관의 핵심 역량이 되어야 한다고 생각한다. 자가진단 및 관리를 지원할 수 있는 방법은 많다. 전화 또는 온라인 서비스, 약국 및 지역사회 보건요원 등을 활용할 수도 있다. 환자들도 앱, 결정조력자, 의료서비스 검색도구 등을 이용하여 최적의 관리 방법을 찾는다.

내가 본 가장 과감한 접근 방식은 인도 나라야나병원의 간호동반자Care Companion 프로그램이다.[7] 여기서는 위험에 처한 환자의 입원 시 보호자를 대상으로 수술 후 간호 및 지원에 대해 간단히 교육을 실시한다. 처음에는 비디오와 교실 내 실습을 통해서 실시하고 그 다음에는 병실에서 감독을 받는다. 이를 통해 환자는 병원을 떠나더라도 간호를 잘 받게 되며 재입원할 가능성이 낮아진다. 또한 이렇게 함으로써 가정에서 사랑하는 사람을 돌보는 보호자의 자신감과 역량도 강화되고, 보호자 입장에서도 의사가 다시 필요한 때와 필요하지 않은 때를 구분할 수 있게 된다.

능동화된 환자로 인한 경제적 효과

위에서 설명한 이른바 "환자능동화patient activation"가 비용을 감소시킨다는 강력한 증거가 있다. 미국에서 진행된 한 조사에 따르면 스스로 간호할 역량과 자신감이 없는 환자가 가장 '능동화된' 환자보다 8%에서 21% 더 많은 비용을 발생시킨다.[8] 여기서 주는 중요한 교훈은 환자로 하여금 자신의 상태를 잘 이해하도록 돕고, 생활방식을 바꾸도록 독려하는 등 가능한 한 환자와 상호작용을 많이 하여 환자가 스스로를 간호하는 데 능동적이 되도록 만드는 것이 모든 의료기관 직원의 업무 목표가 되어야 한다는 것이다.

조사를 진행한 연구원들은 의료공급자가 성과를 개선하고 비용을 절감하는 방법의 일환으로 환자 참여를 독려하기 위해 환자능동화 지수를 관리할 것을 권고했다. 이 조사를 진행할 때 사용된 도구인 환자능동화 지수Patient Activation Measure, PAM는 현재 22개국 언어로 번역되었으며, 환자 참여

2010 환자능동화 지수생 비율	1인당 예상 청구 비용($)	4단계 환자능동화 지수(PAM)
1단계(최저)	966	1.21
2단계	840	1.05
3단계	783	0.97
4단계(최고)	799	1.00

도 개선 정도를 국제적으로 비교할 수 있는 (전 세계가 너무 오래 기다려온) 지표가 될 가능성이 있다.[9]

정보 제공에 있어서 새롭게 나타나는 경향은 '게임 활용'이다. 말 그대로 게임을 이용하여 환자의 관심을 유도하는 것이다. 가능성은 어마어마하다. 컴퓨터, 태블릿, 휴대폰 게임을 이용해 목표를 설정하거나 치료를 따르도록 지원하고, 인지 또는 운동신경 역량을 개발하는 동시에 교육을 제공하기도 하며, 운동 및 식이 조절 등 자가간호를 지원할 수도 있다. 일부 게임은 환자 그룹 간에 생활방식 변화 등 협업과 경쟁 요소를 도입하기도 한다. 임직원의 건강보험료를 지불하고 임직원 건강프로그램을 운영하는 미국 기업에서 이러한 방법을 잘 활용하는 것을 본 적이 있다.

영향성 연구

환자의 권한이 강화되면서 임상연구에도 영향을 미치기 시작했다. 현재로서는 환자의 관점이 연구 프로그램 설계에 영향을 준다는 증거가 별로 없지만 앞으로 연구 투자 관련 의사결정 프로세스에 환자 가치가 더 많이 반영됨에 따라 변화가 일어날 것이다. EU에서 진행 중인 국제적 연구개발 프로그램인 FP7Seventh Framework Programme에서는 환자와 시민 참여의 중요성을 강조한다. 미국 워싱턴DCWashington DC의 환자중심의료성과연구소Patient—Centered Outcomes Research Institute에서는 "환자의 이익이 의사결정의 중심이 되어야 한다."는 원칙에 기반을 둔 임상연구 네트워크에 미화 6,800만 달러를 투입했다.[11]

다발성 경화증을 앓는 젊은이들의 온라인 커뮤니티, 시프트MSShift MS, 그리고 같은 질환이나 증상을 가진 환자들끼리 온라인으로 소통하는 환자 네트워크, 페이션트라이크미PatientLikeMe 등 기존의 틀에서 좀 더 자유로운 주체들이 임상연구에 환자를 참여시키는 방안에 대해서 활발하게 검토하고 있다. 여기서는 임상연구자, 보건의료 구매자, 공급자가 더 효과적인 치료 방법을 개발할 수 있도록 도울 수 있는 질병 관련 정보가 생성된다.

저개발국가에서는 주로 보건의료 분야의 심각한 인력 부족을 해소하고자, 더 단순한 기술을 이용하거나 기술을 전혀 사용하지 않고서도 환자 권한을 강화하는 방법을 찾아냈다. 방글라데시, 인도, 말라위, 네팔 같은 국가에서는 지역 여성들을 한 자리에 모아 어떻게 하면 산모 및 영아 사망 건을 줄일 수 있는지 논의하도록 하는 단순한 조치만으로도 보건 수준이 놀랍게 개선되는 성과를 거두었다. 10만 명의 산모를 대상으로 프로그램을 실시한 결과, 스스로 해결책을 제시하고 투표, 역할놀이, 이야기 전파 같은 참여 형식을 이용함으로써 산모 사망률은 37%, 영아 사망률은 23% 감소하였다.[12] 만약 특정 약이 이러한 효과를 발휘했다면 전 세계적으로 큰 화제가 되었을 것이다. 환자의 참여로 만들어진 결과라고 다를 것이 무엇인가?

맺음말

앞에서 서술한 접근 방식의 공통점은 보건의료기관과 직원이 환자와 지역사회에 권한을 넘겨주고 새로운 업무 방식을 적용하기 시작했다는 것이다. 그러나 환자에게 권한을 부여하는 것은 제로섬 게임이 아니다. 오히려 양쪽 다 더 많이 얻게 되는 상생에 가깝다. 기관의 경영진은 환자의 경험이 계속 측정되고 개선되는 문화, 환자가 표현하는 염려와 불만을 기꺼이 받아들이고 그 염려와 불만을 통해 배워가는 문화를 조성해야 한다. 병원이사회는 환자의 불만과 주요 품질 문제 및 그 해결 방안에 주의를 기울여야 한다. 임상팀에서 생성한 자료는 신속하게 피드백하고 그 자료를 이용하여 트렌드와 해결 방안을 찾아내야 한다. 환자경험을 직원 평가의 중심에 놓아야 한다.

의료 가치와 질을 향상하는 데 있어 환자에게 권한을 부여함으로써 얻게 될 엄청난 혜택은 아직 개발되지 않은 자원과 같다. 이제는 모든 보건의료제도가 환자, 환자의 가족, 지역사회에 권한을 넘겨주어 의료의 질을 향상시키고 의료적 경험을 개선하는 동시에 비용을 절감하는 효과를 누릴 때가 되었다. 보건의료 분야의 가장 위대한 미개발 자원으로서 환자의 권한은 앞으로 점차 우리의 보건의료제도를 지속가능하게 만드는 요소가 될 것이다.

참고 문헌

1. All-Party Parliamentary Group on Global Health, Patient empowerment: For better quality more sustainable health services globally (APPG-GH, 2014).
2. Coulter A. and Ellins J., 'Effectiveness of strategies for informing, educating, and involving patients,' *British Medical Journal*, 335, pp. 24–7 (2007).
3. Stacey D. et al., 'Decision aids for people facing treatment or screening decisions,' Cochrane Database of Systematic Reviews, 1, p. CD001431 (2014).
4. National Institute for Health and Care Excellence, NICE Guideline CG76: Medicines adherence involving patients in decisions about prescribed medicines and supporting adherence (NICE, 2009).
5. NICE (2009).
6. Department of Health, Research evidence on the effectiveness of self-care support (DH, 2007).
7. APPG Global Health (2014), p. 14.
8. Hibbard J.H. et al., 'Patients with lower activation associated with higher costs: Delivery systems should know their patients' "scores",' *Health Affairs*, 32, pp. 216–22 (2013).
9. Hibbard J.H. (2013).
10. Ibid.
11. http://www.pcori.org.
12. Prost et al., 'Women's groups practicing participatory learning and action to improve maternal and newborn health in low-resource settings: A systematic review and metaanalysis,' *The Lancet*, 18, 381 (9879), pp. 1736–46 (2013).

제32장 기후 변화와 지속가능성

밝힐 수 없는 비밀

직접 병원, 지역보건의료제도, 국가 보건의료제도 운영에 참여해본 사람으로서 나는 장기적인 목표를 희생하면서까지 단기 문제에 급급할 수밖에 없게 만드는 압박감을 잘 알고 있다. 내가 지구 기후 변화에 맞서 싸우는 환경투사라고 생각하지는 않지만, 의료 모델을 새롭게 바꿀 거라면 사람과 지구를 이롭게 할 수 있고 또 반드시 그렇게 해야 한다고 생각하게 되었다. 예를 들어, 지구상의 모든 보건의료제도가 난방과 전기 발전시설을 현대화하면, 인구가 들이마시는 이산화탄소가 더 줄어들 것이고 보건의료기관의 경제 사정도 더 나아질 것이다.

6년간 여권을 4번이나 바꿀 정도로 자주 여행을 하는 나 같은 사람이나 할 수 있는 한가한 소리로 들릴 수도 있지만, 〈랜싯〉에서도 기후 변화가 "21세기의 가장 큰 세계 보건 위협"이라고 말했으며,[1] 보건의료 부문이 여기에 일조하고 있다는 사실이 우리가 밝히지 않는 비밀인 것도 사실이다. 내가 이 책에 기후 변화를 주요 주제로 포함한 이유는 인간의 건강에 큰 위협이 되기 때문만이 아니라 현재 보건의료계가 당면한 문제와도 깊이 관련되어 있기 때문이다. 결국 지구온난화는 급증하는 의료비, 예방보다 치료만 중시하는 분위기, 사람들의 필요와 동떨어진 의료 모델에 대한 끝없는 투자 등 세계 보건의료제도가 지속가능성과 반대로 걸어가는 가운데 나타나는 여러 결과들 중 하나일 뿐이다. 지구온난화 문제의 해결을 위해서라도 보건의료제도가 변화해야 하며, 보건의료계 지도자들도 장기적인 보건의료제도 발전에 대하여 훨씬 심각하게 고민해야 한다.

인간이 지구온난화의 주범이라는 사실에 심각한 의문을 제기하는 사람은 이제 없다. 또한 온실가스 배출과 기후 변화의 상관관계에 대해서도 점차 폭넓은 공감대가 형성되고 있으며, 그로 인해 발생하는 문제 역시 한때는 가상의 위험에 불과하였으나 이제는 분명하게 드러났다. 그뿐만 아니라 해수면 상승, 예측불가능한 날씨변화, 천재지변, 불안한 에너지 시장 등의 모습으로 이미 현존하는 위험 요소가 되었다. 과거에는 이러한 결과를 머릿속으로 상상해야 했지만 이제는 신문기사만 읽으면 된다.

지구온난화 진행에 대한 보건의료계의 책임

슬로우모션으로 진행되는 열차 충돌과 같은 지구온난화에 보건의료 부문이 얼마나 심각한 영향을 미치는지는 눈에 잘 드러나지는 않는다.

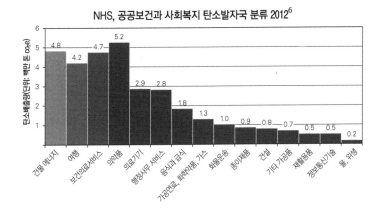

NHS, 공공보건과 사회복지 탄소발자국 분류 2012[6]

EU 전체에서 배출되는 온실가스의 5%가 보건의료 부문에서 나오며, 이 비중은 국제 항공 및 해운 산업을 모두 합친 것과 같다.[2] 미국에서는 이 비중이 8%에 달한다. 패스트푸드 산업에 이어 두 번째로 많은 에너지를 소비하는 산업이다.[3]

보건의료 부문의 온실가스 배출량에 대해 자세히 조사한 경우는 영국이 거의 유일하다. NHS의 지속가능발전국Sustainable Development Unit에서는 2008년부터 광범위하게 탄소발자국을 기록했다. 이렇게 만들어진 자료는 보건의료 산업의 온실가스 배출량의 규모를 보여주는 의미 있는 자료가 되었으며, 어떤 영역이 가장 오염도가 심한가에 대해 의외의 결과를 보여주기도 했다.

예를 들면, NHS는 영국 내 도로 교통량의 상당 부분을 차지한다. 자동차 배기가스의 5%가 NHS 업무 관련 차량이동(환자, 직원, 의료용품)에서 발생한다.[4] 위의 표에서 알 수 있듯이 보건의료공급자가 구매하는 의

약품과 의료용품이 가장 큰 문제이며 전기와 연료 사용을 합친 것보다도 2배 높다.[5]

앞에 나열된 항목은 모두 보건의료 분야가 탄소 소비량도 많고 주요 비용 발생 영역이라는 것을 보여준다. 따라서 지구를 아끼는 것과 의료비를 아끼는 것이 서로 밀접한 상관관계가 있다고 할 수 있다.

보건의료 부문의 탄소발자국 생성 규모에 대해 인식하고 있는 리더들이나 임상의들은 별로 없다. 이 자료를 내밀면 대다수는 '생명을 구하기도 어려운데 지구까지 구하라는 말이냐'고 말하는 식으로 반응한다. 하지만, 대답은 '그렇다'이다. 왜냐면 역설적이게도 보건의료 부문이 이 문제의 주범이면서 동시에 1차 희생자에 속하기 때문이다.

배기가스와 질병의 연관성

첫째, 대기오염은 생명에 치명적이다. COPD 같은 호흡기질환은 전 세계 3번째 주요 사망 원인이며 열악한 공기 질로 인해 악화되는 질환이다.[7] 천식도 점차 일반적으로 발병하고 있는 증상이며, 많은 경우 평생에 걸쳐 많은 비용을 들여 치료해야 한다. (아이러니하게도 천식 환자가 사용하는 흡입기는 NHS의 전체 온실가스 배출량의 8%를 차지할 정도로 탄소 소비량이 가장 많은 의료용품이다.[8]) 중국 주요 도시의 스모그를 직접 경험한 사람이라면 대기오염이 건강에 얼마나 위협이 되는지 잘 알 것이다. 매년 중국 내 실외 대기오염으로 인해 조기 사망하는 사람이 120만 명에 달하며,

실외 대기오염은 중국 내 기대수명을 낮추는 4번째 주요 요소로 꼽힌다. (실내 대기오염은 5번째다.)[9]

둘째, 대기 온도 상승도 생명에 치명적이다. 2003년 유럽의 폭염으로 인해 유럽 대륙 전역에서 약 7만 명이 사망했다.[10] 이러한 재앙은 앞으로 더 증가할 것이다. 한 예로 세계에서 피부암 발병률이 가장 높은 호주에서도 '위험할 정도로 더운' 날이 연평균 5일에서 2070년에는 45일까지 늘어날 전망이다.[11]

홍수도 점점 증가하고 그 규모도 커질 것이며 해안지역 주민 1억 명이 추가로 위험에 처하게 될 것이다.[12] 홍수는 질병을 퍼뜨릴 뿐만 아니라 생명과 삶의 터전을 앗아간다. 또한 보건의료체계와 기반시설을 무너뜨리고 피해자의 정신보건에도 장기적인 상처를 남긴다. 한편 수자원은 점점 부족해져 2030년이 되면 10억 명 정도의 인구가 심각한 물 부족 현상을 겪게 될 전망이다.[13]

기후 변화로 인해 인간이 치러야 할 대가는 오히려 기후 변화에 별로 영향을 미치지도 않았던, 잘 대응할 능력도 없는 경제적 저개발국가에서 치르게 될 것이다. 매개질환은 전파 범위가 확대될 것이고, 물과 음식 부족으로 가뭄이 발생하고, 자원 확보를 위한 분쟁이 늘어날 것이다. 그리고 그 결과는 대규모 인구 이동과 세계적 불안으로 이어질 것이다.

이러한 상황을 생각하면, 돼지인플루엔자, 폴리오바이러스, 에볼라가 유행했을 때 국제사회가 더 효과적인 대응 방안을 마련할 때까지

WHO에서 제4차 국제 공중보건 비상사태를 선포한 것도 이해가 된다.[14] WHO가 나름의 지도력을 발휘했지만 아쉽게도 효과는 크지 않았다. 어느 산업 분야보다도 보건의료 산업에서 저탄소 혁명에 앞장서야 할 테지만 그동안은 오히려 가장 변화를 꺼려왔다.

기본적으로 보건의료 산업이 사회에 미치는 영향은 대단히 긍정적이다. 그러나 혜택과 함께 비용도 발생시킨다는 것을 인식해야 한다. 보건의료 분야의 성과를 수반되는 비용과 비교하는 '가치 기반 보건의료value—based healthcare' 개념이 최근 전 세계적으로 확산되었다. 그러나 현실에서는 보건의료 분야 리더들이 경제적인 관점에서만 비용을 산정하고 쓰레기 매립, 수자원 낭비, 생물다양성, 온실가스 배출 등 사회적·환경적 외부 효과를 무시하는 경향이 있다. 하지만 현재의 생명을 살리는 활동으로 인해 미래의 생명이 대가를 치러야 할 수도 있다.

오늘날 공급되는 보건의료서비스 활동 하나하나가 지니는 진정한 가치는 무엇일까? 우리는 그 답을 모른다. 복잡하기 때문이기도 하지만 가장 큰 이유는 보건의료기관들이 답을 찾는 것에 관심이 없기 때문이다. 다른 산업을 보면, 답을 찾는 것이 가능하다. 예를 들면 스포츠의류업체인 푸마Puma에서는 구매 체인 전체를 대상으로 푸마의 제품이 경제, 사회, 환경에 미치는 영향을 평가하고 그 평가 결과를 바탕으로 사업에 대한 타당성을 검증한다. KPMG에서도 "진정한 가치True Value"라고 불리는 방법론을 도입하고 경제, 사회, 환경에 미치는 영향을 비용과 혜택으로 구분하여 평가한다.[15] 이러한 평가 방식을 통해 새로운 관점으로 프로젝트의 가치를 바라볼 수 있다. 그뿐만 아니라 지역사회의 경제, 사회, 환경의 풍요로움을 위해 얼마나 진정한 가치를 제공할 수 있을 것인지를 바탕으로 예상 효과를 높게 또는 낮게 평가하는 것이 가능하다.

탄광, 에너지 등 고도로 규제화된 시장에서 규제 강화로 인해 점점 환경적 비용이 경제적 비용으로 연결되면서, 비용을 계산할 때 환경적 요소도 고려하기 시작했다. 이러한 전체적인 평가 방식을 병원시스템 구조 변경, 보건의료서비스 재설계 과정에 적용한다면 정말 좋을 것이다. 그러나 현실적으로는 병원 경영진이 환경적 혜택을 근거로 서비스를 바꾸려면 그 근거가 얼마나 합리적인지와 상관없이 대단한 용기가 필요할 것이다.

지속가능한 보건의료, 지속가능한 지구

다행히 경제적으로 지속가능한 보건의료 모델은 모든 영역에서 환경적으로도 지속가능하다. 영국의 정책연구기관 킹스펀드King's Fund에서 조사한 바와 같이 환경적 지속가능성을 위해 필요한 변화는 의료 질 개선 및 재정적 지속가능성을 위해 필요한 변화와 상당 부분 일치한다.[16] 경제, 사회, 환경이라는 세 가지 근본 요소가 쓰레기를 줄이고, 의료 방법론을 예방 중심으로 옮기고, 초기부터 개입하고, 처음부터 제대로 치료하는 방향으로 보건의료를 이끌고 있다.

NHS의 지속가능발전국은 NHS 내에서 실행하면 연간 1억 8천만 파운드를 절감하는 동시에 이산화탄소를 80만 톤 이상 줄일 수 있는 '최고의' 해결책 29개를 제시했다.[17] 여기에는 쓰레기를 줄이는 의약품 관리 체계, 포장재 비용 축소, 병원 난방 및 전력 발전기 설치, 건물 내 단열 처리 개선 등의 방안이 들어 있다.

이러한 효율성 향상 조치를 통해 미국의 메이요클리닉은 2006년 이후로 에너지 소비량을 36% 줄였는데,[18] 미국 병원들이 매년 총 85억 달러 정도의 에너지를 소비하는 것을[19] 감안하면 비용과 탄소 면에서 커다란 성과다. 이 밖에도 미국 전역에서 더욱 큰 규모로 변화가 일어나고 있다. 회원 병원이 1,000개에 달하는 프랙티스그린헬스Practice Greenhealth 네트워크에서는 환경친화적 의료공급 운동을 벌이고 있다. 태국의 '그린앤드클린 Green and Clean' 프로그램도 보건의료공급자들의 에너지 사용, 쓰레기 배출, 음식물 조달 기준을 개선하는 정책이다.

의약품 및 의료용품 공급 기업들도 나름의 역할을 감당하려고 한다. 덴마크 의약품 전문업체 노보노르디스크Novo Nordisk에서는 보건의료 분야 탄소발자국의 가장 큰 비중을 차지하는 의약품 제조 과정을 친환경적으로 바꾸려고 시도하고 있다. 이 기업은 수력발전과 풍력발전 공장에 투자하고 효율성도 끌어올려 에너지 소비량을 유럽 에너지 효율 기준보다도 훨씬 낮게 만들었다. 또한 약품 제조에 필요한 화학반응이 훨씬 낮은 온도에서 이루어질 수 있도록 만들어주는 엔자임enzyme 기술도 개발했다.

이러한 윈-윈 전략이 도움이 되긴 하지만 전 세계 보건의료제도에 동일한 방법이 적용된다고 하더라도 필요한 규모의 변화를 이룰 정도는 되지 못한다. 지구 온도 상승을 비교적 '안전한' 수준으로 유지하기 위해

EU는 탄소배출량을 2050년까지 1990년 수준의 80~95%까지 감축하기로 결의했다.[20] 그렇지만 개발도상국의 보건의료제도는 이제 막 급속도로 발전과 성장을 향해 나아가기 시작한 참이다. 만일 그들도 서방세계와 동일한 의료 모델을 추구한다면 아무리 선진국들이 탄소배출량을 줄여도 소용없는 일이 될 것이다.[21]

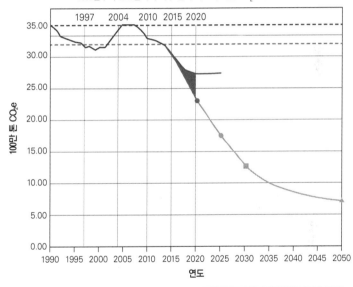

영국의 보건의료와 사회복지Heath and Social Care, HSC 탄소발자국[22]
1990년부터 2025년까지 기후 변화 목표에 따른 CO_2e 기준선

- ▦ 실제 사용량과 기준량 궤도 차이
- ━ 영국 HSC 부문 온실가스 배출량
- ━ 영국 HSC 부문 온실가스 배출 추정치
- ━ ━ 2013년 기준선
- ━ 2020년까지 기준량 궤도
- ● 2013년 대비 28% 감축, 1990년 대비 34% 감축
- ━ ━ 1990년 기준선
- ━ 기후 변화법 기준량
- ● 1990년 기준선 대비 50% 감축 목표
- ▦ 1990년 기준선 대비 64% 감축 목표
- ▲ 1990년 기준선 대비 80% 감축 목표

그러므로 지금 요구되는 변화의 수준을 달성하려면 보건의료제도가 효율성에 초점을 맞추고, 원래 하던 일을 더 잘하려고 하기보다는 훨씬 근본적인 부분의 혁명적인 변화를 통해 더 나은 일을 하려고 애써야 한다. 다행히 탄소 비용을 줄이면서도 더 나은 보건의료를 전달할 수 있는 방안은, 보건의료계의 여러 리더들이 의료의 질과 비용 면에서 장기적인 지속가능성을 위한 해결책으로 구상하는 방안과 놀라울 정도로 일치한다.

이러한 근본적인 변화는 예방과 건강증진에 훨씬 더 무게를 두는 것에서부터 시작한다. 가장 효율적인 의료는 처음부터 의료가 필요 없도록 만드는 것이다. 지구에 해를 끼치는 고탄소 생활방식은 모든 면에서 우리의 건강도 해친다. 예를 들면 우리가 먹는 음식은 점점 심장질환과 당뇨병 및 일부 암을 유발한다. 우리가 음식을 먼 곳에서 조달하므로 공급과정이 불투명하고 지역사회 경제발전을 저해한다.

신체활동 부족으로 매년 320만 명이 사망하고[23] 이로 인해 발생하는 사회적 비용도 상당하다. 특히 비만율 증가로 인한 사회적 비용은 이미 연간 미화 2조 달러에 이른다.[24] 신체활동이 필요 없는 생활환경과 업무 방식이라는 것은 선진국 국민 대다수가 주로 앉아서 생활한다는 뜻이다. 영국에서 신체활동이 10% 증가하면 매년 6,000명의 생명을 살리고, 5억 파운드의 돈을 아낄 수 있다고 한다.[25] 그러나 여전히 각국에서는 도보나 자전거보다 차량 이동을 위한 기반시설에 훨씬 더 많은 돈을 투자하는 실정이다.

지역사회를 위해 녹색공간을 조성하는 데 과감하게 투자하는 지불자나 공급자는 거의 없지만, 녹색공간이 노동자의 활동과 생산성에 큰 영향을 미친다는 것은 잘 알고 있다. KPMG에서 네덜란드 사례를 조사한 내용에 따르면, 1,000만 명을 대상으로 녹색공간을 조성하는 프로그램을 시행한 결과 보건의료서비스 이용률이 줄고, 무단결근율도 낮아졌으며, 정신건강이 개선되는 등 총 4억 유로에 달하는 효과를 얻었다.[26] 녹색공간은 식물과 땅을 통해 이산화탄소를 흡수하는 효과가 있다.

예방활동에는 질병이 있는 사람들의 상태를 최대한 건강하게 유지시켜서 더 비싸고 고통스러운 치료를 받지 않아도 되도록 돕는 것도 포함된다. 재정적·질적·환경적 지속가능성의 관점으로 보건의료를 보는 사람들은 모두 원격의료를 더 나은 제도 구축의 핵심 매개체로 여긴다. 예를 들어 만성질환 환자가 집에서 실시간으로 진료를 받을 수 있다면, 우리는 병원까지 이동시간을 절감할 수 있을 뿐만 아니라 상황 초기에 개입함으로써 치료가 필요한 때와 그러지 않은 때를 훨씬 더 분명하게 판단할 수 있게 될 것이다.

환자와 보호자가 건강을 자체적으로 더 잘 돌볼 수 있도록 권한을 강화하는 데도 기술이 도움을 줄 수 있다. 적절한 정보를 제공받고 의사결정에 참여하는 환자가 덜 침습적이고 덜 비싼 치료를 선택함으로써, 더 적은 비용으로 같거나 더 나은 성과를 얻는 경우가 많다는 것은 이미 앞장에서 언급한 바 있다. 예를 들어 선택적 수술 절차에 있어 공동 의사결정 방침을 적용한 경우 수요는 21% 감소하고, 환자경험은 더 좋아졌으며, 의료적 성과에도 나쁜 영향이 전혀 없었다.[27]

저소득 및 중소득 국가를 보면 보건의료와 지구 전체를 위한 최대의 윈-윈 전략은 산모, 아동, 가정보건서비스의 접근성 개선일 것이다. 20세기 탄소배출 증가의 주요 원인은 인구 증가였으나 국가가 발전하고 아동 사망률이 개선되면서 예외 없이 출산율이 떨어지고 있다. 안전한 출산과 가족계획 서비스는 세계 인구의 성장을 보다 지속가능한 수준으로 조절할 수 있게 도와줄 것이다.

맺음말

기후 변화의 현실에 대해 여전히 의문이 있는 사람들에게는 다음의 비전을 제안하고 싶다. 지구온난화가 다 거짓말이고, 지구가 평평하다는 이론 이후 최대의 과학적 실수였다고 상상해보자. 그래도 우리는 그 실수 덕분에 더 활발하고, 탄력적이고, 비용효율적이고, 자체 충족 가능한 사회, 사람들이 더 많은 권한을 누리고, 더 편리하고, 건강한 사회를 만들 수 있었을 것이다. 모든 것이 실수라 해도 나는 기꺼이 그 길을 갈 것이다.

참고 문헌

1. Costello et al., 'Managing the health effects of climate change,' *The Lancet*, 373 (9676), pp. 1693–733 (2009).

2. KPMG International, Care in a changing world (KPMG, 2012).

3. KPMG (2012).

4. NHS Confederation, Taking the temperature: Towards an NHS response to global warming (NHS Con federation, 2007).

5. NHS Sustainable Development Unit for the NHS, Public Health and Social Care, Carbon footprint update for the NHS in England (NHS SDU, 2013).

6. Sustainable Development Unit for the NHS, Public Health and Social Care, NHS, public health and social care carbon footprint 2012 (SDU, 2014) p.6

7. World Health Organization statistics, 20 leading causes of death 2000–12 (WHO, 2014).

8. Hillman et al., 'Inhaled drugs and global warming: Time to shift to dry powder inhalers,' *BMJ*, 346, f3359 (2013).

9. Global Burden of Disease data (*Lancet*, 2010).

10. Robine J.M. et al., 'Death toll exceeded 70,000 in Europe during the summer of 2003,' *Comptes Ren dues Biologie*, 331, pp. 171–8 (2008).

11. Global Climate and Health Alliance, Climate change: Health impacts and opportunities (GCHA, 2014).

12. GCHA (2014).

13. KPMG International, Future State 2030 (KPMG, 2014).

14. Godlee F., 'Climate change: WHO should now declare a public health emergency,' *BMJ*, 349, g5945 (2014).

15. KPMG International, A new vision for value (KPMG, 2014).

16. Naylor C. and Appleby J., Sustainable health and social care: Connecting environmental and financial performance (King's Fund, 2012).

17. NHS Sustainable Development Unit, Saving carbon improving health: Update NHS carbon reduction strategy (NHS SDU, 2010).

18. Mayo Clinic, Going Green, from http://mayoclinichealthsystem.org/locations/eauclaire/about-us/going-green.

19. KPMG International, Care in a changing world (KPMG, 2012).

20. European Union, Roadmap for moving to a low carbon economy by 2050 (EU, 2011).

21. NHS Sustainable Development Unit for the NHS, Public Health and Social Care, Carbon footprint update for the NHS in England (NHS SDU, 2013).

22. Sustainable Development Unit for the NHS, Public Health and Social Care, Sustainable, resilient, healthy people and places: A sustainable development strategy for the NHS, public health and social care system, (SDU, 2014) p.19.

23. Hosking et al., Health co-benefits of climate change mitigation (World Health Organization, 2011).

24. Dobbs et al., Overcoming obesity: An initial economic analysis (McKinsey Global Institute, 2014).

25. NHS Confederation, Taking the temperature: Towards an NHS response to global warming (NHS Con federation, 2007).

26. KPMG in the Netherlands, Green healthy and productive: The economics of ecosystems and biodiversity (KPMG, 2012).

27. Stacy et al., Decision aids for people facing treatment or screening decision, Cochrane Database of Systematic Reviews: CD001431 (2014).

제33장 고령화

먹구름 뒤에는 항상 태양이 있다

우리가 더 장수하게 된 것은 축하할 만한 일이지만, 각국 정부와 사회는 그로 인한 결과를 당장 직면하지 않고 싶어 한다. 문제와 압력을 무시하는 태도는 대체로 문제 해결을 장기적으로 더 어렵게 만들 것이므로 우리는 미루기보다는 더 신속하게 행동을 취하여 고령화로 인한 여러 긍정적인 가능성을 발굴해야 한다.

1950년 이후 전 세계 인구의 출생 시 기대수명은 47세에서 67세 이상으로 증가했으며 2050년이 되면 75세에 달할 것으로 예상된다.[1] 2012년에는 60세 이상 인구가 약 8억 명으로 전체 인구의 11%를 차지했다. 2030년이 되면 이 숫자는 14억 명으로 증가할 것이며(전체 인구의 17%), 2050년이 되면 20억 명에 달할 것이다(전체 인구의 22%).[2]

저소득국가의 고령화 추세는 고소득국가보다 더 가파르다. 2050년이 되면 80세 이상 인구의 68%가 아시아, 라틴 아메리카, 캐리비안 지역 거주자로 구성될 것이다.[3] 현재 중국에는 60세 이상 고령자가 2억 2천만 명이다. 이 숫자는 2050년이 되면 5억 명으로 늘어나 중국 인구의 3분의 1을 차지할 것이며 그 결과 전 세계의 제품과 서비스 소비에 근본적인 변화를 가져올 것이다.

이러한 현상은 세계의 질병 부담에도 큰 변화를 가져올 것이며 여기에는 치매가 가장 큰 요인으로 작용할 것이다. 현재 치매 환자는 약 4,400만 명인데 이 숫자는 급속도로 증가하여 2050년에는 1억 3,500만 명에 육박할 것으로 전망된다.[5] 현재 전 세계 치매 환자의 3분의 2가 저소득 및 중소득 국가에 거주하고 있으며 치매 관련 연구개발을 위한 자금의 규모는 암에 비해 12분의 1에 불과한데, 실제로 각국에서 치매로 인해 발생하는 비용은 암에 비해 2배 높다.[6]

전 세계적으로 고령자 부양률, 즉 생산가능인구(15~64세) 대비 고령자(65세 이상) 비율이 1990년에는 노인 1인당 11.75명이었는데 2012년에는 8.5명으로 감소했다.[7] 2050년이 되면 이 수치는 3.9명에 불과할 것으로 전망된다. 이렇게 되면 보건의료를 위한 가족의 지원과 의료비 지출을 위한 세입이 모두 급격히 감소할 것이므로, 이 수치만으로도 정치인들이 최대한 빨리 이 문제를 다루어야 할 충분한 이유가 된다. 지금이 아니면 적정한 비용으로 이 문제를 대응할 수 있는 시기가 다시 오지 않을 수도 있다.

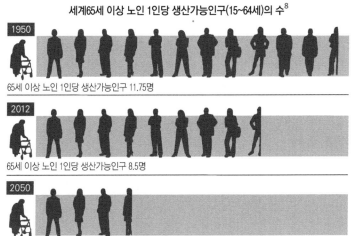

세계 65세 이상 노인 1인당 생산가능인구(15~64세)의 수[8]

1950
65세 이상 노인 1인당 생산가능인구 11.75명

2012
65세 이상 노인 1인당 생산가능인구 8.5명

2050
65세 이상 노인 1인당 생산가능인구 3.9명

이런 모든 압력에도 불구하고 나는 신속하게 혁신적으로 행동하여 노인들이 건강과 자립을 유지할 수 있도록 지원하는 좋은 사례를 많이 보았다. 그중 여섯 가지 주요 트렌드를 아래에 설명하고자 한다.

비공식 보호 활성화

각국 정부에서 점차 가족들이 노인 친지를 돌보도록 장려하거나 의무화하는 추세다.[9] 대만에서 추진하는 정책은 매우 훌륭하면서도 논란의 여지가 있는데, 최근 상속법을 개정하여 부모를 방치한 자녀의 유산 상속을 금지했다. 홍콩은 고령자의 보호자에 대해 세금을 약간 감면해주고 다세대 가구를 우대하는 주택정책을 펴고 있다.

인도에서는 자녀들이 도시로 이주한 후 시골에 남겨진 부모를 돌보지 않아 큰 사회적 문제가 되고 있다. 이 문제를 해결하기 위해 2007년에 부모와노인부양및복지법Maintenance and Welfare of Parents and Senior Citizens Act을 제정하여 18세 이상의 자녀는 부모에게 최소한의 생계비를 지급하도록 의무화했다. 그리고 이를 지키지 않으면 부모가 해당 지역 부양재판소에 월간 생계비 지급 명령을 신청할 수 있도록 했다.

싱가포르는 한 걸음 더 나아가 부모부양재판소Tribunal for the Maintenance of Parents를 통해 부모들이 자녀들로부터 자금 지원을 확보할 수 있게 했다. 부모부양위원회Office of the Commissioner for the Maintenance of Parents에서는 부모와 자녀 간에 부양 관련 문제를 중재한다. 프랑스, 독일, 중국도 유사한 자금 지원 의무화 정책을 실시한다.

싱가포르에서 실시한 또 하나의 혁신 사례는 노인 보호에 대한 것이다. 부모와 성인 자녀가 서로 2km 내에 거주하는 경우 공공주택 분양 등의 혜택을 제공한다.

장기요양을 위해 정식 지원이 필요한 사람들을 돌보는 방법으로는 부유국의 병원 중심 지원을 넘어서 아급성기시설, 요양시설, 원호생활시설(일상생활의 기본 지원은 제공하면서도 전통적 요양시설보다 자립적 생활 보장), 생활지원시설(관리인 상주 시설 등)을 활용할 수 있다.

요양제도는 국가에게나 개인에게나 적정 비용으로 접근 가능해야 하며, 직원 수 측면에서도 지속가능한 수준을 유지하여 무엇보다도 요양

보호 대상자의 자존감과 자립성, 삶의 질을 최대한 보장할 수 있어야 한다. 이것은 노인들을 병원이 아니라 가정에서 생활할 수 있도록 하는 것을 의미한다. 가장 효과적인 해결책은 가정과 지역 기반 요양이 혼합된 형태로 지역사회 자원봉사자 등의 지원을 받아 요양 관리, 간호, 상처 치료, 성인 돌봄, 재활서비스를 공급하는 것이다. 선진국에서는 집에서 요양서비스를 받는 노인 비율이 증가하는 추세며, OECD 회원국에서는 약 65%에 달한다.

지역사회의 보호자 역할

고령자 친화적 지역사회로 발전하는 것은 뛰어난 잠재력을 지닌 혁신이다. 의료서비스를 공급하는 시설 중심으로 은퇴자들이 거주하는 주택이 모여 있는 형태의 은퇴마을은 매력적이긴 하지만 비용이 많이 든다. 미국 보스턴의 비컨힐빌리지Beacon Hill Village에서는 비용 측면에서 더 효과적인 대안을 찾아냈다.[10] 여기는 고령자 거주자와 자원봉사자들이 이웃에 살면서 소수의 유급 직원의 도움을 받아 차량 이동 같은 기본적 필요를 위해 서로 돕고 이웃의 가정, 건강, 웰빙을 함께 돌본다.

일본에서는 통합 지역사회 기반 보호 제도를 도입하여 고령화하는 베이비부머 세대를 지원한다. 지역사회 내에서 복지, 보건의료, 장기요양, 질병예방 서비스를 공급하는데 누구든지 30분 이내로 접근가능 하도록 만들었다. 이러한 지역사회 기반 접근 방식을 활용하면 외딴 '노인빈민가' 형성의 위험을 피할 수 있다.

기술 활용

장기요양에 기술을 활용하는 것은 아직 걸음마 단계에 있으며 아직 그 효과성이 입증되지 않았다. 흩어진 가정에 기술을 심는 데 비용도 많이 들 뿐만 아니라 현재는 저비용 노동력에 의존하고 있으므로 기술 활용에 진전이 별로 없다. 그러나 기술을 활용하면 요양보호 대상자와 공급자 간에 실시간 정보 흐름이 가능해지므로 지역사회 차원의 보호 효율성이 향상된다.

원거리 모니터링 시스템이 있으면 요양기관의 직원이 필요할 때만 개입하는 것이 가능하고 입원할 정도로 긴급한 상황이 되기 전, 문제 발생 초기에 대응할 수 있다. 겉에 부착하거나 안에 심는 방식의 건강 모니터링 장치는 인지적 또는 신체적 장애가 있는 사람들이 갑자기 쓰러졌을 때 직원이 바로 알 수 있는 등 특히 유용하다.

보조기술은 치매 환자를 돌보는 데 점차 중요한 역할을 담당할 것이다. GPS 시스템은 보호자에게 누가 건물을 나가는지 알려주고, 온도, 연기, 일산화탄소 탐지기는 가스나 전기 공급을 자동으로 차단하거나 창문을 열도록 하는 식으로 활용할 수 있다. 약물 자동분배기를 이용하면 노인들에게 약 먹을 시간을 알려줄 수 있다.

한편 기술 활용에는 어두운 면도 있다. 많은 이들에게는 자립을 도와주는 기능을 하지만 어떤 이들에게는 사람과 소통할 수 있는 소중한 기회를 빼앗는 것일 수 있다. 효율성을 추구하는 것이 더 고립시키는 방향으로 가서는 안 된다.

예방과 자가관리

신체활동 증대, 효과적인 약물 복용, 건강 지식 함양, 낙상 위험 회피 등 노인 대상 예방 프로그램이 의미 있다는 인식이 확산되고 있다. 이제 예방은 정신보건과 웰빙 영역으로 확장되고 있는데, 예를 들면 사회적 고립 예방의 중요성, 그리고 노인, 특히 치매노인을 돕기 위한 공공서비스, 일반 매장, 교통시스템 직원 교육의 중요성도 점차 강조되고 있다.

그러나 최고의 예방 및 자가관리 접근 방식은 사회, 문화, 경제 활동에 계속 참여함으로써 활동적이고 건강하게 나이 드는 것이다. 그러나 이것은 정부가 재정적인 보장, 노인친화적인 교통수단 및 기타 시설을 제공하여 사회 참여를 지원하는 것에 달려 있다.

사우샘프턴대학교University of Southampton에서는 국가들이 얼마나 이를 잘 지원하는지 계량화하여 유럽 국가들의 활동적 고령화 지수Active Ageing Index를 발표하였다.[11] 북유럽과 서유럽 국가들이 최고 점수를 받았으며 그중에서도 스웨덴이 1위를 차지했다. 주요 지표로는 노인 고용율 및 은퇴자 수입 보장 여부 등이 있다.

보건의료제도 내 병원의 역할

병원은 당연히 앞으로도 노인요양보호에 필수적인 역할을 담당할 것이다. 그러나 새로워진 제도하에서는 급성의료와 전문의센터, 요양시설, 1차의료 진료소, 종합병원, 지역사회의료센터, 지역병원, 환자 자택, 요양병원을 연결하는 거대한 시스템의 한 부분을 차지하는 역할에 충실할 때 제 기능을 발휘할 수 있을 것이다.

병원이 아닌 대체 기관을 효과적으로 활용하면 병원에 집중되는 압력을 최소화하고 더 낮은 비용으로 운영하면서 IT기술을 이용하여 환자가 건강하게 최대한 스스로 관리할 수 있도록 도울 수 있다. 의사와 임상의

싱가포르의 의료 모델 전환[15]

전체 보건의료 연속체를 아우르는 총체적이고 환자중심적인 의료서비스 조직화

전문의 센터

종합병원

지역병원

가정의료

급성기병원

요양병원

1차의료 진료소

노인요양센터

는 이러한 효과를 극대화하기 위해 자신이 어디에서 어떤 역할을 감당해야 할지 다시 생각할 필요가 있다. 영국과 미국에서는 이를 '가정병원' 또는 '의료가정' 등 다양하게 일컫는다. 이러한 접근 방식은 병원 입원 감소, 진료 조율 개선, 비용 절감, 환자의 삶의 질 개선을 가능하게 한다. 2050년에 중위 연령이 55세에 달할 것으로 예상되는 싱가포르에서는[12] 가정을 중심으로 완전한 케어 연속체를 조직하는 것을 골자로 국가보건전략National Health Strategy을 수립하였다. 요양 보호의 각 단계에서 다음 단계로 이동하는 '집 가까이에서부터' 접근 방식이 아니라 모든 형태의 요양 보호 공급자가 가정을 중심으로 통합·연계되는 구조이므로 고도의 급성 의료까지 안전하게 집에서 전달하게 된다. 이러한 체계에서는 전문의 센터, 지역병원, 요양병원, 종합병원, 1차의료 진료소가 서로 잘 조율하여 개입해야 한다.[13] 싱가포르의 접근 방식은 상당히 어려운 목표를 설정한 것으로 보이지만 사실은 KPMG에서 발간한 '불확실한 시대'라는 제목의 보고서에서 설명하듯이, 정부 주도로 진행한 국가 차원의 고령화 대응 방안 논의의 결과이기도 하고, 세계에서 고령화가 가장 빠르게 진행되는 국가로서 실제적으로 느끼는 긴박함에서 시작된 것이기도 하다.[14]

비장의 무기는 없다

정치인, 병원, 요양병원, 가정간호 공급자는 모두 앞으로 중요한 역할을 담당하게 될 것이다. 그러나 정부와 보건의료제도에서 취하는 정책에 대한 피상적인 조사 결과만 보아도 대부분 문제의 크기에 압도당한 것으로 보인다. 해결해야 하는 문제의 규모가 너무 거대한 나머지 많은 이들이 단기적 해결 방안으로 눈을 돌리고 배를 수리하는 대신 물만 퍼내고 있다.

급속도로 진행되는 고령화의 압력에 완벽하게 대비할 수 있는 최고의 정책이란 없다. 주택, 식량, 금융, 공익설비, 기술, 교통, 사회 지원, 운동, 유흥, 교육 부문에 있어 모두 대전환이 필요하다. 정부는 절대로 이 일을 혼자 할 수 없다. 사회 전체가 힘을 합쳐서 대응해야 한다.

최근에 KMPG가 네덜란드에서 주최한 회의에서 연설할 기회가 있었다. 다양한 분야의 기업 경영자들이 모여 '건강한 노화'에 어떻게 기여할지에 대해 논의하는 자리였다. 은행, 연금펀드, 낙농 제조업, 건설회사, 의료기기제조업, 제약회사, 의학연구센터 등 다양한 기업의 최고경영자들이 참석했다. 회의를 통해 알게 된 사실은 산업 부문에서 전 세계적으로 변화를 주도하고 실행할 수 있는 큰 기회가 있다는 것이다.

메릴린치Merrill Lynch에서는 '노인 경제silver economy' 규모가 2020년에 미화 15조 달러(2010년 미화 8조 달러)에 달할 것으로 전망한다.[16] 이러한 성장은 노인 수 증가에 의한 것뿐 아니라 그들의 행동 패턴이 변화고 있기 때문이기도 하다. 과거에는 자녀에게 물려주기 위해 자산을 보유하려는 경향을 보였다면 베이비붐 세대는 은퇴 후 더 길어진 삶을 즐기기 위해 자산을 적극적으로 사용한다. 최근 영국에서 실시한 조사에 따르면 55세 이상 응답자의 30%가 '가까운 장래'에 더 작은 규모의 주택으로 옮길 계획이 있다고 했는데, 이렇게 되면 개인당 평균 8만 8천 파운드를 손에 쥐게 되는 셈이다. 그중 45%의 응답자는 이 자금을 휴가나 새 차 구입 등

'고가' 소비에 사용하겠다고 대답했다.[17]

　그러므로 노인 경제는 새로운 사업 기회를 제공해줄 수 있다. 네덜란드 기업 경영자들도 건강한 노화를 위해 그들이 할 수 있는 일에 대해 수많은 아이디어를 가지고 있었다. 우선 첫째로, 고용주들은 어떻게 사람들을 더 장기간 일하게 하여 건강과 활동성을 유지하게 할 것인가에 대해 이해의 폭을 넓혀가고 있다. 국가적으로는 경제활동 인구가 더 많아지고, 회사는 숙련된 기술과 경험을 최대로 활용할 수 있는 것이다. 이러한 경향은 이미 오래 전에 시작되었다. 2000년에는 EU 27개국 전체 55~64세 인구의 38%가 일을 했다면 2014년에는 52%가 일을 하고 있다.[18] 영국의 전기·가스 공급업체 센트리카Centrica 같은 기관에서는 나이든 직원을 유지하고 계속 근무할 수 있도록 하기 위해 포괄적인 전략을 개발했다. 일본에서 '노인인적자원센터Silver Human Resource Centres'를 통해 80만 명의 회원이 회사, 공공서비스, 가정을 대상으로 번역, 경리, 관리 업무 같은 시간제 근로를 제공하는 것처럼,[19] 은퇴 이후에도 기관들이 노인들의 능력을 계속 활용하는 방안이 있다.

　또한 산업 부문에서는 노인들에게 주택을 공급하고 자립적인 생활환경을 조성하는 데에도 중요한 역할을 한다. 네덜란드에는 국제적인 관심을 모은 '치매마을' 사례가 있다.[20] 웨스프Weesp 지역의 호그웨이Hogewey는 다른 곳과 사뭇 다른 마을이다. 모두 심각한 치매를 앓고 있는 주민들이 한 집에 6명씩 사는데, 집집마다 주민들이 익숙하게 느낄 수 있도록 향수를 자극하는 식으로 지어졌다. 집의 장식과 음악은 1950년대와 60년대 스타일이고, 귀족적인 주민을 위해서는 요양보호사들이 심지어 하인

처럼 행동한다. 주민들은 최대한 적극적으로 정상적인 생활을 영위한다. 쇼핑을 하거나 기타 할 수 있는 활동을 하는 것이다.

셋째, 앞에서 언급한 고령화 사회의 기술적 기회는 의료기기 및 건강 산업의 대대적인 투자를 유도할 수 있다. 스마트홈과 웨어러블 시장은 이미 성장하고 있으며 일본, 한국, 싱가포르 지식인들의 예언이 맞는다면 우리는 곧 병원, 가정, 요양병원에서 로봇 혁명을 보게 될 것이다.

넷째, 노인들과 규칙적으로 접촉하는 서비스 산업에서도 노인 안전과 건강을 유지하는 데 필수적인 역할을 할 수 있다. 오스트리아의 벨스Wels 라는 '치매 친화적' 마을에서는 상점 직원, 우편배달부, 공공기관 직원들이 모두 치매 증상에 대해 교육을 받고 도움이 필요한 사람이 있을 때마다 관련 서비스로 연결해준다.[21]

마지막으로, 일부 국가에서 요양보호가 필요한 노인을 시설에 수용하는 방안과 자녀와 함께 거주하도록 하는 방안 사이에 절충안을 찾는 과정에서 주간보호day-care 부문을 다시 활성화시키는 것을 볼 수 있다. 한국에서는 주간보호서비스 시설이 늘어났으며 목욕, 재활, 사회활동, 식사 등의 서비스를 정식으로 제공한다.[22]

맺음말

  고령인구를 돌보는 것은 그 재원을 마련하는 것보다 훨씬 더 큰 과제다. 태도, 문화, 사회구조, 업무 패턴, 주택, 기반시설, 의학 연구, 임상 교육, 요양기관, 의료전달이 모두 바뀌어야 한다. 모든 국가가 고령화에 대해 이야기하고 있지만 싱가포르, 일본, 네덜란드 같은 극히 일부 국가만 결연한 행동을 취하기 시작했고, 나머지는 거의 아무것도 하지 않고 있다.

  인구고령화가 거의 획일적으로 '쓰나미' 같은 문제로만 비춰지고 있긴 하지만 실제로는 대단한 기회이기도 하다. 수백만 명의 노인 인구가 불과 몇 세대 전만해도 상상하기 어려웠던 활동적이고 충만하고 건강한 삶을 살도록 우리가 도울 수 있다. 그렇게 하려면 우리의 보건의료제도를 보건의료기관의 당위성이 아니라 환자의 필요에 맞추어 다시 만들어가야 한다. 그리고 당장 행동에 옮겨야 한다.

  정치인들과 보건의료계 리더들이 얼버무리느라 한 해 한 해를 허비하는 동안 인구 구성 변화의 압박은 더 조여오고 있다. 노인 대비 생산가능 인구 비율의 급격한 감소가 현실로 드러날 때까지 기다리면 너무 늦다. 우리에게 주어진 시간은 고작 20년 정도이다.

참고 문헌

1. Hope P. et al., Creating sustainable health and care systems in ageing societies (Institute of Global Health Innovation, Imperial College London, 2012), p. 7.
2. Hope P. et al., (2012), p. 4.
3. United Nations, World population prospects: 2010 revision (UN, 2011).
4. KPMG International, An uncertain age: Reimagining long-term care in the 21st century(KPMG, 2013), p. 17.
5. Alzheimer's Disease International, Policy brief: The global impact of dementia 2013–50 (ADI, 2013).
6. Hope P. et al., (2012).
7. Hope P. et al., (2012).
8. Hope P. et al., (2012), p. 6.
9. Hope P. et al., (2012).
10. KPMG International, An uncertain age: Reimagining long-term care in the 21st century (KPMG, 2013).
11. United Nations Economic Commission for Europe & University of Southampton, Active ageing index 2014 (UN, 2015).
12. KMPG International, (2013), p. 9.
13. KPMG International, Staying power: Stories of success in global healthcare (KPMG, 2014), p. 17.
14. KPMG International, (2013), p. 38.
15. Ministry of Health of Singapore, Unpublished.
16. Nahal S. and Ma B., The silver dollar: Longevity revolution (Bank of America Merrill Lynch, 2014).
17. Prudential, Downsizing index (Prudential, 2014).
18. European Union statistics, Employment rate of older workers, aged 55–64 (EU, 2014).
19. International Longevity Centre, Japan's silver human resource centres (ILC, 2014).
20. Henley J., The village where people have dementia – and fun (*The Guardian*, 27 August 2012).
21. Rodrigues R. et al., Active and healthy ageing for better long-term care: A fresh look at innovative practice examples (European Union and Ministry of Health of Czech Republic, 2013).
22. Rodrigues R. et al. (2013).

결론

제34장 결론

여기서 시작할 수는 없다

　20세기 동안 놀라울 정도로 기대수명이 증가한 것은 인류가 이룩한 최대 성과로 꼽을 만하다. 위생, 깨끗한 물, 교육, 예방접종, 의료 등 다양한 분야에서 개선이 이루어졌기에 가능했지만 인류가 더 길어진 수명을 누리게 되는 데 보건의료제도가 점차 중요한 역할을 담당하고 있다는 것을 간과해서는 안 된다. 인간이 이 땅에 살게 된 후 지금까지 8,000세대가 지나갔지만 기대수명이 이렇게 증가한 것은 불과 지난 4~5세대에 일어난 일이다. 청동기 시대에는 평균 기대수명이 30세 미만이었는데 지금은 70세가 조금 넘는다(일본의 84세에서 시에라리온의 38세까지). 보건의료가 지금까지의 방식으로 인류의 발전에 크게 기여해왔는데, 왜 지금 승리 공식을 바꾸어야 하는가?

　지금의 보건의료제도가 바뀌어야 하는 이유는 바로 그 기대수명 때문이다. 사람들이 나이 들어감에 따라 점점 만성질환이 우리의 신체에 영향을 미치고, 적어도 서구세계의 생활방식은 이 현상을 악화시킨다. 20세기에 보건의료가 정점을 찍었다면, 21세기는 건강의 시대를 예고한다. 병원과 보건의료제도의 축소를 말하는 것이 아니다. 다만, 개인과 인구의 건강을 최우선순위로 하려면 병원과 보건의료제도가 바뀌어야 한다는 것이다. 그러므로 우리는 지금까지 우리가 성취한 것을 기념하고 앞으로 이룩할 거대한 전환, 바로 인류의 건강한 삶을 위해 스스로 준비해야 한다.

지금 우리가 기존의 보건의료제도와 우리의 현실에 대해 아는 체로 바로 여기에서 전환을 시작할 수는 없다. 몇 세기에 걸쳐 발전해왔으며 엄청난 시간과 돈과 노력을 들여 구축한 기관, 전문성, 기반시설을 전환하는 것은 어려운 일이다. 보건의료제도와 정치적 리더십이 어느 때보다도 중요하다. 이 마지막 장에서는 밝은 앞날을 보여주는 가까운 미래의 전망치를 놓고 오늘날 우리가 무엇을 바꿀 수 있는지 살펴보고자 한다.

보편적 보건의료

오늘날에도 보편적 보건의료 접근성을 보장받지 못하는 인구가 상당히 많다. 다 합쳐도 192개국의 40%만이 보편적 보건의료체계에 속해 있다.[1] 전 세계적으로 부가 증가하는 한편으로 부의 양극화가 심화되는 오늘날, 정치 지도자들은 단기적으로 국내만 볼 것이 아니라 장기적으로, 범세계적으로 생각의 폭을 넓혀야 한다. 2016년 기준으로 전 세계 부의 절반을 상위 1%가 차지하는 것으로 추산된다.[2] 이러한 양극화 현상은 건강이라는 측면에서는 부자와 가난한 자 모두에게 좋지 않은 결과를 가져온다. 예를 들면, 에볼라 백신은 이미 수년 전에 개발될 수 있었지만 부유한 국가에서는 빈곤국, 특히 아프리카의 가난한 국가에서만 발생하는 질병으로 치부하고 말았다. 그러나 전 세계가 점점 더 하나로 연결되면서 감염자가 국경을 넘게 되자 그제서야 부유한 국가에서도 위험을 느끼고 거의 하룻밤 새에 대대적인 실험에 착수했다.

BBC 〈이코노믹스Economics〉의 편집자 로버트 페스턴Robert Peston은 다음과 같이 말했다. "충분히 예방할 수 있었던 에볼라 사태의 비극은 세계화로 인해 부유국과 빈곤국의 이해관계가 동일한 경우가 많아졌다는 것을 보여준다. 기업들이 단기 수익 창출에만 급급하면 이러한 이해관계의 상호작용을 깨닫기 어렵다."[3] 보편적 보건의료를 보장하려면 정치적 의지, 숙련된 운영, 시간, 자금이 필요하다는 것을 앞에서 살펴보았다. 이것은 우리 모두의 미래를 위한 현명한 투자다.

어떤 재원마련제도가 최선일까?

보편적 보건의료의 필요성이 도덕적·경제적·정치적 관점에서 설득이 되었다고 가정해보자. 정치적 의지 외에 진짜 문제는 재원이다. 전 세계적으로 보편적 의료보장에 필요한 자금을 조달하고 보건의료서비스 재원을 확보하는 최선의 방법을 놓고 정치적·이념적 토론이 진행 중이다. 우리가 살펴본 것처럼 모든 보건의료제도는 각자의 사회, 원칙, 문화의 산물이므로 섣불리 어떤 방법이 최선이라고 단정 짓기는 어렵다. 제도마다 일반 세금, 사회보험, 고용주 분담금, 피고용인 추가 부담금, 국제원조, 국가보조금, 자선단체 기부, 죄악세sin tax 등을 통해 재원을 확보하며, OECD에 따르면 전 세계적으로 공공 및 정부 재원과 민간재원 비율은 각각 72%와 28%이다.

보편적 보건의료제도 도입의 정당성에 대한 논쟁은 국가의 재원마련 여력에 대한 논의와 혼동되는 경우가 많다. 또한 보편적인(모두에게 적용되는), 포괄적인(모든 의료서비스에 접근할 수 있는), 무상(지불한 비용을 환급받거나 비용을 전혀 지불하지 않는) 등의 개념은 국가에 따라 대단히 다르게 해석되기도 한다. 독일은 19세기에 최초로 사회보험을 통한 보편적 의료를 시작했고 영국은 제2차 세계대전 이후에 최초로 세금과 국가보험을 결합하여 보편적 보건의료제도를 개발하였다.

최근 아시아에서 급속도로 발전하는 보편적 보건의료는 고용주-피고용인 분담금 제도와 정부보조금, 환자 추가부담금을 혼합한 형태이다. 나는 일본, 싱가포르, 한국, 홍콩에서 보편적 보건의료제도를 구축하면서 보여준 끈기, 추진력, 목적의식에 감명을 받았다. 이 국가들은 기대수명은 높고(80~84세) 비용은 많이 들이지 않는다(GDP의 4~9%). 한국이 단 12년 만에 보편적 보건의료를 달성한 것은 사회 정책과 정치적 의지가 만든 놀라운 위업이다. 그러나 이 네 개 국가 모두 서구 일부 국가에서라면 받아들이기 힘들 정도로 환자의 개인부담금 비율이 높다. 실제로 이 국가들 내부적으로도 보건의료 직접 비용에 대해 우려하는 목소리가 커지고 있다.

이것은 근본적인 이야기다. 무상 보건의료라는 것은 존재하지 않는다.

다만, 누가 지불할 것이냐의 문제다. 정치는 '누가 무엇을 언제 어떻게 얻느냐'를 결정하는 불완전한 예술이다. 높은 수준의 개인부담금은 가정에 재정적 어려움을 야기하여 소비 여력을 감소시킬 것이며 따라서 경제성장도 둔화될 것이다. 한편 높은 수준의 정부지출은 세금 증가를 야기하여 기업에 부담을 주고 결국 경제성장을 악화시킬 것이다. 양쪽 주장에 모두 장단점이 있지만 이러한 논의를 통해 장기적으로는 일정한 방향으로 나아가고 있다.

스위스, 독일, 프랑스, 네덜란드에도 우수한 보험 기반 보건의료제도가 있긴 하지만 이 국가들은 모두 GDP의 11~12%에 달하는 높은 수준의 비용 지출을 감당하고 있다. 그러나 단일 수가제도를 운영하는 독점적인 지불자 체제에서는 다수의 인구를 대상으로 높은 수준의 의료 질과 접근성을 보장하면서도 비용을 낮추는 것이 가능한 것으로 보인다. 이 방향으로 나아가는 것이 유리한 이유는 보건의료제도 운영 비용을 절감함으로써 교육, 경제 활성화 등 건강과 웰빙을 증진할 수 있는 다른 영역으로 추가 재원이 할당될 수 있기 때문이다. 보건의료 지출 규모와 국민의 건강 상태 사이에 일관된 상관관계가 없다는 것은 이미 앞에서 살펴보았다. 또한 웰빙과 삶에 대한 만족도에 기여하는 여러 비보건의료적 요소가 있다는 것도 우리는 잘 알고 있다.

단일 수가제도 또는 독점적 지불제를 운영하는 국가에서는 높은 기대수명, 적정 수준의 비용, 우수한 접근성, 낮은 수준의 환자부담금 등의 특성을 발견할 수 있다. 스웨덴, 이탈리아, 노르웨이, 덴마크, 영국, 일본, 스페인, 뉴질랜드가 대표적인데, 이들 국가 모두 기대수명은 80세 이상이며 GDP 대비 보건의료 지출은 9% 또는 그 이하다. 이에 반해 여러 보험자를 허용하는 제도는 선택권을 좀 더 주고 편리하지만 인구 다수를 위한 혜택이 추가 발생 비용보다 월등하지 못하다. 나는 그러한 복수보험자제도가 고객과 소비자에게 의료비와 가격 상승분을 얼마나 신속하게 떠넘기는지 보았다. 복수보험자제도하에서는 더 발전된 보건의료가 더 신속하게 실행되지만 비용은 더 신속하게 전가된다. 보험자와 개인 간의 직접적이고, 불완전하고, 대등하지 않은 관계로 인해 보통은 환자가 불리한 상황에 처한다.

단일 또는 독점적 지불자와 수가제도에서는 혁신이 더 천천히 진행될 수 있지만, 다수의 사람을 돌보아야 한다는 압력이 의료공급자와 의약품 및 의료용품 공급자에게 가해진다. 독점적 지불자와 수가제도는 더 나은 보건, 더 나은 의료, 더 나은 가치라는 삼중 목표를 더 잘 추구할 수 있는 제도이다.

행위별수가의 심각한 위험성

독점적 지불제 또는 수가제가 비용 상승을 억제하는 효과가 있다면, 그 다음에는 가치 상승을 담보하기 위해 수가제도에 근본적 전환이 필요하다. 노골적으로 말하자면, 가치는 환자에 대한 보건의료성과를 비용으로 나눈 것이다. 대부분의 선진국과 걱정스러울 정도로 많은 개발도상국에서 행위별수가제도를 운영하고 있다.

이것은 과거 약사와 의사들이 서비스를 제공할 때마다 돈을 받았던 방식에서 유래하였으며, 점차 제도화되는 과정에서 20세기 들어 지난 20년간 질병 진단(질병군 체계)별로 수가를 적용하는 방식으로 발전하였다. 이러한 제도는 개별 의사나 개별 기관이 많은 의료 건을 담당하는 환경에는 적합하지만 가치를 창출하기에 이상적인 방법은 아니다. 마이클 포터 등은 임상경로 전체를 한꺼번에 조망하는 식으로 질병에 대응하는 통합의료단위 integrated practice units가 환자와 인구의 필요를 더 잘 충족할 수 있다고 주장한다. 가치기반의료와 책임의료기관에 대한 KPMG의 연구조사에 따르면 탈장수술, 고관절치환수술, 자궁절제술 등 비교적 간단한 절차에도 재활, 통증관리, 구조적 운동 등 여러 다른 분야의 임상의들의 협업이 필요하다.[4] 행위별수가제도는 이러한 통합에 방해가 되고 비용 통제도 어렵게 만든다.

통합의료

고소득 국가 내 KPMG와 협업하는 병원의 경우를 보면, 일반적인 진료업무의 절반과 총 입원 일수의 70% 이상을 다중이환 노인환자가 차지하는데, 만성질환과 인구고령화가 그 원인이다. 여러 발전된 제도하에 진행된 연구결과에 의하면 일반적으로 병원 환자의 20~25%는 병원이 아니라 주로 집 또는 다른 곳에서 간호를 받을 수 있는 사람들이라고 한다. 만약 비행기 탑승객의 4분의 1이 늘 잘못된 비행기를 탄다면 항공산업이 어떻게 되겠는가?

현재 대부분의 만성질환의 경우 1차의료 단계에서 적극적으로 관리하면 입원을 줄일 수 있다. 그러나 병원은 환자가 줄어들거나 수입이 줄어드는 것을 바랄 이유가 없고 1차의료공급자도 추가 자원이나 보상 없이 추가 업무를 부담할 이유가 없다. 영국 다트머스 의학대학원의 명예교수 폴 바탈덴Paul Batalden은 다음과 같이 말했다. "모든 제도는 정확하게 지금 얻는 성과를 달성하도록 완벽하게 설계되었다. 슬프지만 그 결과로 차선의 질, 낭비, 좌절하는 의료진과 환자를 보게 되는 경우가 많다."[5]

더 나은 제도를 설계하는 것은 보건의료 전문가들의 집단적 의지와 기술로 충분히 할 수 있는 일이다. 아이러니하게도 나는 세계에서 가장 비싸고 분산된 제도를 갖고 있는 미국에서 오히려 희망을 본다. 새로 통과된 ACA가 시행되고 접근성이 증가되면서 필수적으로 비용을 절감해야 하는 상황이 되었다. 예를 들어 뉴욕 주에서는 전달체계개혁성과지불Delivery System Reform Incentive Payment, DSRIP 5개년 계획을 수립하여, 가치기반 의료를 추구하는 통합책임의료연합에 독자적 의료공급자 시스템 25개를 연계시키는 작업을 하고 있다. 세계 여러 국가의 사례를 보면서 나는 병원으로 하여금 과거 사업모델을 포기하게 하려면 새로운 의료체계로 변신할 수 있는 길을 제시해야 한다는 것을 깨달았다. 병원은 이제 하나의 보건의료체계로 변화해야 한다. 최근 실시된 KPMG 설문 조사에서 세계 보건의료계 지도자의 93%는 가치에 초점을 맞춘 보다 통합된 수가체계를 기대하고 있었다.

이렇게 대규모 전환이 일어나려면 의지, 능력, 많은 시간 그리고 과도기적 재정이 뒷받침되어야 한다. 그리고 더 중요한 것은 문화가 근본적으로 변화되어야 하고 보건의료제도 리더십도 새로운 형태로 바뀌어야 한다는 것이다. 지속가능한 가치기반 공공보건의료를 구현하는 것에 대해 보상을 받고 성과를 인정받는 개인이나 기관이 거의 없다는 것은 앞에서 이미 언급했다. 병원을 운영하고 병원에 근무하는 사람들은 더 나은 보건, 더 나은 의료, 더 나은 가치라는 '삼중 목표triple aim'에 대해 진지하게 고민하지만 그들이 어찌해볼 도리가 없다고 느끼는 시스템에 갇혀 있다. 좋은 소식이자 나쁜 소식은 그들의 리더들도 똑같이 느낀다는 것이다.

나는 2014년에 30개국의 보건의료 지도자 65명이 참석하는 국제회의를 개최하면서 참가자들에게 사전 설문 조사를 실시했다. 동시에 KPMG에서 50개국의 병실 매니저, 임상의, 전문부서의 리더를 대상으로 설문조사를 실시했다. 결과는 명쾌했다. 설문에 응답한 50개국 병원 근무자 중 71%가 자신들이 속한 기관에는 약간 또는 큰 변화가 필요하다고 응답했지만 73%가 보건의료제도에 대해서는 근본적인 변화가 필요하다고 대답했다. 또한 세계 보건의료계 리더들도 85%가 일상의 업무 개선(현재 일을 더 잘하도록)에 중점을 두고 노력한다고 대답하고 15%만 변화(근본적인 변화를 통해 더 나은 일을 하도록)를 시도하고 있었다. 세계 보건의료계 리더들의 82%는 기존의 분산된 의료방식이 임상적 효과 및 운영 효율성을 저해하므로 향후 5년 내에 보건의료제도가 더 많이 통합되어야 한다고 대답했다. KPMG는 최근 발간한 《인구보건으로 가는 길Paths to Population Health》이라는 제목의 보고서에서 책임 있고 통합된 의료로 가는 8가지 실제적 단계를 제시한다. 그러나 그에 앞서 파트너십에 적합한 리더십 스타일, 그리고 보건의료제도의 변화와 더불어 의료서비스 전달에서의 기술적 우수성 확보를 모두 성취하겠다는 분명한 목표가 전제되어야 한다.[6]

환자 권한

물론 환자가 수동적 수혜자로 남아 있는 한 전환은 아무런 의미가 없다. 경쟁, 세계화, 기술, 고객의 힘을 통해 대전환을 이루거나 근본적으로 재탄생한 산업은 모두 소비자가 창출하는 고유의 가치를 활용하려고 애썼다. 그리고 보건의료 분야도 마찬가지다. 걱정되는 것은 30개국의 보건의료 업계 지도자 중 89%에 달하는 응답자가 기관 내부 의료체계에 대해서 환자의 필요가 아니라 기관의 필요에 따라 설계되었다고 답한 점이다. 응답자의 14%만이 환자들이 이전에 비해 더 적극적이고 더 능동화되고 있다고 생각했다. 이러한 인식의 간극은 지속가능한 보건의료와 보건의식이 있는 사회 구축에 있어 근본적인 문제다. 물론 책임은 처음부터 끝까지 개인이 지는 것이지만 환자의 의견을 수용하도록 설계되고 환자의 참여를 격려하는 의료체계는 분명 긍정적인 동력이 될 수 있다. 능동화된 환자가 다른 환자에 비해 치료를 8~21% 덜 받으면서도 더 만족감을 느끼고 더 나은 성과를 얻는 것을 이미 앞에서 살펴보았다.[7] 지불자들과 협업하면서 알게 된 것은 보건 코칭, 적절한 의료방법 조사, 환자 지원그룹 등의 활동을 통해서 특히 고도 만성질환의 경우 비용 절감 측면에서 큰 성과를 얻을 수 있다는 사실이다. 네덜란드의 배스 블룸Bas Bloem 교수처럼 탁월한 보건의료 전문가들은 파킨슨닷넷Parkinson.Net처럼 환자가 주도하고 의료진이 도움을 주는 네트워크를 통해 환자들이 얼마나 능동적이 될 수 있는지 보여주었다. 파킨슨닷넷에서는 의료경로와 프로토콜을 표준화하여 환자의 참여와 활동을 격려한다. 그 결과 의료 질은 개선되고 비용은 감소하고 환자만족도 또한 오래도록 유지되었다.

신에서 인도자로

블룸 교수는 의학 전문가들이 "신에서 인도자로" 전환할 것에 대해 이야기한다. 이것은 아주 강력한 개념이고 아직 발전하는 중이다. 환자가 더 능동적이 되고 기관이 더 책임감 있게 되려면 광범위한 보건의료인력에도 변화가 필요하다. KPMG에서 수백 명의 의료기관 직원을 대상으로 실시한 설문 조사에서 응답자의 88%는 환자경험이 핵심 평가 지표라고 생각했지만 의료진의 경우 환자경험과 조금이라도 상관있는 목표를 가지고 있는 경우가 절반도 채 되지 않았다. 브라질, 캐나다, 미국, 네덜란드, 영국, 홍콩의 환자 수백만 명을 대표하는 환자 그룹들을 대상으로 실시한 연구조사에서는 존중, 예의, 공감을 바탕으로 전달되는 의료와 더불어 환자가 원하는 것을 5가지 주제로 정리하였다.

환자가 원하는 것과 환자가 얻는 것의 차이: 5가지 주요 주제

1. '나를 특정 증상이나 개입이 필요한 현장이 아니라 사람으로 바라보고 도움을 달라'.
2. 환자는 의료수행에서 상황을 잘 이해하는 파트너가 되기 원한다.
3. 분산된 의료는 해롭고 낭비적인 의료다. 환자는 특히 퇴원 후 버려진 기분을 느낄 수 있다.
4. 환자는 의료수행에서 권한 있는 파트너가 되기 원한다.
5. 일부 국가에서는 즉각적인 의료 접근성을 최우선순위에 둔다.

직원 운영

환자가 의료수행의 능동적인 파트너가 될 수 있도록 잠재력을 끌어내려는 움직임은 점차 거대해지고 있지만, 보건의료인력을 더 잘 운영하고 더 많은 동기를 부여하는 부분은 오늘날 보건의료에서 가장 방치된 영역일 것이다. 보건의료제도 전체적으로 수백만 명의 인력이 가진 잠재력은 어마어마하다. 세계를 다니면서 연설을 할 기회가 있을 때마다 나는 어김없이 청중에게 직원들이 소속 팀의 목표에 따라 의미 있는 목표설정을 하고 평가를 받는지(업무 수행 결과, 행동, 발전, 훈련) 질문을 하는데, 충격적이게도 손을 드는 사람이 3분의 1도 되지 않는다. 아무도 직원들을 돌보지 않는다면 어떻게 직원들이 일관되게 지치지 않고 열정적인 의료서비스를 전달할 수 있겠는가? 아이러니하게도 의료서비스 전달자의 특별한 지위는 통상적인 관리 방법을 무시하는 핑계로 활용되기도 한다. 보건의료 전문인력에게 더 많은 권한과 더 많은 책임을 부여할 필요가 있다.

변화는 사람과의 접촉을 통해서만 가능하므로 우리는 반드시 사람과 접촉해야 한다. 조직도를 보면 조직의 건강도(조직문화, 직원 웰빙, 역량개발 등)와 조직의 성과(활동, 이윤, 수익과 손실, 주주 이익 등)를 나란히 표시하는 경우가 있다. 짧게 보면 둘 중에 한쪽의 수행 성과가 더 좋은 것으로 나타날 수도 있지만 장기적으로 보면 좋은 조직은 균형 있게 발전한다. 병원, 보건의료수행, 보건의료정책도 마찬가지다. 보건의료기관은 더 나은 평가제도, 직원 운영과 역량 개발을 통해 15% 더 효율적이고 효과적이 될 수 있다. 제30장에서 지적했듯이 위대한 기관과 좋은 기관,

나쁜 기관을 구별하는 5가지 특징이 있다. 바로 환자에게 가치를 제공하는 것에 전략적으로 초점을 맞추고, 의료진의 권한을 강화하고, 프로세스를 고도화하는 방식으로 재설계하고, 운영정보를 효과적으로 이용하고, 직원 수행 성과를 관리하는 것이다.[8] 점점 다가오는 인력 부족 문제를 생각하면 우리는 직원들의 역량을 더 강화해야 하고, 업무 만족도를 높이기 위해 융통성을 늘리고, 환자의 이익과 상관 없이 비용만 많이 발생시키는 업무 간 구분을 제거해야 한다. 다른 산업 분야에서는 이것을 필수적인 미션으로 보고 있으며 보건의료 분야에서도 동일하게 산업 전반에 걸쳐서 철저하게 실행해야 한다.

KPMG에서 발간한 《지구력Staying Power》이라는 보고서에서 따르면 세계 보건의료계 지도자들은 지속가능한 변화의 비결로 지속성을 꼽았다.[9] 보편적 보건의료, 가치기반 성과지불, 책임의료기관, 탁월한 제도 운영자, 능동화된 환자, 동기부여된 인력 등 이 모든 것을 이룩하는 데는 초인적인 노력이 필요하다. 이는 기존의 보건의료 부문을 완전히 뒤엎는 대전환을 의미한다. 그러나 향후 10년 정도 후에 보건의료 지형을 완전히 바꿀 수도 있는 또 다른 거대한 힘이 작용하고 있다. 동일하게 모든 사람에게 적용되지는 않더라도 이미 존재하며 앞으로 점점 중요해질 것이다. 예를 5개만 들어보겠다.

유전체와 맞춤의학

가장 흥분되는 발전은 유전체와 정밀의학 또는 맞춤의학 분야에서 일어나고 있는 것 같다. 왓슨Watson과 크릭Crick이 유전자 구조를 설명해낸 지 60년이 흘렀지만 인간 유전자 지도가 완성된 것은 2003년에 이르러서였다. 처음 인간유전자지도를 완성하는 데에는 거의 10년이 걸렸고 미화 10억 달러가 들었지만, 지금은 하루 만에 미화 2,000달러도 안 되는 비용으로 가능하며, 이 비용은 계속 낮아지고 있다. 전부 대단히 고무적인 일이며, 유전체학을 이용하여 암, 희귀성 선천적 질환, 감염성질환을 치료할 수 있다는 소식도 널리 퍼졌다. 영국의 지노믹스 잉글랜드Genomics England 같은 국가 기관에서도 어떻게 하면 NHS 전체에 이러한 과학적 성취물을 적용하여 환자에게 혜택을 줄 수 있을지 검토하고 있다.

유전체가 질병 진단, 원인 발견, 치료를 개선할 수 있을 것이라는 것에는 공감대가 형성되었으나 진짜 문제는 언제 어떻게 실현하는가 하는 것이다. 맞춤생활방식의학연구소Personalised Lifestyle Medicine Institue 소장 제프리 블랜드Jeffrey Bland는 유전자 분석 비용이 미화 1,000달러까지 낮아지면 기존의 진단검사 절차 비용과 비슷해지므로 의료비용 지불자들도 더 관심을 가지게 될 것이라고 말했다.[10] 또한 새로운 유전자검사가 가능해지면 "평균적인 사람을 위한 의료에서 개인 맞춤형 의료로" 이동하게 되면서 대전환이 일어난다는 것이다. 그는 다음과 같이 덧붙였다. "미래를 알기위해 예지력이 필요하지도 않습니다. 미래에는 보건의료에 맞춤의학이 적용될 것입니다." 제프리 블랜드의 열정을 지지하는 사람들은 대체로 보편적 보건의료 지지자인데, 개인의 유전적 배열을 알게 되면 어떤 문명화된 국가나 보건의료제도도 치료를 거부하지 못할 것이라고 주장하며, 매우 광범위한 인구 리스크풀risk pool이 있어야 예상 비용을 감당할 수 있을 것이라고 말한다. 하지만 안타깝게도 세계를 다녀 보면, 현재 맞춤의학의 혜택을 누리는 사람들은 특별 건강보험을 가진 일부 부유층뿐이다.

나는 이번 세기에 유전체와 맞춤의학이 예방적 웰빙과 생활방식 관리가 아닌 질병 중심 보건의료제도를 계속 압박하면서 발전할 것이라고 생각한다. 보건의료 지불자에게 그 가치를 증명하는 방법은 처음에 고위험군에 집중하여 그들을 위한 새로운 보건의료전달 서비스를 설계함으로써 더 나은 가치와 더불어 투자대비 수익률이 뛰어나다는 것을 보여주는 것이다.

모바일헬스 Mobile Health

다른 산업 분야도 보건의료제도를 뒤흔들 것이다. 지구상에는 현재 50억 개 이상의 휴대폰이 있으며 이미 보건의료 접근성 확장에 변형을 가져오는 역할을 하고 있다. KPMG는 인도의 통신 및 정보기술회사와 협업하여 자금 사정이 넉넉하지 않은 환자를 위해 통합적 개인 의료서비스를 만들었다. 전체 가치사슬은 매우 단순하다. 소수의 의사(주로 일반의)와 간호사가 주어진 임상 알고리즘에 따라 콜센터에서 근무한다. 환자는 의료서비스 운영자에게 통화 건당 비용을 내거나 월정액을 내고 휴대폰을 이용하여 서비스를 받는다. 콜센터에서는 진단을 하고 환자는 지역 약국에서 약을 받거나 저비용으로 기타 서비스를 이용한다. 많은 통신업체가 기존의 고객층을 확대할 방법을 찾고 있으며 보건의료 분야를 커다란 기회로 보고 있다. 통신기업에서 기존에 의사가 운영하던 콜센터를 인수하여 빈번한 접촉과 첨단기술을 앞세워 고객 및 환자와 친밀한 관계를 유지하는 사례도 많이 있다. 예를 들어 호주의 대형 통신기업 텔스트라Telstra는 1억 5,000만 호주 달러가 넘는 돈을 투자하여 모바일 헬스 기업들을 인수했다. 그리고 최근에는 스위스의 GP 기업 메드게이트MedGate와 손잡고 레디케어ReadyCare라는 이름으로 일반의에게 직접 연결하는 원격의료서비스를 출시했다. 미국 스크립스연구소Scrips Research Institute의 에릭 토폴Eric Topol 박사가 말한 것처럼 "우리가 의학에서 하는 일은 전부 원격으로 할 수 있다."11

아프리카처럼 사회기반시설이 제한적인 곳에서는 휴대폰이 특히 유용하다. 아프리카에도 점점 휴대폰 사용이 일반화되면서 노바티스Novartis 같은 제약회사에서 더 나은 보건의료를 전달할 방법을 검토하고 있다. 예를 들어 과거에는 약을 구하기 위해 멀리 떨어진 진료소까지 가도 찾는 약이 다 떨어진 경우가 많았다. 이제는 우간다의 경우 정부 보건요원 27,000명이 mTRAC이라는 모바일헬스시스템을 이용하여 전국의 의약품 재고 현황을 보고한다. 노바티스는 케냐의 나이로비와 몸바사 지역에서도 모바일헬스를 시범적으로 도입하여 구매체인 사이클을 파악하고 의약품이 필요한 환자에게 전달되는지 확인하는 작업을 하고 있다. 약사는 문자를 통해 환자들을 대상으로 설문 조사를 실시한다. 그 결과는 가장 필요한 곳에 의약품을 나누어줄 수 있도록 환자들이 어디에 있는지 파악하는 데 도움이 된다.

약국 Apothecaries

통신 산업이 보건의료 분야로 이동하고 있다면 슈퍼마켓과 의약품 유통업체도 결집하고 있다. 비교적 최근에 시작된 현상이긴 하지만 그 뿌리는 최초의 약국이 발견된 기원전 2600년 고대 바빌론으로 거슬러 올라갈 수 있다. 'Apothecary'라는 명칭은 'apotheca'에서 유래되었는데 와인, 향신료, 약초를 쌓아두는 곳이라는 뜻이다. (오늘날의 슈퍼마켓과 다르지 않다.) 16세기 중엽에 이르러서는 오늘날의 지역 약국과 비슷한 개념이 되었지만 더 많은 역할을 수행했다. 아이러니하게도 슈퍼마켓과 의약 유통업체가 결집하는 것은 어느 면으로는 이러한 과거의 전통을 반영하는 것이기도 하지만 과거에 비해 규모와 범위는 훨씬 크다.

미국의 거대 슈퍼마켓 체인 월마트Walmart는 경미한 질병과 기타 증상에 대한 기존의 진료 경로를 무너뜨릴 계획이며, CVS, 월그린Walgreens, 타겟Target과 같은 유통업체도 의약품 유통 영역에 공격적으로 진입하려고 한다. 더 저렴한 가격과 신속한 서비스를 앞세워서 유통 진료소는 폭발적으로 증가하고 있으며 2012년에서 2015년 사이에 2배나 많아졌다.[12] 환자들에게는 편리함이 가장 큰 매력 요소다. 기존의 진료소보다 영업시간이 더 길고, 대기시간은 더 짧고, 병원 응급센터보다 비용도 더 저렴하기 때문이다. 게다가 경미한 질환과 감염질환에만 초점을 맞추는 대신 다수의 환자에게 서비스를 공급할 수 있다. 미국의과대학협회Association of American Medical Colleges에서는 2025년이 되면 의사가 9만 명이 부족할 것으로 예상하고 있으며 그중에 31,000명은 1차의료 의사다.[13] 점차적으로 유통 진료소에서 과거에 분산되어 있던 응급, 만성, 1차의료를 한곳에서 공급하는 추세다. 유통 약국은 일반의약품을 제공하면서 환자들을 모바일헬스 앱에서 자가의료진단(별도의 시장으로 성장하고 있다)으로 이동하도록 유도하기에 알맞다.

비슷한 예로 영국의 왕립약학회Royal Pharmaceutical Society에서는 환자들이 경미한 질환으로 약국 대신 응급실이나 일반의에게 진료를 받음으로써 NHS에 발생하는 추가비용이 매년 110억 파운드에 달한다고 발표했다.[14] 조사 결과에 의하면 약국에서 공급하는 서비스로도 일반의 진료와 동일한 결과를 얻을 수 있으며, 이렇게 함으로써 매년 일반의 진료 1,800만 건을 줄일 수 있고 이는 전체 일반의 업무량의 5%에 달한다.

웨어러블Wearable 기술

애플워치Apple Watch같은 형태의 최신 웨어러블 기술은 운동량 측정 및 기타 건강과 관련하여 많은 것을 할 수 있도록 해준다(시간도 말해준다). 이러한 기술은 현재 거의 전 세계적인 호응을 얻고 있지만 70년 전만 해도 만화에 나오는 환상으로만 그려졌다. 1931년에는 사각턱에 각종 기구를 입고 있는 형사 딕 트레이시Dick Tracy를 주인공으로 하는 만화가 나왔는데, 1946년에 이르러서는 범죄사건을 해결하기 위해 쌍방향 손목 무전기를 이용하기도 했다. 당시에는 사람들의 상상력을 자극하는 가상 이야기에 불과했다. 그러나 이제는 현실이 되었다.

오늘날 테크놀로지 산업은 소비자를 즐겁게 해주고 소비자의 마음을 사로잡고 소비자의 돈을 절약하고 소비자에게 더 건강한 삶을 약속해줄 웨어러블 기기의 미래를 만들어가는 중이다. 테크놀로지 기업들이 건강 분야에 관심을 갖게 되면서 활동과 수면 패턴을 모니터하는 피트니스 밴드부터 신체온도, 심장박동, 수분유지정도를 측정하는 패치에 이르기까지 수많은 웨어러블 기기가 생겨났다. 이러한 기기들은 소비자가 스스로 건강을 관리할 수 있도록 자료를 제공하고 보건의료기관들에게는 의료 서비스를 개선하고 환자 원격 모니터링을 통해 비용을 절감할 수도 있는 가능성을 열어준다. 보험자와 고용주는 개인 기기에서 생성된 데이터를 활용하여 보건, 건강유지, 비용을 더 잘 관리할 수 있다. 제약회사와 생명과학 회사는 개인 데이터를 이용하여 활발한 임상실험을 실시하고, 데이터 분석을 통해 성과기반 환급 제도를 뒷받침할 수 있다. 현재 건강 앱을 사용하는 사람이 5억 명에 달하는 것으로 추산되며[15] 소비자들은 웨어러블 기술이 웰빙을 상당 부분 향상시켜줄 수 있을 것이라고 생각한다. 물론 일시적인 유행에 불과하다고 생각하는 사람들도 있으며, 전문가들은 아직 웨어러블 기술을 이용한 지속가능한 보건의료 사업 모델을 찾지 못했다. 그러나 일단 개인 소비자 대상 건강관리 시장이 생겼으므로 이 파괴적 혁신자들은 다른 차원의 건강관리 세계로 들어갈 수도 있다. 컨설팅 기업 엑센츄어Accenture에서는 2018년까지 소비자 건강관리 시장이 미화 7,370억 달러로 성장할 것이라고 내다보았으며, 소비자 행동 패턴 변화, 보건정책 발달, 디지털 혁명을 주요 성장동력으로 꼽았다.[16] 비만 등 건강 위협 요소에 대한 소비자의식이 자라면서 개인적으로 건강을 관리하고 모니터하려는 새로운 수요가 생겨날 것이다. 엑센츄어는 이어서 산업 간에 융합이 일어날 것이라고 전망하면서 다음과 같이 말한다. "생명과학, 소비재, 보건의료, 통신, 첨단기술 기업 모두 이 시장에서 큰 기회를 잡으려고 지켜보는 중이다."

일각에서는 웨어러블 기술이 '걱정이 많은 사람들'에게만 해당된다고
비판한다. 말하자면 주로 젊고 최신기술에 익숙하며 건강에 관심이 많
은 사람들로 그 대상이 한정된다는 것이다. 어느 정도는 사실일 수 있겠
지만 웨어러블 기술은 앞으로 더 많은 사람에게 적용될 수 있을 것이다.
어쨌든 변화를 이끌어가는 것은 소비자의 힘이다.

죽음 앞에서의 존엄

"유한한 존재라는 것은 우리의 생물학적 한계, 유전자, 세포, 살, 뼈로
규정된 한계를 다루느라 분투하는 것을 말한다. 의학은 우리가 이 한계
를 극복할 놀라운 힘을 주었다… 그러나 그 힘 역시 유한하며 언제나 유
한할 것이라는 것을 인정하지 않으면, 우리는 의학의 이름으로 해를 끼
치게 된다."[17]

아툴 가완디Atul Gawande는 그의 감동적인 책《어떻게 죽을 것인가Being Mortal》
에서 의학의 한계를 우리에게 일깨워준다. 내가 꼽은 다섯째이자 마지
막 혁신은 건강함보다는 웰빙과 죽음 앞에서의 존엄에 더 가깝다. 환자
는 가능한 한 자신의 침상에서 죽음을 맞을 수 있어야 한다. 안타깝게도
환자의 권한이 아직 약해서 스스로 임종의료를 통제하거나 지시할 수 없
지만 앞으로는 고령화 압박이 증가하고 그에 따라 사회와 의학의 문화와
개념이 바뀌면서 변화가 생길 것이다.

인간이 장수하게 되면서 인류 전체에 여러 혜택을 가져왔지만, 대부분의 사회에서는 여전히 너무 때가 늦을 때까지 죽음과 임종에 대해 이야기하지 않는다. 우리는 사람들이 고통 없는 죽음을 바라고, 삶의 마지막 순간에 좀 더 상황을 잘 통제할 수 있기를, 좀 더 자율적이고 독립적일 수 있기를 바란다는 것을 잘 안다. 태어남과 같이 죽음도 삶의 순환의 한 부분이지만 우리의 의료과잉 모델에서는 존엄과 연민이 가장 필요할 때 오히려 존엄과 연민을 훼손한다. 영국에서는 병원에서 임종을 맞고 싶다고 말하는 사람이 5%도 채 되지 않지만 실제로는 절반 이상이 병원에서 임종을 맞는다.[18] 국가감사원National Audit Office의 조사에 의하면 병원에서 사망한 경우의 40%가 미리 환자와 충분한 논의를 하고 준비를 했더라면 집이나 호스피스에서 임종을 맞을 수 있었을 것이라고 한다.[19] 영국에서 뒤이어 실시된 조사에 의하면 유가족들은 일관되게 병원의 임종의료가 열악한 수준이었으며 생의 마지막 순간에 존엄을 지켜주거나 존중하는 모습을 보여주지 못했다고 평가했다. 병원 이외 기관의 임종의료는 비용 면에서도 더 효율적이다. 런던의 킹스칼리지King's College에서 실시한 모델링에 의하면, 병원 외 임종의료에 대한 의식이 더 확산되고 더 나은 서비스가 공급된다면, NHS 전체 비용에서 연간 1억 8천만 파운드를 절감할 수 있다고 한다.[20]

세계보건혁신정상회의World Innovation Summit for Health에 제출된 2013년 임종 보고서에는 "우리의 임종의료는 우수한 보건의료제도와 책임 있는 사회를 시험하는 리트머스지"라고 기술하고 있다.[21] 이 보고서에서는 전 세계 국가의 8.5%만이 완화의료를 보건의료제도의 한 부분으로 운영하고, 전 세계의 모르핀의 90%가 인구의 16%에게만 사용된다며, "죽음을 앞둔 사람들을 고통 가운데 내버려두고 치료행위에만 몰두하는 관행"을 지적했다.

　그러므로 죽음을 위해서도, 삶과 마찬가지로 환자, 의사, 가족, 지역사회, 의료비 지불자, 의료공급자가 혁신적으로 결집하여 21세기에 걸맞은 새로운 의료 모델을 개발하고 보건에 대한 새로운 자세를 갖추어야 한다. 세계 최초 여성 과학자 마리 퀴리Marie Curie는 노벨상을 수상하는 자리에서 다음과 같이 말했다. "인생에서 두려워할 것은 아무것도 없다. 오직 이해해야 할 뿐이다. 이제 더 많이 이해해야 할 때이다. 우리가 두려움을 이겨낼 수 있도록."

참고 문헌

1. McKee M. et al., 'Universal health coverage: A quest for all countries but under threat in some,' *Value in Health*, (16), pp. S39–45 (2013).

2. Oxfam, Wealth: Having it all and wanting more (Oxfam, 2015).

3. Peston R., Why extreme inequality hurts the rich (BBC News, 19 January 2015).

4. KPMG International, Contracting value: shifting paradigms (KPMG, 2012).

5. KPMG International (2012).

6. KPMG International, Paths to population health: Eight practical steps for achieving coordinated and accountable care (KPMG, 2015).

7. Hibbard J.H. et al., 'Patients with lower activation associated with higher costs: delivery systems should know their patients' "scores",' *Health Affairs*, 32, pp. 216–22 (2013).

8. KPMG International, Value walks: Successful habits for improving workforce motivation (KPMG, 2013).

9. KPMG International, Staying Power: Success stories in global healthcare (KPMG, 2014).

10. Bland J., Seeing over the health care horizon (Huffington Post, 23 December 2013).

11. Economist Intelligence Unit, Power to the patient: How mobile technology is transforming healthcare (EIU, 2015).

12. *The Economist*, Shock treatment (*The Economist*, 7 March 2015).

13. Association of American Medical College, Physician supply and demand through 2025: Key findings (AAMC, 2015).

14. Royal Pharmaceutical Society, Pharmacists could save the NHS 1.1 billion by treating common ailments (RPS, 19 October 2014).

15. KPMG in the US, Healthcare 3.0: Unlocking the value of big data (KPMG, 2015).

16. Accenture, The changing future of consumer health (Accenture, 2014).

17. Gawande A., *Being mortal: Medicine and what matters in the end* (Metropolitan Books: New York, 2014).

18. Marie Curie, 1.4 million people could die in hospital against their wishes (Marie Curie, 27 April 2015).

19. National Audit Office, End of life care review (NAO, 2008).

20. Independent Palliative Care Funding Review, Funding the right care and support for everyone (Department of Health, 2011).

21. Hughes Hallet T. et al., Dying healed: Transforming end of life care through innovation (World Innovation Summit for Health, 2013).

한눈에 보는 주요 통계표

국가	1인당 보건의료 지출(미화$)[1]	GDP 대비 보건의료 지출 비율(%)[2]	GDP 대비 보건의료 지출 비율 변화(%)(2003-13)[3]	전체 보건의료 지출 대비 지출 비율(%)[4]	GINI 계수[5]
호주	6110	9.4	+0.7	66.6	0.33
브라질	1085	9.7	+2.7	48.2	0.53
캐나다	5718	10.9	+1.4	69.8	0.34
중국	367	5.6	+0.8	55.8	0.42
덴마크	6270	10.6	+1.1	85.4	0.27
핀란드	4449	9.4	+1.2	75.3	0.28
프랑스	4864	11.7	+0.9	77.5	0.31
독일	5006	11.3	+0.4	76.8	0.31
홍콩*	1716	6.1	0	48.7	0.37
아이슬란드	4126	9.1	−1.3	80.5	0.26
인도	61	4	−0.4	32.2	0.34
인도네시아	107	3.1	+0.6	39	0.38
이스라엘	2599	7.2	−0.2	59.1	0.36
이탈리아	2155	9.1	−0.1	78	0.43
일본	3966	10.3	+2.3	82.1	0.34
말레이시아	423	4	0	54.8	0.46
멕시코	664	6.2	+3.4	51.7	0.48
네덜란드	6145	12.9	+3.1	79.8	0.29
노르웨이	9715	9.6	−0.4	85.5	0.27
포르투갈	2037	9.7	0	64.7	0.34
카타르	2043	2.2	−1.9	83.8	0.41
러시아	957	6.5	+0.9	48.1	0.40
싱가포르	2507	4.6	+0.7	39.8	0.43
남아프리카공화국	593	8.9	+0.3	48.4	0.65
한국	1880	7.2	+2.0	53.4	0.30
스웨덴	5680	9.7	+0.4	81.5	0.27
스위스	9276	11.5	+0.6	66	0.29
영국	3598	9.1	+1.3	83.5	0.38
미국	9146	17.1	+2.0	47.1	0.44

*홍콩에 대한 일부 통계자료는 홍콩정부 발표자료와 EIU에서 참고하였으므로 주석에 열거한 자료의 내용과 상이할 수 있다.

1. World Bank statistics, Health expenditure per capita (US$) (2013).
2. World Bank statistics, Health expenditure (% of GDP) (2013).
3. World Bank statistics, Health expenditure (% of GDP) (2003–13).
4. World Bank statistics, Health expenditure, public (% of total health expenditure) (2013).
5. OECD statistics, GINI coefficient of income distribution (2009–13).

인구 1,000명당 의사 수[6]	기대수명[7]	비만율(%)[8]	65세이상 인구 비율(%)[9]	자기보고건강 상태(/100)[10]	삶 만족도 (/10)[11]	
3.3	82.2	28.6	15.0	85	7.3	호주
1.9	73.9	20	8.0	69	7	브라질
2.1	81.4	28	16.0	89	7.3	캐나다
1.9	75.4	6.9	9.0			중국
3.5	80.3	19.3	18.0	72	7.5	덴마크
2.9	80.8	20.6	20.0	65	7.4	핀란드
3.2	82	23.9	18.0	67	6.5	프랑스
3.9	81	20.1	21.0	65	7	독일
1.8	83.7	21.1	14.0			홍콩*
3.5	83.1	22.8	13.0	77	7.5	아이슬란드
0.7	66.5	4.9	5.0			인도
0.2	70.8	5.7	5.0			인도네시아
3.3	82.1	25.3	11.0	80	7.4	이스라엘
3.8	82.3	21	21.0	66	6	이탈리아
2.3	83.3	3.3	26.0	60	2.5	일본
1.2	75	13.3	6.0			말레이시아
2.1	77.4	28.1	7.0	66	6.7	멕시코
2.9	81.1	19.8	18.0	76	7.3	네덜란드
4.3	81.4	23.1	16.0	76	7.4	노르웨이
4.1	80.3	20.1	19.0	46	5.1	포르투갈
7.7	78.6	42.3	1.0			카타르
4.3	71.1	24.1	13.0	37	6	러시아
2	82.3	6.2	11.0			싱가포르
0.8	56.7	26.8	6.0			남아프리카공화국
2.1	81.5	5.8	13.0	72	7.5	한국
3.9	81.7	20.5	20.0	81	7.2	스웨덴
4	82.7	19.4	18.0	81	7.5	스위스
2.8	81	28.1	19.0	74	6.8	영국
2.5	78.8	33.7	14.0	88	7.2	미국

6. World Bank statistics, Physicians per 1,000 people (2010–13).

7. World Bank statistics, Life expectancy at birth (2013).

8. World Health Organization statistics, Body mass index >=30 (% of population) (2014).

9. World Bank statistics, Population aged 65 and over (% of total) (2014).

10. OECD Better Life Index, Average self-reported health (/100) (2014).

11. OECD Better Life Index, Average life statisfaction score (/10) (2014).

완벽한 보건의료제도를 찾아서

지은이	마크 브릿넬
옮긴이	류정

펴낸날	1판 1쇄 2016년 7월 10일
	1판 4쇄 2021년 3월 15일

펴낸이	양경철
주 간	박재영

발행처	㈜청년의사
발행인	양경철
출판신고	제313-2003-305호(1999년 9월 13일)
주 소	(04074) 서울시 마포구 독막로 76-1, 4층(상수동, 한주빌딩)
전 화	02-3141-9326
팩 스	02-703-3916
전자우편	books@docdocdoc.co.kr
홈페이지	www.docbooks.co.kr

ISBN 978-89-91232-64-8 03320

책값은 뒤표지에 있습니다.
잘못 만들어진 책은 서점에서 바꾸어 드립니다.